Astrid Har

Der Europäische Gerichtshof und der U.S. Supreme Court

Eine vergleichende Analyse ausgewählter Aspekte

PETER LANG
Internationaler Verlag der Wissenschaften

Bibliografische Information der Deutschen Nationalbibliothek
Die Deutsche Nationalbibliothek verzeichnet diese Publikation in der Deutschen Nationalbibliografie; detaillierte bibliografische Daten sind im Internet über <http://www.d-nb.de> abrufbar.

ISSN 1435-6090
ISBN 978-3-631-56313-7

www.peterlang.de

Der Europäische Gerichtshof und der U.S. Supreme Court

Salzburger Studien zum Europäischen Privatrecht

Herausgegeben von Prof. DDr. J. Michael Rainer

Band 24

PETER LANG
Frankfurt am Main · Berlin · Bern · Bruxelles · New York · Oxford · Wien

GRATIAE AGENDAE

Die vorliegende Arbeit wurde im Sommersemester 2006 von der Rechtswissenschaftlichen Fakultät der Universität Salzburg als Dissertation angenommen. Rechtsprechung und Schrifttum konnten bis zum Sommer 2007 berücksichtigt werden.

Ich habe vielen Personen zu danken, die zum Entstehen des vorliegenden Werks beigetragen haben. Mein besonderer Dank gilt meiner Professorin und Betreuerin Frau Univ.-Prof. Dr. Marianne Roth, LL.M. (Harvard) für ihr Interesse an meiner Arbeit und ihre hilfreiche Unterstützung. Weiters danke ich Herrn Univ.-Prof. DDr. Johannes Michael Rainer, der die vorliegende Arbeit als Zweitbegutachter betreute und die Aufnahme in diese Schriftenreihe ermöglichte. Ebenso möchte ich Frau Univ.-Prof. Dr. Sonja Puntscher-Riekmann danken, die mich zu diesem Thema anregte und mein besonderes Interesse an europaspezifischen Fragen weckte. Ferner danke ich den Damen und Herrn der Salzburger Stiftungs- und Förderungsgesellschaft sowie des Evers-Marcic-Fonds der Paris-Lodron Universität Salzburg für die Gewährung eines Druckkostenzuschusses.

Dankesworte seien an dieser Stelle auch an Mag. Monika Deak sowie Dipl. Ing. Sabrina Heiml für mehrmaliges Korrigieren der Arbeit gerichtet.

Salzburg, im Juli 2007

Astrid Hauser

Inhaltsübersicht

Inhaltsverzeichnis

Abkürzungsverzeichnis

BVerfGE	(deutscher) Bundesverfassungsgerichtshof
c.	contro
d. h.	das heißt
Cl	Clause
Dall.	Dallas (berichtete die Entscheidungssammlung des U. S. Supreme Court bis 1800)
EAGV	Vertrag zur Gründung der Europäischen Atomgemeinschaft
ECJ	European Court of Justice
EG	Europäische Gemeinschaft
EGKS	Europäische Gemeinschaft für Kohle und Stahl
EGKSV	Vertrag zur Gründung der Europäischen Gemeinschaft für Kohle und Stahl
EGV	Vertrag zur Gründung der Europäischen Gemeinschaft
EL	Ergänzungslieferung
ELR	European Law Review
EuG	Europäisches Gericht (erster Instanz)
EuGH	Europäischer Gerichtshof
EuR	Zeitschrift für Europarecht
EUV	Vertrag zur Gründung der Europäischen Union
EWGV	Vertrag zur Gründung der Europäischen Wirtschaftsgemeinschaft
EWS	Zeitschrift für Europäisches Wirtschafts- und Steuerrecht
gem	gemäß
f	folgende
ff	fortfolgende
Hervorheb.	Hervorhebung
Hrsg	Herausgeber
How.	Howard (berichtete die Entscheidungssammlung des U. S. Supreme Court von 1843-1860)
IGH	Internationaler Gerichtshof
iVm	in Verbindung mit
Kap	Kapitel
KOM	[amtliche Dokumente der] Kommission
Losebl.-Ausg.	Loseblatt-Ausgabe (bei Kommentaren mit fortlaufenden Ergänzungslieferungen)
No.	Number
Pet.	Peters (berichtete die Entscheidungssammlung des U. S. Supreme Court von 1828-1842)
PJZS	Polizeiliche und Justizielle Zusammenarbeit in Strafsachen (Dritte Säule)

RabelsZ	Rabels Zeitschrift für ausländisches und internationales Privatrecht
Rec.	Receuil des arrêts du Conseil d'Etat
Rs	Rechtssache
Rz	Randzahl
Slg	(amtliche) Sammlung der Entscheidungen des Europäischen Gerichtshofs und des Gerichts
SZIER	Schweizer Zeitschrift für Internationales und Europäisches Recht
u.a.	unter anderem
U. S. C.	United States Code (Amtliche Sammlung der Bundesgesetze der Vereinigten Staaten von Amerika)
v	versus
verb Rs	verbundene Rechtssache
Verf	Verfasserin
VerfO-EuGH	Verfahrensordnung Europäischer Gerichtshof
VerfO-EGI	Verfahrensordnung Gericht erster Instanz
vgl	vergleiche
Wall.	Wallace (berichtete die Entscheidungssammlung des U. S. Supreme Court von 1863-1874)
Wheat.	Wheaton (berichtete die Entscheidungssammlung des U. S. Supreme Court von 1816-1927)
zit	zitiert
ZRP	Zeitschrift für Rechtspolitik

Bemerkungen zur Zitierweise

Die Abkürzungen aus dem amerikanischen Bereich orientieren sich an der von der *Harvard Law Review Association* herausgegebenen Handreichung aus dem Jahre 1988: *„A Uniform System of Citation“*. Bei Zeitschriften wird auf die üblichen Abkürzungen verzichtet, um einen leichteren Zugang zu ermöglichen. Bei Monographien ist die Zitierweise den deutschen Gepflogenheiten angepasst worden.

Die Entscheidungen des U. S. Supreme Court werden, soweit möglich, nach der seit 1875 offiziellen Entscheidungssammlung *United States Reports* (U. S.) zitiert. Für die Jahre 1789 bis 1874 wird zusätzlich der Name des Herausgebers (1 Dallas bis 23 Wallace) angegeben. Eine ausführliche Anleitung, wie man mit den für das Common Law unerlässlichen, Entscheidungssammlungen in den Vereinigten Staaten von Amerika arbeitet, ist bei *Blumenwitz, Dieter*. Einführung in das anglo-amerikanische Recht. Rechtsquellenlehre, Methoden der Entscheidungsfindung, Arbeiten mit praktischen Rechtsfällen, München 1998, 82 ff zu finden.

Zitierweise von Entscheidungen des U. S. Supreme Court

262 U. S. 390 (1923) *Meyer vs Nebraska*

- Meyer ist Beschwerdeführer
- Nebraska ist Beschwerdegegner
- Der Entscheid ist in Band 262 der amtlichen Sammlung der Supreme Court Entscheide publiziert
- Der Entscheid beginnt auf Seite 390 der amtlichen Sammlung
- Der Fall wurde im Jahre 1923 entschieden

Weitere Hinweise zur verwendeten Terminologie

Einzelne, aus dem englischsprachigen Raum kommende, Begriffe werden nicht übersetzt. Es handelt sich dabei vorwiegend um technische Begriffe, deren Übersetzung bei europäisch ausgebildeten Leserinnen und Lesern unter Umständen falsche Assoziationen wecken könnte.

Die Bezeichnung *„Chief Justice“* respektive *„Justice“* für Richter des U. S. Supreme Court wird beibehalten.

„Those thirteen little men unknown to most of the 320 million Community citizens of the Community countries, devoid of political power, charisma and popular legitimation are claiming for themselves the legitimacy and capacity to do what the framers did not even think of doing, and what the political branches of the Community do not even try to undertake."[1]

1. Einleitung

1.1. Allgemeines

In der vorliegenden Arbeit wird das Höchstgericht der Europäischen Union – der Europäische Gerichtshof – mit jenem der Vereinigten Staaten von Amerika – den U. S. Supreme Court – verglichen. Dabei erfolgt diese rechtsvergleichende Studie in ausgewählten Aspekten im Transformationsprozess hin zu einer tieferen Integration der jeweiligen Staatengebilde.

Die Vereinigten Staaten von Amerika sind für einen Vergleich nicht als ein vorgefertigtes Modell anzusehen; seit der Staatsgründung kann ein Entwicklungsprozess hin zu einem immer enger werdenden föderalen Staatengebilde beobachtet werden.[2] Dabei haben auch die Urteile des U. S. Supreme Court als wesentliche Leitlinien für die rechtliche Entwicklung der Vereinigten Staaten von Amerika gedient. Erstaunliche Parallelen bestehen in der Europäischen Union im Hinblick auf den Europäischen Gerichtshof. Walter Hallstein – Kommissionspräsident in den Jahren 1958 bis 1967 – sprach vom Europäischen Gerichtshof sogar als einem *„Integrationsfaktor erster Ordnung"* innerhalb der Europäischen Union. Professor Eric Stein – Experte auf den Gebieten des internationalen Rechts und der Rechtsvergleichung – stellt fest, dass der Europäische Gerichtshof *„[t]ucked away in the fairyland Duchy of Luxembourg and blessed, until recently, with benign neglect ..."* einen konstitutionellen Rahmen für die Europäische Union entwickelte.[3] Ein Rahmen, der im politischen Prozess bis heute nicht geschaffen werden konnte, wie das Scheitern des Entwurfes einer Verfassung für die Europäische Union und die schwierigen Verhandlungen zum EU-Grundlagenvertrag zeigen.

[1] Cappelletti 1989, 174
[2] etwa Heideking 2002, 257 ff
[3] Stein 1981, 1

Den Ausgangspunkt für den Vergleich stellen die Europäische Union und der Europäische Gerichtshof dar, so dass bei den theoretischen Einführungen von den rechtlichen Integrationstheorien zum Europäischen Gerichtshof ausgegangen wird. Verglichen werden dann im Speziellen die beiden Gerichtsinstitutionen des Europäischen Gerichtshofs und des U. S. Supreme Court sowie ein Ausschnitt ihres Wirkens in ihren jeweils unterschiedlichen Rechtssystemen.
Der rechtsvergleichende Zugang wird deshalb gewählt, weil gerade durch den Vergleich mit dem U. S. Supreme Court der Blick auf den Europäischen Gerichtshof und seine Rolle im Transformationsprozess innerhalb der Europäischen Union geschärft werden kann. Mit Hilfe jenes Vergleichs vermag man das Agieren des Europäischen Gerichtshofs nicht nur besser zu verstehen, sondern kann auch Entwicklungstendenzen leichter nachvollziehen. Obgleich es in der Wissenschaft Argumente gegen einen Vergleich der beiden Entitäten gibt, gibt es ebenso gute Gründe, warum eine vergleichende Studie auf wissenschaftlichen Niveau durchgeführt werden kann.
Die vorliegende Arbeit schließt sich dieser Denkrichtung an, und es wird ein Rechtsvergleich in klar definierten Teilbereichen durchgeführt. Dabei werden, ausgehend vom Europäischen Gerichtshof, sowohl formellrechtliche als auch materiellrechtliche Aspekte, ausgewählt. Der formellrechtliche Teil wird gewählt, weil auch aus der Institution per se – etwa aus der formellen Besetzung des Gerichts oder aus den Urteilsstilen – Schlussfolgerungen gezogen werden können. Im materiellrechtlichen Bereich werden die Einflusswirkungen eines Höchstgerichts durch seine, sich in der Geschichte des Europäischen Gerichtshofs als *leading cases* herauskristallisierten, Entscheidungen besonders deutlich, sodass es gerade im Hinblick auf die frühere Jurisdiktion sinnvoll erscheint, eine rechtsvergleichende Studie durchzuführen.

Da bei der vergleichenden Analyse von einem Transformationsprozess ausgegangen wird, erweist es sich als notwendig, Begriffsklärungen vorzunehmen und sich mit, aus dem rechtssoziologischen Bereich kommenden, Theorien zu den integrativen Einwirkungsmöglichkeiten eines Höchstgerichts kurz auseinanderzusetzen. Ausgehend von der europäischen Sichtweise erscheint es weiters besonders interessant, jene Theorien, die zur Integration durch den Europäischen Gerichtshof sowohl von amerikanischen als auch von europäischen Wissenschaftlern entwickelt wurden, näher zu untersuchen.

Nach einer Einleitung und der Darlegung des Stands der Forschung erfolgen in einem theoretischen Teil notwendige Begriffsklärungen und außerdem werden Theorien zur Integration qua Recht und qua Rechtsprechung sowie bedeutende Theorien zur rechtlichen Integration durch den Europäischen Gerichtshof thematisiert. Im Rahmen der Europäischen Union – im Gegensatz zu den Vereinigten Staaten von Amerika – sind besonders die „Verfassung jenseits eines (Natio-

nal)Staats“ und der „Verfassungscharakter der Verträge“ zu erörtern, weil der Europäische Gerichtshof Verträge und nicht ein Verfassungsdokument per se auszulegen hatte und hat. Im Bereich der Integrationstheorien wird der Schwerpunkt auf spezielle Integrationstheorien, welche sich mit einer möglichen integrativen Wirkung der Tätigkeit des Europäischen Gerichtshofs beschäftigen, gelegt. Diese Ansätze bieten Erklärungsmuster für die Frage, welche Rolle der Europäische Gerichtshof im Rahmen der rechtlichen Integration einnimmt und welche Wechselwirkungen zwischen dem Europäischen Gerichtshof als supranationalem Akteur und den Mitgliedstaaten sowie den nationalen Gerichten bestehen.
Auf diesen theoretischen Teil folgt ein kurzer Abriss der Entwicklungsgeschichte beider Höchstgerichte, weil durch die historische Perspektive aufgezeigt werden kann, dass beide Gerichtshöfe sich erst zur uns heute bekannten Institution hin entwickelten, und dieser Status nicht von vornherein als gegeben anzusehen ist.
Bevor speziell die Urteile des Europäischen Gerichtshofs mit jenen des U. S. Supreme Court verglichen werden, kommt es zu einer komparativen Analyse beider Institutionen. Diese Betrachtungen erfolgen anhand gleicher Kriterien: Wichtig erscheinen dabei der Aufbau, die Organisation und die Zusammensetzung, weiters die Kompetenzen, die Art der Auslegungsmethoden, die Rechtsfortbildung und schließlich die Willensbildung sowie die Urteilsstile. Der Vergleich in formeller Hinsicht zielt dabei nicht darauf ab, alle Merkmale der beiden Höchstgerichte herauszuarbeiten, sondern in der Hinführung auf den materiellen Teil bereits erste Gemeinsamkeiten und Differenzen in der Gerichtsstruktur zu zeigen. Die Verfasserin ist sich sehr wohl bewusst, dass jedes einzelne Kapitel – wie etwa die Verfassungsinterpretation – Ansätze für weitere Forschungsarbeiten darstellt. Nichtsdestotrotz erscheint es sinnvoll, auch die formellen Aspekte in einem groben Überblick zu vergleichen, um sich über die Struktur der beiden Vergleichsobjekte klar zu werden und somit ein tieferes Verständnis für die Entscheidungen im materiellen Teil zu erlangen. Der Vergleich der Urteile erfolgt anhand ausgewählter *leading cases* der Gründungsjahre und ihren Folgeentscheidungen, wobei diese Entscheidungen gemeinsam als Rechtsprechungslinien der beiden Höchstgerichte anzusehen sind. Den Abschluss bilden schließlich die konkreten Ergebnisse des Vergleichs.

1.2. Stand der Forschung

1.2.1. Allgemeines und Forschungsansätze

Wenn über die Möglichkeiten eines Vergleichs zwischen den Vereinigten Staaten von Amerika und der Europäischen Union generell diskutiert wird, wird betont, dass die Unterschiede zwischen den beiden Vergleichsobjekten vielfältig und profund sind, wenn auch zahlreiche Argumente für einen Vergleich angeführt werden, sodass es häufig zu einer Polarisierung kommt: Auf der einen Seite stehen

Anhänger des amerikanischen Modells, die einen europäischen Bundesstaat nach dem Vorbild der Vereinigten Staaten von Amerika befürworten. Auf der anderen Seite melden sich Verfechter eines *American exceptionalism* zu Wort, die eine Vergleichbarkeit der „Neuen" und der „Alten" Welt prinzipiell mit der Begründung einer völligen geographischen, historischen und kulturellen Andersartigkeit bestreiten.[4] Die Hauptargumente, welche immer wieder angeführt werden, sind die zahlreichen Differenzen betreffend dem Problem einheitlicher beziehungsweise unterschiedlicher Sprache, Geschichte und Kultur, die Existenz von unabhängigen Nationalstaaten, welche nur durch internationales Vertragsrecht aneinander gebunden sind, die Außen- und Verteidigungspolitik sowie die Steuerkompetenz auf zentraler beziehungsweise regionaler Ebene. Weiters wird im institutionellen Bereich betont, dass in den Vereinigten Staaten von Amerika nach der dreiteiligen Struktur der Gewaltenteilung Montesquieu'scher Prägung die entsprechenden Organe der Bundesregierung völlig unabhängig von den Regierungen der Bundesstaaten konstituiert werden, während in der Gemeinschaft dieses dreiteilige System durch ein Modell ersetzt ist, in dem die einzelnen Organe mehr oder weniger stark mit den konstituierenden staatlichen Regierungen verknüpft sind. Somit sind die legislativen Institutionen und der legislative Prozess völlig verschieden. Der Rat in der Europäischen Union ist als intergouvernementales Organ eher mit einem *round table* als mit einer supranationalen Institution vergleichbar. Die Europäische Union verfügt über keine starke Exekutive, keine unterinstanzlichen Gerichte, die der Europäischen Union und nicht den Nationalstaaten untergeordnet wären, die Implementierung der Regeln und Policies ist vorwiegend vom Willen der Mitgliedstaaten abhängig. Die Europäische Union ist ein loseres Bündnis als der Staat Vereinigte Staaten von Amerika.[5]

Ein weiteres Argument, welches gegen einen Vergleich der Europäischen Union mit den Vereinigten Staaten von Amerika ins Treffen geführt werden könnte, ist jenes, dass sich die Europäische Union aus Mitgliedstaaten zusammensetzt, in denen sich in langer Tradition verschiedene Rechtssysteme mit verschiedenen Rechtstraditionen, auch mit unterschiedlichen Begrifflichkeiten, entwickelt haben. In den Vereinigten Staaten von Amerika konnte der U. S. Supreme Court integrierend auf junge Staaten, die aus derselben Rechtstradition des *Common Law* stammten und selbst noch keine eigene entwickelt hatten, wirken.

Dennoch gibt es zahlreiche Argumente die auch für eine Vergleichbarkeit der beiden Entitäten sprechen: Beide Rechtsordnungen, über die die Vergleichsobjekte judizieren, weisen einen multifaktoriell bedingten außerordentlich hohen Grad an Komplexität auf. Beide Gerichtshöfe fördern zu einem sehr hohen Grad die Idee

---

[4] vgl Heideking 2002, 257

[5] vgl Stein/Sandalow 1982, 4 ff; Cappelletti/Golay 1986, 206 ff

der Integration durch Recht in einer heterogenen, pluralistischen und fragmentierten Gesellschaft.[6]
Zu dieser Komplexität tragen folgende Aspekte bei: Das Zusammenspiel der jeweiligen Willensbildung innerhalb eines Bundesstaats, zwischen den Bundesstaaten, zwischen Bundesstaat und Union sowie innerhalb der Union, weiters die gegensätzlichen Interessen und die mangelnde Homogenität zwischen den Bundesstaaten und Regionen, sowie der enorme technische, wirtschaftliche und soziale Wandel.[7] Diese Faktoren prägen in vergleichbarer Weise auch das Erscheinungsbild der Europäischen Union. Nach Ukrow geht es in beiden Systemen daher insbesondere darum, *„zwei grundlegende Anforderungen miteinander zu verknüpfen: die Suche nach Einheit und dem grundlegenden Respekt vor der Autonomie sowie den legitimen Interessen der teilnehmenden Einheiten“*.[8] Es geht darum, Befugnisse zu verteilen und Grenzlinien zwischen der Entscheidungsgewalt der zentralen Organe und den Prärogativen der, die Gesamtheit konstituierenden, Einheiten zu ziehen. Die ähnlich gelagerten Probleme, denen die beiden Systeme gegenüberstehen, legen deshalb die Möglichkeit nahe, dass aus der amerikanischen Verfassungstheorie und -praxis bezüglich der Rolle des U. S. Supreme Court auch Erkenntnisse hinsichtlich der Frage der Stellung des Europäischen Gerichtshofs gewonnen werden können.[9]

Es lassen sich somit einige Argumente für die Vergleichbarkeit beider Systeme finden. Es ist jedoch nicht so sehr der Telos, alles mit allem vergleichen zu wollen, sondern es wird vielmehr ein Vergleich in klar umrissenen Thematiken durchgeführt. In jener der Rechtsprechungsorgane und der Rechtsprechung in einem konkret ausgewählten Gebiet, in jener der Vorrangwirkung und Höherrangigkeit der Verträge beziehungsweise der *supremacy-clause* in der US-Verfassung sowie in jener des Zusammenspiels der Union mit den Mitgliedstaaten.

Eine Vorbild- und Orientierungsfunktion des U. S. Supreme Court für den Europäischen Gerichtshof wird ihm sowohl von der Europäischen Union selbst als auch von einigen Mitgliedstaaten hinsichtlich seiner Stellung und Methodik zugestanden.[10]
Für die Europäische Union können zwei berühmt gewordene Aussagen herangezogen werden: Zum einen jene des ersten Kommissionspräsidenten, Walter

---

[6] Höreth 2005, 156
[7] Ukrow 1995, 75
[8] Ukrow 1995, 75
[9] Ukrow 1995, 75 f
[10] Als Vorbild und Orientierungsfunktion wurde in der Wissenschaft auch immer wieder Teile des Rechtssystems der Vereinigten Staaten von Amerika herangezogen. Beispielsweise etwa im Bereich der Rechtsangleichung (vgl Kronsteiner 1966, 275 ff).

Hallstein, zum anderen jene des ersten Präsidenten des Europäischen Gerichtshofs André Donner. Walter Hallstein formulierte wie folgt:

> *„Als wir den Europäischen Gerichtshof schufen, schwebte uns ein ehrgeiziger Gedanke vor: die Verfassungsstruktur der Gemeinschaft mit einem obersten Gericht zu krönen, das im vollen Sinn des Wortes Verfassungsorgan war, einem Gericht wie der amerikanische Supreme Court in seiner glänzenden Zeit unter dem Chief Justice John Marshall, unter dessen Führung die urkundlich kaum skizzierte Verfassung der Vereinigten Staaten in der Gerichtspraxis Inhalt und Festigkeit gewann."*[11]

Andrè Donner sah die Orientierung des Europäischen Gerichtshofs am U. S. Supreme Court auf diese Weise:

> *„The Community jugdes might profit from the American experience and develop a more advanced legal technology of interpretation."*[12]

Für die Mitgliedstaaten kann beispielsweise auf die Verfassungsliteratur Deutschlands[13] und Frankreichs,[14] in welcher die Institution des U. S. Supreme Court diskutiert wurde, rekurriert werden.[15]
Es geht bei der Orientierung an staatlichen Vorbildern, wie sie insbesondere bei der Suche nach allgemeinen Rechtsgrundsätzen zu erkennen ist, die auch dem Gemeinschaftsrecht zu eigen sind, generell nicht so sehr um *den* „europäischen Verfassungsstaat", als viel mehr um den „europäisch-nordamerikanischen", den „europäisch-atlantischen Verfassungsstaat", der durch Elemente wie Herrschaft des Rechts, Grundrechte und Menschenrechte, wehrhafte Demokratie und Subsidiarität[16] geprägt ist.[17] Es kann von denselben Rechtsgebieten und denselben Problemlagen ausgegangen werden, in welchen die beiden Höchstgerichte judizierten. Auch wenn die Mitgliedstaaten Unterschiede in ihren Rechtstraditionen aufweisen, so gibt es einen Konsens in den Rechtsordnungen bezüglich zahlreicher Rechtsgrundsätze, wie etwa jenem im Bereich der Grundrechte.

---

[11] Hallstein 1970 zit nach Hallstein 1979, 110
[12] Donner 1968, xi zit nach Höreth 2005, 157
[13] vgl etwa *Dolzer, Rudolf.* Die staatstheoretische und staatsrechtliche Stellung des Bundesverfassungsgerichts, Berlin 1972, 32 ff.
[14] vgl etwa *Ardant, Philippe.* Institutions politiques & droit constitutionnel, Paris 1989, 155 ff.
[15] vgl Ukrow 1995, 73
[16] vgl zu den Begriffen *Stern, Klaus.* Grundideen europäisch-amerikanischer Verfassungsstaatlichkeit, Berlin/New York 1984.
[17] Ukrow 1995, 74

Bezüglich der vergleichenden Methode ist besonders auf Jürgen Heideking zu rekurrieren. Heideking, der als ein Verfechter für Vergleichsstudien zwischen den Vereinigten Staaten von Amerika und der Europäischen Union angesehen wird, versuchte speziell der – oben bereits angedeuteten – Vorstellung entgegen zu wirken, die Vereinigten Staaten von Amerika böten ein *fertiges* komparatives oder eben nicht komparatives Modell: Auch die Vereinigten Staaten von Amerika sind seit mehr als zwei Jahrhunderten in einem Prozess der föderalen, demokratischen Integration. Die Geschichte Amerikas ist als ein dynamischer Prozess der Expansion, Fragmentierung und Integration zu verstehen.[18] Heideking entwickelte drei methodologische Ansätze, nach welchen die Erfahrungen der amerikanischen Integrationsgeschichte für die Europäische Union besser nutzbar gemacht werden können: die *„Rückbesinnung auf das Grundsätzliche"*,[19] die *„evolutionäre Synthese"*[20] und die *„funktionale Analyse"*. Im Zusammenhang mit dem Telos dieser Arbeit ist – obgleich alle drei methodologischen Ansätze für weitere wissenschaftliche Arbeiten interessant erscheinen – nur die *„funktionale Analyse"* von besonderer Relevanz. Beachtet man die Einschränkung, die Vereinigten Staaten von Amerika seien kein vorgefertigtes Modell, sondern befinden sich selbst in einem Prozess, dann macht es sehr wohl Sinn, einen Vergleich zu ziehen; jedoch sollte auch nicht alles mit allem verglichen werden, sondern nur *konkrete und klar umrissene Integrationsbereiche*. Heideking sieht für weitere wissenschaftliche Forschung unter der Zuhilfenahme der funktionalen Analyse u.a. folgende mögliche Vergleichsbereiche: Die Europäische Währungsunion mit der Entwicklung des *Federal-Reserve-System*, die europäische „Einwanderungsgemeinschaft" mit der amerikanischen Immigrationspraxis der letzten 150 Jahre, im kulturellen und wissenschaftlichen Bereich der Studentenaustausch und die wissenschaftliche Forschung hinsichtlich des „kooperativen Föderalismus" nach dem Zweiten Weltkrieg in den Vereinigten Staaten von Amerika. Schließlich schlägt er den für die vorliegende Arbeit wesentlichen Vergleich des in seiner Bedeutung kaum zu überschätzenden Untersuchungsgegenstands Verfassungsgerichtsbarkeit in einem föderativen System vor.[21] Es gibt dieser Meinung folgend somit im wissenschaftlichen Diskurs Ansätze, die diesen Vergleich als sehr zielführend betrachten.

---

[18] Heideking 2002, 257

[19] Mit der *„Rückbesinnung auf das Grundsätzliche"* ist gemeint, dass die amerikanische Erfahrung hilft, die Bedeutung und innere Zusammengehörigkeit fundamentaler Prinzipien wie Souveränität, Föderalismus, Demokratie und Menschenrechte neu zu hinterfragen.

[20] Der methodische Ansatz der *„evolutionären Synthese"* zielt darauf ab, die Geschichte der Vereinigten Staaten von Amerika als die Entwicklung eines föderalen politischen Systems zu verstehen und zu interpretieren.

[21] Heideking 2002, 264

1.2.2. Vergleichende Studien bis 2007

Die Sinnhaftigkeit eines Vergleichs des Europäischen Gerichtshofs mit dem U. S. Supreme Court wird in der europäischen wie auch in der amerikanischen Literatur immer wieder betont beziehungsweise aus rechtsvergleichenden Überlegungen deutlich.

Eine frühe Studie wurden in den Vereinigten Staaten von Amerika 1976 im Emory Law Journal veröffentlicht;[22] sie blieb jedoch die große Ausnahme.

Der erste bedeutende und viel zitierte Ansatz auf Europäischer Ebene stammt aus dem Jahre 1981 von Hjalte Rasmussen „*On law and policy in the European Court of Justice. A comparative Study in Judicial Policymaking*",[23] wobei Rasmussen sein Augenmerk vor allem auf den Vergleich des „*legal comparative federalism*" legt. Der zweite bedeutende Ansatz in diese Richtung, der heute bereits als ein Standardwerk auf dem Gebiet der rechtlichen Integration anerkannt ist, stammt aus den *Florence Integration Project Series*: „*Integration through law. Europe and American Federal Experience*".[24] Nachdem sich die Wissenschaft lange Zeit vermehrt auf innereuropäische Analysen des Europäischen Gerichtshofs und sein Wechselspiel mit unterinstanzlichen nationalen Gerichten konzentrierte, werden im derzeitigen wissenschaftlichen Diskurs, sowohl von europäischer wie auch von amerikanischer Seite wieder vermehrt komparative Aspekte angesprochen. Erstens werden bestimmte Teilbereiche der Rechtsprechung in der Europäischen Union mit einem Blick auf die Praxis in den Vereinigten Staaten von Amerika untersucht, und zweitens stehen die beiden Höchstgerichte selbst im Mittelpunkt der Forschung. Als Beispiel für ersteres ist die Studie von Franz Mayer zu nennen: „*Kompetenzüberschreitung und Letztentscheidung: das Maastricht-Urteil des Bundesverfassungsgerichts und die Letztentscheidung über Ultra-vires-Akte in Mehrebenensystemen; eine rechtsvergleichende Betrachtung von Konflikten zwischen Gerichten am Beispiel der EU und der USA*".[25] Für zweiteres Beispiel gibt es gerade in jüngster Zeit mehrere Studien: So widmen die Herausgeber Michael Gehler, Günter Bischof, Ludger Kühnhardt und Rolf Steininger[26] in ihrem Sammelband „*Towards a European Constitution. A Historical and Political Comparison with the United States*" knapp 600 Seiten der komparativen Analyse, und argumentieren plausibel, dass ein komparativer Rahmen vergangener Erfahrungen die Basis für eine tiefere Analyse des transkontinentalen, wissenschaftlichen, historischen und politischen Diskurses bietet.[27] Marcus Höreth fordert in seinem

---

[22] *Feld, Werner/Elliot Slotnik*. „Marshalling" the European Community Court: A Comparative Study in Judicial Integration, in: Emory Law Journal 1976, 317-355.

[23] Rasmussen 1981

[24] Cappelletti/Seccombe/Weiler 1986

[25] Mayer 2000

[26] Gehler/Bischof/Kühnhardt/Steininger 2005

[27] vgl Gehler/Bischhof 2005, 14 ff

Aufsatz „*The European Court of Justice and the U. S. Supreme Court: Comparable Institutions?*“ sogar zu einer komparativen Analyse auf:

> „*The act of self-empowerment of the ECJ and its acceptance by national politicians ... is explainable only when comparing this process of partial self-empowerment with the experience of other constitutional courts, which all became very powerful actors in constitutional politics and therefore decisive players in the governance systems of most Western democracies*“.[28]

Auch aus amerikanischer Sichtweise werden Möglichkeiten des Vergleichs positiv bewertet, so etwa in der jüngst erschienen Publikation „*Institutions and Public Law. Comparative Approches*“.[29] Martin Shapiro hält fest, dass der Europäische Gerichtshof für einen Vergleich von besonderem Interesse ist:

> „*... the ECJ is more comparable to the U. S. Supreme Court than it is to other European constitutional courts. Comparisons of the ECJ to the U. S. Supreme Court fit nearly into the growing body of 'trans- Atlantic' comparative studies. ... The opportunities for comparison are obvious*".[30]

Erst jüngst hat sich die Tagung „*The role of Courts in international law*“ mit der dem Europäischen Gerichtshof und dem U. S. Supreme Court – zeitweise auch im direkten Vergleich – beschäftigt.[31]

Ein Vergleich zweier Höchstgerichte ist im wissenschaftlichen Diskurs somit von großer Aktualität und hohem Interesse. Eine Plausibilisierung der rechtsvergleichenden Studie auf Grund der oben angeführten Argumente ist deshalb durchaus möglich.

---

[28] Höreth 2005, 143 ff

[29] Ginsburg/Kagan 2005

[30] Shapiro 2005, 282

[31] Die Tagung wurde vom Europäischen Forum Alpach und der Universität St. Gallen unter der Leitung von Erhard Busek vom 3.-4. Mai 2007 in Salzburg veranstaltet. Bei den zahlreichen Panels wurde u.a. auch „*Acceptance and criticism of judgments*“ in der Europäischen Union und den Vereinigten Staaten von Amerika diskutiert.

2. Einwirkungsmöglichkeiten des Europäischen Gerichtshofs auf die rechtliche Integration – theoretischer rechtssoziologischer Rahmen

Im Rahmen dieser Arbeit werden die Höchstgerichte Europäischer Gerichtshof und U. S. Supreme Court per se sowie die *leading cases* beider Rechtsprechungsorgane in der Gründungsphase in einer vergleichenden Analyse näher untersucht. Die ausgewählten Grundsatzentscheidungen waren nicht nur Urteile, die einen Streitfall zwischen zwei Streitparteien entschieden, sondern sie bewirkten eine tiefere Integration beider Systeme. Deshalb erscheint es nicht nur sinnvoll, sondern notwendig, sich vorweg mit grundlegenden theoretischen Ausführungen zu beschäftigen: Im Mittelpunkt werden dabei Verfassung, Integration, vor allem Integration durch Recht, sowie konkrete Ansätze zur rechtlichen Integration durch den Europäischen Gerichtshof stehen. Der Begriff der Verfassung wird deswegen ausführlich behandelt, weil der Europäische Gerichtshof – im Gegensatz zum U. S. Supreme Court – internationale Verträge und nicht eine Verfassungsurkunde per se auszulegen hat. Dabei wird der Begriff der Verfassung vor allem unter dem Gesichtspunkt, ob eine Verfassung jenseits eines Staats möglich sei, untersucht.
Gerade so weitreichende Begriffe wie „Verfassung" und „Integration" verstehen sich nicht von selbst, insbesondere entziehen sie sich dem Verständnis der Umgangssprache. Die Literatur zu beiden Begriffen ist kaum überschaubar. Auch der Terminus „Integration" hat zahlreiche Bezugsebenen und beinahe unzählige Definitionen, sodass der Begriff allmählich seine Konturen verliert.
In den folgenden Ausführungen wird auf jene Erklärungsmuster eingegangen, welche sich speziell mit der Thematik der vorliegenden Arbeit beschäftigen.

2.1. Verfassung und Höchstgerichte

2.1.1. Allgemeines

Die generische Abstraktion „Verfassung" ruft zahlreiche unterschiedliche Konnotationen hervor. Carl Schmitt, welcher für seine prägnanten Begriffsbestimmungen bekannt ist, widmete alleine dem Begriff der Verfassung in seinem Werk „*Verfassungslehre*" 121 Seiten.[32] Deswegen ist es wesentlich, Grundlegendes wiederzugeben:
Die Verfassungslehre ist schon seit längerem als selbstständige Disziplin etabliert. Zu ihren Hauptgebieten zählen die Theorie des Verfassungsrechts sowie der Verfassung.[33]

---

[32] Schmitt 1928
[33] Wieser 2005, 45

Die Vieldeutigkeit des Begriffs Verfassung ist bekannt und berüchtigt, wie bereits oben kurz angedeutet. Wieser sieht in der Verfassung ganz allgemein den *„Inbegriff der grundlegenden Regeln über die Ausübung der politischen Macht in einem Staat"*.[34] Ebenso sozio-politisch erklärt Nohlen allgemein Verfassung als *„die grundlegenden Bestimmungen über die Staatsorganisation und -funktionen, die Staatsaufgaben und –ziele sowie die Rechtsstellung der Bürger"*.[35]
Unter Verfassung versteht weiters Möllers grundsätzlich *eine Norm, aber ebenso eine Grundordnung, einen politischen Zustand, ein Objekt, die Verfassungsurkunde selbst.*[36]
Einer Verfassung werden darüber hinaus spezielle Funktionen wie etwa *„Begrenzung der hoheitlichen Machtausübung, Organisation, Verstetigung, Weisung, Rechtfertigung, Integration sowie Konstitution, im Sinne eines Wechselspiels zwischen Staat und Recht"*[37] zugeschrieben.

Dabei werden im Zusammenhang mit dem Begriff Verfassung einige, doch selten all diese, Bedeutungen zugleich angesprochen.
Im wissenschaftlichen Verwendungszusammenhang existieren darüber hinaus drei Bedeutungsebenen, die dem Begriff der Verfassung zugesprochen werden:[38] Die theoretische Bedeutungsebene reflektiert den Begriff ideengeschichtlich und legitimatorisch, die juristisch normative Ebene verwendet den Begriff als Element der Rechtsordnung und die deskriptive Ebene benützt die Verfassung als Mittel zur Beschreibung von Institutionen.[39]

Da der Begriff der Verfassung von der Magna Charta bis zur UN-Charta verwendet wird, ist eine derart weite Begriffsbestimmung noch zu unspezifisch, um der später folgenden Diskussion über die Europäische Verfassung zu Grunde gelegt werden zu können. Um eine präzisere Verwendung des weiten Terminus der „Verfassung" zu ermöglichen, werden im Folgenden zwei Traditionstypen des Verfassungsbegriffs vorgestellt. Denn gerade erst eine zugespitzte Typisierung gestattet eine trennschärfere Verwendung des Verfassungsbegriffs, auch bereits im Zusammenhang mit dem Vergleich zwischen der Europäischen Union und den Vereinigten Staaten von Amerika. Dies ist auch deshalb von großer Notwendigkeit, weil – wie im Kapitel zum Stand der Forschung näher ausgeführt wird – beide Vergleichsobjekte auf unterschiedliche Verfassungstraditionen zurückgehen. Weiters ist es von Bedeutung, über verschiedene Verfassungstraditionen zu reflektieren, weil im Gegensatz zu den Vereinigten Staaten von Amerika, die bereits

[34] Wieser 2005, 49
[35] Nohlen 1998, 669
[36] Möllers 2003, 1
[37] Peters 2001, 76 ff
[38] Die Unterscheidung bedeutet jedoch nicht notwendigerweise auch ihre Trennung.
[39] Möllers 2003, 2

zu Beginn ihrer Entstehung eine Verfassung konstituierten, dies in der Europäischen Union nicht der Fall war – ihre Gründung erfolgte auf der Grundlage völkerrechtlicher Verträge –, und es erst im Laufe ihrer Geschichte zu einer umfangreichen Verfassungsdebatte kam, auf welche später näher eingegangen wird.

Die nun folgende Typisierung ist nicht neu, sondern orientiert sich an einem Verfassungsbegriff, welcher einen speziellen Verweisungszusammenhang zwischen Recht und Politik betont: Die erste Theorie beschäftigt sich mit Herrschaftsbegründung, bei welcher die Verfassung als Politisierung des Rechts verstanden wird, die zweite mit Herrschaftsformung, bei welcher Verfassung als Verrechtlichung der Politik aufgefasst wird.[40]

2.1.1.1. Herrschaftsbegründung: Verfassung als Politisierung des Rechts

Diese Tradition beruht auf den Erfahrungen der amerikanischen und französischen Geschichte, wobei ihre Kernaussage die demokratische Politisierung der Rechtserzeugung durch die Begründung einer neuen Herrschaftsordnung thematisiert.
Eine neue Verfassung hat speziell die Funktion, eine neue Herrschaft zu begründen und nicht eine bereits bestehende zu begrenzen, wobei gerade dieser Punkt für die Theorie des liberalen Verfassungsstaats von nicht zu überschätzender Bedeutung ist: In der Ordnung der revolutionären Verfassungen bedarf jegliche Form der Herrschaftsausübung einer systemimmanenten Form der Rechtfertigung, welche von der Verfassung definiert wird. Die Verfassung gilt somit als Lieferant von Form und Inhalt hoheitlicher Herrschaft und beendet die zuvor ausgeübte Herrschaft. Somit begründet die Verfassung eine Diskontinuität, eine Ruptur. Der Prozess der Verfassungsgebung wird jedoch nicht mit der Konstituierung der Verfassung beendet, sondern auf Grundlage der verfassungsgemäßen Institutionen verstetigt, wobei diese Perpetuierung durch Verfahren garantiert wird. Der Zweck der Herrschaft ist die Selbstbestimmung, sodass sie zum ergebnisoffenen Selbstzweck wird.
Aus ihrem herrschaftsbegründenden Charakter folgt weiters der egalitäre Individualbezug, welcher zumindest in der Theorie einen radikalen Bruch mit dem obrigkeitlichen Status quo ermöglicht. Die Verfassung rechtfertigt – begründet im doppelten Sinne – Eingriffe in die Sphäre des einzelnen Bürgers, in sein Wahlrecht und in seine Grundrechte. Und somit begründet die Verfassung eine neue, durch Individualrechte von vornherein begrenzte Form der Herrschaft.
Bereits aus dem herrschaftsbegründenden Charakter der Verfassung folgt ihre Normativität. Die Begründung von Herrschaft schließt es aus, den Status quo als

[40] Die nachfolgenden Ausführungen stützen sich speziell auf die sehr gute und ausführliche Darstellung bei Möllers 2003, 2 ff

Legitimitätsgrundlage heranzuziehen. Aus dieser Normativität heraus entwickelt sich schließlich das Konzept der Verfassung als höchste Norm, wie beispielsweise in den Vereinigten Staaten von Amerika. Dabei gelingt die Etablierung eines solchen Vorrangs unter bestimmten institutionellen Voraussetzungen: Sie setzt neben entsprechend deutbaren Inhalten der Verfassung auch verfassungsspezifische Prüfungsinstitutionen, eben Verfassungsgerichte, voraus.
Die juristische Vorrangstellung der Verfassung wird speziell durch die Verurkundlichung in Form eines Verfassungsdokuments begünstigt. Die Objektivierung der Verfassung in einem Text verselbstständigt diese und macht den Bezug auf ihren Inhalt für jeden Leser neu möglich. Die Schriftform ist dabei nicht notwendig als Fixierung eines bestimmten Inhalts zu verstehen, denn offensichtlich wandelt sich das Verständnis des Texts im Laufe der Zeit ganz erheblich und dieser Verständniswechsel ist keineswegs unerwünscht.
Diese Form der Herrschaftsbegründung verlangt eine umfassende demokratische Politisierung der Rechtserzeugung. Denn gerade die Diskontinuität begründet die Notwendigkeit, die Gesamtheit der Rechtsordnung auf einen einzigen demokratischen Prozess zurückzuführen.

2.1.1.2. Herrschaftsformung: Verfassung als Verrechtlichung der Politik

Diese Typisierung streicht als Kontrast- und Komplementärentwicklung heraus, dass es gerade vice versa zu einer Verrechtlichung einer bereits bestehenden Herrschaft kommt. Diese Tradition findet sich vor allem, mit vielen Unterschieden im Einzelnen, in der deutschen und englischen Verfassungsgeschichte, weshalb sie auch deshalb von besonderer Bedeutung für die vorliegende Arbeit ist, weil gerade aus Deutschland zahlreiche Beiträge zur europäischen Verfassungsdebatte stammen.

Diese Verfassungstradition ist eng mit der ideengeschichtlich alten Furcht vor ungebundener Despotie verbunden. Dabei geht es aber nicht so sehr darum, dass durch Herrschaftsbegrenzung Herrschaft verringert, sondern dass diese *verrechtlicht* wird. Mangels eines revolutionären Bruchs blieb der normative Anspruch des Verfassungsbegriffs in der herrschaftsformenden Tradition beschränkt. Die Verfassung ist somit nicht der Text, die Verfassung „ist“ ein gesamtgesellschaftlicher Zustand, sodass die Ausdehnung des Verfassungsbegriffs auf die Gesamtheit gesellschaftlicher Bedingungen dafür sorgte, dass der Begriff der Verfassung demjenigen des Staats immer ähnlicher wurde. In der Folge wurden, wie sich vor allem in der deutschen Tradition immer deutlicher zeigte, Staat und Verfassung zu ganzheitlichen, aber austauschbaren Beschreibungskategorien.[41] Weder in

[41] In der deutschen Tradition kam es nicht zur Entwicklung einer Verfassungslehre, sondern einer Staatslehre.

Deutschland noch in England wurde eine verfassungseigene Demokratietheorie entwickelt. Die herrschaftsformende Verfassungstradition setzt, im Gegensatz zur herrschaftsbegründenden Tradition, keinen demokratischen Politikbegriff voraus. Es wird vielmehr die Begrenzung einer vordemokratischen Herrschaft durch Rechtsform zum Thema. Den Gerichten wird dabei eine besondere Funktion zugewiesen. Großbritanniens Gerichtsbarkeit wird beispielsweise die Funktion zugesprochen, sie garantierte und garantiert die Bindung des Souveräns an bestimmte Gerechtigkeitsstandards, welche besonders der Tradition des *Common Law* entstammen und eine spezifische Form der Konstitutionalisierung ohne Verfassungstext darstellen. In der Tradition bezeichnet somit Verfassung das Ergebnis eines Verrechtlichungs- und nicht das Ergebnis eines Politisierungsprozesses. In der zeitlichen Dimension ist der Verfassungsbegriff eher als eine evolutionäre denn als eine revolutionäre Konzeption anzusehen. Eine einheitliche legitimierte Neugründung von Herrschaft kann nicht konstruiert werden.

Die Darstellung der beiden, wenngleich auch zugespitzt formulierten, sich nicht diametral gegenüberstehenden, Verfassungstraditionen erlaubt im Folgenden eine genauere Darlegung ihrer Verhältnisse zueinander und die Anwendbarkeit des Verfassungsbegriffs auf die europäische Integration. Denn auch in den mitgliedstaatlichen Verfassungsordnungen der Gegenwart lassen sich stets beide Traditionen wiederfinden.

Es wird im Folgenden konkret auf die Frage eingegangen, ob die Europäische Union bereits vor der Ratifizierung des *Vertrags über eine Verfassung für die Europäische Union*[42] über eine Verfassung verfügt, daher die Verträge als Verfassungsrecht der Europäischen Union bezeichnet werden können.

2.1.2. Die Verträge als Verfassungsrecht der Europäischen Union?

Wie bereits oben angedeutet, wurde die wissenschaftliche Debatte bezüglich einer Verfassung für die Europäische Union vor allem durch deutsche Beiträge geführt. Federführende Wissenschaftler waren und sind, um nur einige wenige Namen zu

[42] Der Vertrag über eine Verfassung für die Europäische Union wurde am 29. Oktober 2004 in Rom von den Staats- und Regierungschefs sowie den Außenministern der Mitgliedstaaten unterzeichnet. Aufgrund der negativen Volksabstimmungen in Frankreich und den Niederlanden ging man vom vormaligen Ratifizierungsplan ab. In weiterer Folge wurde in der deutschen Ratspräsidentschaft im Juni 2007 beschlossen, eine Regierungskonferenz zur Ausarbeitung eines EU-Reformvertrags (auch EU-Grundlagenvertrag genannt), der den Vertrag über eine Verfassung für die Europäische Union ersetzen sollte, einzuberufen. Diese nahm ihre Tätigkeit mit 23. Juli 2007 auf und arbeitet am „*Draft Treaty amending the Treaty on European Union and the Treaty establishing the European Community*", welcher am 18. und 19. Oktober 2007 beim Gipfel vom Lissabon als "Vertrag von Lissabon" unterzeichnet werden soll.

nennen, Dieter Grimm, Paul Kirchhof und Josef Isensee. Dabei ist für die deutsche Tradition prägend, dass der Verfassungsbegriff einen engen *Staatsbezug* aufweist.[43] Die Diskussion kreist vor allem um die Frage, ob eine Verfassung jenseits eines (National)staats möglich sei. Und obwohl vor allem auch Dieter Grimm,[44] Paul Kirchhof[45] und Josef Isensee[46] Ende der 1980er und in den 1990er Jahren des letzten Jahrhunderts diese Betrachtungsweise negierten und somit auch bestritten, dass die Europäische Union eine Verfassung haben könnte, ist dieser Debatte mit der Einsetzung des Konvents[47] und dem ausgearbeiteten „Entwurf für einen Vertrag über eine Verfassung für Europa" ihre Schärfe genommen worden. Die Diskussion verläuft nicht mehr entlang der Linie, ob eine Verfassung möglich ist, sondern viel mehr um ihre Eigenart, ihre Stellung in einem Mehrebenensystem und ihre Auswirkungen.[48] Dass eine Verfassung jenseits des (National)staats möglich ist, wird bejaht. Griller spricht sogar davon, dass es ein Mythos sei, eine Verfassung sei ohne Staat nicht denkbar.[49]

Die Debatte um den Verfassungsbegriff per se hat folglich auch für die deutsche Tradition eine Änderung erfahren. Über eine Europäische Verfassung zu diskutieren, erfordert nach Schneider immer noch *„die Anstrengungen des Begriffs* [Verfassung, Anm. d. Verf.], *die bis zu einem Paradigmenwechsel führen können*".[50]

Bereits zu Beginn dieses Jahrzehnts wurden neue Akzentuierungen in der Verfassungsdebatte gesetzt, um nicht auf alten, überkommenen Elementen des Verfassungsbegriffs stehen zu bleiben. Auf der Ebene der Staatlichkeit ausformulierte Konzepte wurden derart verändert, dass sie auf supranationale Organisationen Anwendung finden können. So zum Beispiel hat Anne Peters in ihrer Habilitation mit dem Titel *„Elemente einer Theorie der Verfassung Europas"*[51] die herkömmlichen drei klassischen Elemente der Verfassungslehre „Staatsvolk, Staatsgebiet und Staatsgewalt", welche bereits zu Beginn des 19. Jahrhunderts von Georg Jel-

---

[43] Morlok 2000, 74

[44] *Grimm, Dieter.* Braucht Europa eine Verfassung?, München 1994.

[45] Wo kein Staat, da keine Verfassung, und wo kein Staatsvolk, da kein Staat (Kirchhof 1994 zit nach Peters 2001, 102).

[46] Eine Verfassung ist nicht zu verstehen ohne Staat. Dieser ist ihr Gegenstand und ihre Voraussetzung (Isensee 1987 zit nach Peters 2001, 102).

[47] Der Konvent zur Zukunft Europas wurde 2001 mit der Regierungskonferenz von Laeken mit dem Ziel eingesetzt, die *left-overs* des Vertrags von Nizza (2000) aufzuarbeiten. Zwei Jahre später präsentierte er am 18. Juli 2003 einen Entwurf für einen Vertrag über eine Verfassung für Europa.

[48] So zum Beispiel *Grimm, Dieter.* Integration durch Verfassung. Absichten und Aussichten im europäischen Konstitutionalisierungsprozess, in: Leviathan 2004, 4, 448-468.

[49] Griller 2004, 42

[50] Schneider 2004, 55

[51] Peters 2001

linek[52] definiert wurden, als nicht mehr zeitgemäß widerlegt[53]: Bei einer differenzierten Betrachtungsweise des Begriffes Verfassung bilden diese keine exklusiven Grundordnungen mehr, sondern haben sich zu ergänzungsbedürftigen Teilverfassungen entwickelt. Nationale wie auch internationale Verfassungen sind keine Totalverfassungen mehr, sondern Komplementärverfassungen mit komplementären Funktionen.[54] Auch das Modell des herkömmlichen Nationalstaats mit seiner territorialen Kongruenz von politischer Herrschaft, Wirtschaftsorganisation, rechtlicher Verfassung und gesellschaftlicher Selbstdefinition ist langsam im Auflösen begriffen. In Bezug auf Verfassungsfunktionen haben die Globalisierungs- und Entstaatlichungsprozesse deren Zusammenspiel verändert.[55]

Bereits im Schlussantrag des Generalanwalts Lagrange vom 25. Juni 1964 (!) zur Entscheidung Costa/E.N.E.L.[56] und später 1986 im Urteil Les Verts/Europäisches Parlament[57] wurden vom Europäischen Gerichtshof die Verträge als die *„Verfassungsurkunde"* der Europäischen Gemeinschaft bezeichnet. Betrachtet man nun den Terminus der Verfassungsurkunde eingehender, so kann eine Unterscheidung zwischen einer Verfassung im formellen wie auch im materiellen Sinne getroffen werden. Unter formeller Verfassung versteht man eine mit erhöhter Geltungskraft ausgestattete Verfassungsurkunde, zu welcher beispielsweise die schriftliche Beurkundung und die feierliche Verabschiedung in einem einmaligen Akt zählen. Bei der Verfassung im formellen Sinne kommt es ausschließlich auf bestimmte äußere Merkmale, im Besonderen auf die Form der Erlassung der Rechtsnorm, an.[58]

Unter materieller Verfassung werden in der Wissenschaft jene Rechtsnormen verstanden, die unabhängig von ihrer Form, inhaltlich zum Verfassungsrecht gehören. Dabei hat bei dieser ausschließlichen Abstellung auf den Inhalt eine typisierende Betrachtung zu erfolgen. Die Verfassung im materiellen Sinne kann demnach als Gesamtheit jener Regelungen, die auf Grund ihrer Wichtigkeit für das Staatsganze typischerweise Gegenstände der Normierung durch Verfassungsrecht (im formellen Sinne) bilden beziehungsweise die wegen ihrer inhaltlichen

---

[52] Georg Jellinek (1851 - 1911) war bedeutender Rechtsdenker und insbesondere auf dem Gebiet der allgemeinen Staatslehre und der Systematik der subjektiven öffentlichen Rechte tätig. Als sein Hauptwerk ist die „Allgemeine Staatslehre" (1900) zu nennen.

[53] 1981 lehnt sich *Pierre Pescatore* in seiner Abhandlung „Die Gemeinschaftsverträge als Verfassungsrecht – ein Kapitel Verfassungsgeschichte in der Perspektive des europäischen Gerichtshofs, systematisch geordnet" noch stark an diese Eigenschaften an.

[54] Peters 2001, 166

[55] Peters 2001, 165

[56] Rs 6/64, EuGH vom 15. Juli 1964, *Flaminio Costa v E.N.E.L.*, Slg 1964, 1253

[57] Rs 294/83, EuGH vom 23. April 1986, *Parti écologiste „Les Verts" v Europäisches Parlament*, Slg 1986, 1339, Rz 23

[58] Wieser 2005, 50

Tragweite verdienen, in die (formelle) Verfassung aufgenommen zu werden, definiert werden.[59]
Die Verträge zur Gründung der Europäischen Gemeinschaft/Union erfüllen zahlreiche Elemente, welche einer materiellen Verfassung zugesprochen werden, also inhaltlich zum Verfassungsrecht gehören. Typische Inhaltskategorien, wie Regelungen bezüglich der Organe, Kompetenzen und Stellung der Einzelnen sowie Wert- und Zielbestimmungen sind vorhanden. Darüber hinaus konstituieren die Verträge auf europäischer Ebene eigenständige Formen der Rechtserzeugung, sind folglich unter die Kategorie der „Rechtserzeugungsnormen" zu subsumieren. Die Verträge regeln inhaltlich gesehen sogar mehr als es für eine Verfassung typisch ist, wie zum Beispiel detaillierte organisatorische Bestimmungen.
Jedoch kann den Verträgen in ihrer derzeitigen Form ein formellrechtlicher Verfassungsanspruch nicht zugesprochen werden, weil es einen formellen Festakt beziehungsweise Ähnliches in der bisherigen Geschichte der Europäischen Union noch nicht gegeben hat.
Generell kann festgehalten werden, dass die Verträge als unterformalisiert und übermaterialisiert angesehen werden.[60] In der Literatur der letzten Jahre findet man Aussagen, wie *„de facto - Verfassung"* oder, es könne *„von der Prämisse ausgegangen werden, dass Europa eine Verfassung hat"*.[61]

Wie bereits oben in Bezug auf die beiden Verfassungstraditionen ausgeführt, müssen diese nicht diametral zueinander stehen, sondern bieten beide Erklärungsmöglichkeiten für einen europäischen Verfassungsbegriff. Sie haben auch deswegen Bedeutung, weil sich in den mitgliedstaatlichen Verfassungsordnungen der Gegenwart sich beide Verfassungstraditionen wiederfinden. Der Grundgedanke ist, dass eben nicht Demokratisierung und Verrechtlichung auf Kosten des jeweils anderen auftreten und somit ein Nullsummenspiel zwischen Politisierung und Rechtsform vorliegt, sondern dass beide Gesichtspunkte als *gleichberechtigt* verstanden werden können. So lässt sich auf theoretischer Ebene der Zusammenhang zwischen beiden Verfassungstraditionen in verschiedenen Formulierungen – etwa als strukturelle Koppelung von Politik und Recht, als deliberativer Zirkel von Rechten und Demokratie oder bloß als Verrechtlichung der demokratisch-parlamentarischen Rechtserzeugung – beschreiben.
Es lassen sich in Bezug auf die europäische Ebene sowohl eigenständige neue Formen politischer Rechtserzeugungsprozesse mit Anspruch auf eine eigene demokratische Legitimität entdecken – wenn derzeit auch noch sehr beschränkt –, als auch intensive Formen der Verrechtlichung des, seinem Ursprung nach, intergouvernementalen Politikprozesses feststellen. Für das erste Phänomen lässt sich

[59] Wieser 2005, 50 f
[60] Möllers 2003, 46
[61] Haltern 2003, 806 mit weiteren Literaturnachweisen

als Beispiel das Europäische Parlament anführen, für die zweite Richtung stehen die vom Europäischen Gerichtshof entwickelten Verfahrensanforderungen bei der Setzung von Sekundärrecht.[62]
Betrachtet man diese beiden Verfassungstraditionen unter dem Gesichtspunkt der Differenzierung „materielle versus formelle Verfassung“, so ist gerade in diesem Bereich eine beiderseitige Einbeziehung sinnvoll, denn die Verträge leisten eine Verknüpfung von politischem Prozess und Rechtsform. Mit einem Blick auf die Urkundeneigenschaft erweisen sie sich als intergouvernemental politisiert, mit einem Blick auf den Vertragsinhalt als supranational überverrechtlicht.[63]
Angemerkt sei an dieser Stelle noch der von Schneider favorisierte Vorschlag, wie die aktuelle wissenschaftliche Debatte zur Europäischen Verfassungspolitik geführt werden solle: Man solle die Europäische Verfassungspolitik nicht als eine teleologische Aufgabe begreifen, sondern als einen permanenten *Verfassungsentwicklungsprozess*. Dafür spricht, dass jeglicher noch vorhandener Widerstreit, ob die Europäische Union erst noch eine Verfassung brauche oder schon eine habe, gänzlich aufgelöst wird, und dass die bisherige Erfolgsgeschichte der Integrationspolitik einem solchen Denken Vorschub leistet. Es sollte somit ein Paradigmenwechsel von der Verfassungs-Teleologie zur Verfassungs-Kinetik erfolgen.[64]
Kurz zusammenfassend kann festgehalten werden, dass die Anwendbarkeit des Verfassungsbegriffs auf die Europäische Union, im Besonderen auf die Gründungsverträge, nach der derzeitigen Rechtslage weitgehend Anerkennung gefunden hat. Es ist somit gerechtfertigt, auch ohne Ratifizierung des „Vertrags über eine Verfassung für die Europäische Union“ davon zu sprechen, dass die Europäische Union bereits eine Verfassung habe; wenngleich nicht in einem als solchen bezeichneten Dokument. Dies ist jedoch nicht das ausschlaggebende Kriterium, um von einer Verfassungseigenschaft sprechen zu können, wie die vorhergehenden Überlegungen gezeigt haben. Den Verträgen der Europäischen Union kann daher Verfassungscharakter zugesprochen werden.

2.1.3. Höchstgerichte, im Besonderen Verfassungsgerichte

Als Höchstgerichte werden grundsätzlich jene Gerichtshöfe angesehen, welche verbindlich über die Auslegung einer Rechtsnorm letztinstanzlich entscheiden und daher ihre Entscheidungen im Instanzenzug nicht mehr weiter angefochten werden können. Es gibt dabei Höchstgerichte im Bereich des Straf-, Zivil- und Verwaltungsrechts. In einigen Ländern, wie beispielsweise Deutschland, Frankreich, Österreich und Italien, gibt es darüber hinaus auch selbstständige Verfassungs-

---

[62] Möllers 2003, 16 f
[63] Möllers 2003, 46
[64] Schneider 2004, 56

gerichte. Als Verfassungsgericht gilt dabei grundsätzlich jenes Gericht eines Landes, welches verbindlich über die Auslegung einer Verfassung entscheidet und Hoheitsakte auf ihre Verfassungsmäßigkeit hin in letzter Instanz überprüft. Verfassungsgerichtsbarkeit geht jedoch über die Rechtsprechungstätigkeit eines „herkömmlichen" Gerichtshofs hinaus. Verfassungsgerichte agieren immer in der Verbindung zwischen Recht und Politik, sodass sie nicht nur als juristische, sondern auch als Policy-Making Institutionen identifiziert[65] und somit auch als *political branch of government* angesehen werden können.[66] Verfassungsgerichte sollten in der sozialen und politischen Wahrnehmung weder zu weit voraus noch rückständig sein, ansonsten würden sie ihre Glaubwürdigkeit verlieren. Jedoch müssen Gerichte zur selben Zeit ihr Image als unabhängige Institution zur Konfliktlösung aufrechterhalten. Als eine *political jurisprudence* müssen sie die schwierige Balance zwischen Verantwortung auf der einen und Unabhängigkeit auf der anderen Seite wahren. Gerade diese Notwendigkeit führt zu den für Verfassungsgerichte typischen Vorgehensweisen des *judicial restraint* und *judicial activism*. Unter *judicial restraint* wird die richterliche Selbstbeschränkung beziehungsweise richterliche Zurückhaltung bei der Entscheidungsfindung verstanden. Sie kann als Ausfluss des Gewaltenteilungsprinzips angesehen werden, nach welchem durch die Rechtsprechung keine Gestaltungsfragen beantwortet oder vorweggenommen werden sollten. Vertreter dieser These stützen ihre Ansicht vor allem auf zwei Argumentationsmuster: Erstens, da die Richter nicht direkt gewählt sind, erweise sich ihre Nichtigerklärung von Rechtsakten oder sonstigen offiziellen Akten als undemokratisch. Zweitens erweisen sich die getroffenen Beurteilungen oftmals als politische Urteile, bei denen die Richter, die allein im Recht ausgebildet sind, weniger erfahren seien als die stärker praktisch orientierten Angehörigen der Exekutive und Legislative, deren Beurteilungen verworfen werden könnten.[67] *Judicial activism* gilt als Gegenstück zum *judicial restraint*. Die Richter übernehmen in ihrer Rechtsprechung eine aktive Rolle und greifen in an sich politische Prozesse ein. In dieser Rolle können Richter auch als Sozialingenieure bezeichnet werden.[68]

2.2. Integration

Zu Beginn ist festzuhalten, dass Integration in verschiedenen Bereichen durch verschiedene Integrationstechniken erfolgen kann. So unterscheidet man zum Beispiel zwischen einer gesellschaftlichen, politischen, wirtschaftlichen, rechtlichen, kulturellen und militärischen Integration. Die verschiedenen wissenschaftlichen

---

[65] Höreth 2005, 156
[66] Rasmussen 1981, 187
[67] Ukrow 1995, 158 mit zahlreichen weiteren Verweisen zum *judicial restraint*
[68] Romain/Bader/Byrd 2000, 425

Integrationstheorien versuchen, diese auf unterschiedlichen Integrationstechniken basierenden Vorgänge zu analysieren. Dabei gibt es, um nur ein Beispiel zu nennen, im Rahmen der europäischen politischen Integration zahlreiche Modelle, die sich überschneiden, aber auch wieder diametral entgegenstehen. Es ist deshalb nicht erstaunlich, dass konstatiert wird, dass der Integrationsbegriff vieldeutig ist[69] und allmählich seine Konturen verloren hat.[70] Auch die Differenzierung in die, gerade oben angeführten, spezifischen Integrationsbereiche, führt zu keiner definitorischen Eindeutigkeit, sondern eher zu deren Gegenteil.

Im Rahmen dieser Arbeit wird nun das Hauptaugenmerk auf die Integration durch Recht, und innerhalb dieser spezifischen Form der Integration, auf die Integration durch Verfassungsrechtsprechung gelegt. Daran anschließend wird in einem Exkurs aus zweierlei Gründen kurz auf die gesellschaftliche Integration als ein weiteres Forschungsfeld hingewiesen. Zum einen, weil bei der Integration von Gesellschaften einer Verfassung erhebliche symbolische Wirkung und integrierende Kraft zuerkannt wird, sodass sie als *ein* Eckpfeiler der gesellschaftlichen Integration – wenngleich auch nicht gänzlich unbestritten – angesehen werden kann. Zum anderen, weil auch in der wissenschaftlichen Literatur über eine mögliche gesellschaftliche integrative Kraft einer zukünftigen europäischen Verfassung[71] ein interessanter Diskurs begonnen hat.
Die gesellschaftliche Integration ist als eine übergeordnete Dimension anzusehen, in welcher es zu *einer* möglichen integrativen Wirkung durch die spezielle Integrationskraft von Recht, Verfassung und Verfassungsrechtsprechung kommt.

Es ist sinnvoll, zu Beginn eine allgemeine kurze Begriffsbestimmung vorzunehmen, welche auch bereits im Zusammenhang mit den nachfolgenden Ausführungen Integration qua Recht beziehungsweise qua Verfassungsrechtsprechung ausgewählt wurde. Bei den nachfolgenden Ausführungen zur Thematik Integration durch Recht werden speziell die theoretischen Überlegungen des in diesem Bereich führenden und oftmals zitierten mehrteiligen Werks der *Florence Integration Project Series* mit dem Titel *„Integration through Law"*, welches unter Mitarbeit sowohl namhafter europäischer als auch amerikanischer Wissenschaftler entstand, herangezogen.[72]

---

[69] Friedrichs/Jagodzinski 1999, 38
[70] Sander 1998, 26
[71] u.a. *Grimm, Dieter*. Integration durch Verfassung. Absichten und Aussichten im europäischen Konstitutionalisierungsprozess, in: Leviathan 2004, 4, 448-463.
[72] Cappelletti/Seccombe/Weiler 1986

2.2.1. Allgemeines

Eine grundlegende „Formel“, welche „Integration“ präzise beschreiben *und* auch allgemein akzeptiert werden würde, ist der zahlreichen Literatur kaum zu entnehmen.

Im allgemeinen Sinn kann unter Integration[73] die Entstehung oder Herstellung einer Einheit oder Ganzheit aus einzelnen Elementen oder die Fähigkeit einer Einheit oder Ganzheit, den Zusammenhalt der einzelnen Elemente auf der Basis gemeinsam geteilter Werte und Normen aufrechtzuerhalten, verstanden werden. Integration ist dabei eine empirische Grunderscheinung und eine analytische Grundkategorie in Gesellschaft und Politik.[74]
Auf Grund der unterschiedlichen Verwendungszusammenhänge herrscht in der Wissenschaft eine unterschiedliche kontext- und theorieabhängige Auffassung des Begriffs. Ein besonderes Verständnis von Integration liegt in der normativ orientierten Integrationslehre von Rudolf Smend,[75] auf die im Folgenden näher eingegangen wird. Jedoch sind auch die nachfolgenden Ausführungen nicht gänzlich unbestritten geblieben, sie erscheinen jedoch für eine Integration qua Verfassung nicht unwesentlich: Smend bezieht sich auf den Begriff der Integration nicht nur allgemein, sondern er hat speziell auf die Integration von Staat und Verfassung als einer der Ersten Bezug genommen.

Smend stellt fest, dass der Begriff Integration früher überwiegend der wissenschaftlichen Fachsprache vorbehalten war. Im 20. Jahrhundert wurde Integration ein geläufiger Bestandteil des allgemeinen Sprachgebrauchs, weil man dadurch einen immer wichtiger gewordenen Vorgang des gesellschaftlichen und politischen Lebens bezeichnen konnte.[76]
Der Terminus meinte ursprünglich die „*Wiederherstellung*“, dann aber überhaupt die „*Herstellung oder Entstehung einer Einheit oder Ganzheit aus einzelnen Elementen, sodass die gewonnene Einheit mehr als die Summe der vereinigten Teile ist*“.[77] Ein besonderes Integrationsproblem stellt dabei die Eingliederung geschlossener und unabhängiger Staaten, Volkswirtschaften usw. dar. Denn hier wird besonders deutlich, dass Integration nicht Addition, Anschluss aneinander, sondern „*Bildung eines neuen Ganzen durch ein neues Zusammenspiel der bisher vereinzelten Glieder bedeutet, bei dem diese Glieder zugleich, in der gegen-*

---

[73] Etymologisch auf den lateinischen Begriff der „*integratio*“ (Einbeziehung) zurückzuführen.
[74] Nohlen 1998, 277
[75] Nohlen 1998, 278; Rudolf Smend (1882 – 1975) war derjenige deutsche Staatsrechtsexperte, dem der Begriff der „Integration“ als verfassungs*rechtliche* Kategorie zu verdanken ist und auf welchen heute immer wieder Bezug genommen wird.
[76] Smend 1968b, 482
[77] Smend 1968b, 483

seitigen Beeinflussung, in Opfer und Gewinn, ihre tatsächliche Art und ihren rechtlichen Status ändern müssen".[78]

Die Integrationslehre, welche im deutschsprachigen Raum vor allem von Rudolf Smend[79] in seinem wohl wichtigsten Werk „*Verfassung und Verfassungsrecht*" und von Hermann Heller[80] mit seinem zentralen Werk „*Staatslehre*" vertreten wurde, steht ganz diametral zu dem bis dahin herrschenden, vor allem mit dem berühmten Namen Hans Kelsen[81] identifizierten Positivismus und Formalismus der Staatsrechtswissenschaft. Diese Richtung stand mit seiner Emphase des Rechtsstaats und mit seiner strikten Trennung von Recht und Politik – „*der reinen Rechtslehre*" – in einer politisch-kulturellen Sichtweise der gesellschaftlichen und staatlichen Integration und der integrativen Dimension der Verfassung im Wege.[82] Heller wie auch Smend wandten sich gegen diesen vermeintlichen Normologismus – einem isolierten Verstehen der Norm einerseits und der Wirklichkeit andererseits – und wählten einen im weiteren Sinne „soziologischen", damals revolutionären Ansatz, der für die vorliegende Integrationsproblematik deshalb von Interesse ist, weil er aus dem Faktum der politisch–sozialen Vielfalt der Gesellschaft die Funktion der Verfassung „*jenseits dieses Positivismus*" [83] zu begründen versucht. Seiner Theorie liegt die Vorstellung zu Grunde, dass Integration ein grundlegender Lebensvorgang aller gesellschaftlichen Gebilde, und somit auch des Staats sei. Deshalb wäre auch die Integration von der soziologischen Wissenschaft vielseitig untersucht, sodass nach seinem Verständnis Integrationstheorie und Integrationslehre eigentlich erst das Eindringen dieser Problemstellung in die Rechts- und insbesondere auch in die Verfassungslehre bezeichnet. Er geht sogar soweit zu behaupten, dass die Integration Gegenstand oberster Verfassungspflicht sei, denn der Staat ist nur, weil und sofern er sich dauernd integriert.[84]
Die Verfassung ist für ihn die Rechtsordnung des Integrationsprozesses, in dem der Staat seine Lebenswirklichkeit hat. Dabei ist die Verfassung Ausdruck eines Sinn- und Wertesystems, das zugleich in ihr und durch sie verwirklicht wird. Somit ist Verfassung die integrierende Wirklichkeit, welche den Lebensprozess der staatlich-politischen Gemeinschaft immer wieder aufs Neue herstellt.

Smends Integrationstheorie ist vor dem Hintergrund der Auflösung der Weimarer Republik zu sehen, sodass seine zielprägende Einheitsvorstellung des Staats einer

---

[78] Smend 1968b, 483
[79] Smend 1928
[80] Heller 1963
[81] Hans Kelsen ist vor allem als Architekt der österreichischen Bundesverfassung bekannt (1881-1973).
[82] Vorländer 2002, 14
[83] vgl Smend 1968a, 478 ff
[84] Smend 1968b, 485

stetigen Harmonisierung unterliegt und ausgesprochen konfliktscheu ist. Gleichwohl lassen sich bei Smend – trotz zahlreicher Einwände in der Literatur gegen seine Idee der Integrationstheorie[85] – Ansätze, welche für das Verständnis der integrativen Kraft von Verfassung hilfreich sind, finden. Denn in seinen Ansätzen wird ein kultureller Verweisungszusammenhang dargelegt, der die Verfassung in den Sinn- und Wertekontext einer gegebenen politischen Kultur stellt. Eine Gemeinschaft wird *„integriert durch eine im wesentlichen nicht diskutierte Welt der Werte, die diese symbolisiert und repräsentiert und durch die sie eben deshalb ihrerseits legitimiert wird“.*[86]

In der jüngeren wissenschaftlichen Literatur[87] wird betont, dass die Integration sowohl den statischen Zustand wie auch den dynamischen Entwicklungsprozess hin zu einem Endzustand bedeuten kann. Letzteres beschreibt dabei eine Entwicklung, die entweder auf die Schaffung einer einheitlichen Gemeinschaft aus mehreren unabhängigen Akteuren oder aber auf die Eingliederung eines einzelnen Akteurs in eine bereits bestehende Gemeinschaft gerichtet ist.
Die Integration wird, speziell auf die Europäische Union angewandt, als ein Prozess verstanden, in dem aus mehreren Akteuren ein neuer Akteur gebildet wird, zu dem schließlich ein Loyalitätentransfer stattfindet. Dieser Integrationsprozess kann dabei in verschiedene Bereiche, wie etwa in einen politischen, wirtschaftlichen und rechtlichen aufgeteilt werden. Die Unterscheidung erfasst dann jedoch nur das „Wo“ der Integration, jedoch noch nicht die „Tiefe“. Der Tiefe der Integration wird schließlich in den einzelnen Bereichen nachgegangen. Im Folgenden im Bereich der „Integration durch Recht“.

---

[85] *Hans Kelsen*, einer der ersten und zugleich heftigsten Kritiker Smends, sieht in „Der Staat als Integration“ in dem Begriff der „Integration“ nichts anderes als einen Ausdruck für die *„allgemeinste soziale Kategorie“* überhaupt und kann ohne jeden Sinnverlust durch das deutsche Wort „Verbindung“ ersetzt werden (Kelsen 1930, zit 1971, 46). Somit würde der Leitsatz der neuen Staatslehre schlicht heißen „Der Staat ist ein dauernder Vorgang der Verbindung von Menschen“ und durch das Fremdwort „Integration“ würde nur die schlechthin nichtssagende Trivialität der Phrase verdeckt (Kelsen 1930, zit 1971, 46). In der weiterfolgenden Debatte wird vor allem Kritik an Smends Antiliberalismus, Antiparlamentarismus und seinem verklärten Blick auf die Bismarcksche Reichsverfassung als das Vorbild einer ihrer integrativen Aufgabe gerecht werdenden Verfassung geübt (vgl mit entsprechenden Literaturverweisen: *Lhotta, Roland.* Rudolf Smend und die Weimarer Demokratiediskussion. Integration als Philosophie des Als-Ob“, in: *Gusy*, Christoph (Hrsg). Demokratisches Denken in der Weimarer Republik. Baden-Baden 2000, 286-325).
[86] Smend 1928, zit. nach Vorländer 2002, 16
[87] Zahlreiche Verweise bei *Schaal, Gary.* Integration durch Verfassung und Verfassungsrechtsprechung, Berlin 2000 und *Sander, Gerald.* Der Europäische Gerichtshof als Förderer und Hüter der Integration, Berlin 1998.

2.2.2. Integration durch Recht

Die nachstehenden Ausführungen thematisieren, was Integration durch Recht ist, wie Integration durch Recht möglich ist und mit welchen Problemen sie sich konfrontiert sieht. Dabei wird auf die Integration durch Recht speziell im Bereich föderaler Entitäten,[88] wegen der späteren komparativen Analyse zwischen der Europäischen Union und den USA, eingegangen.

Cappelletti und Golay legen in ihrem Beitrag *„The Judicial Branch in the Federal and Transnational Union: Its Impact on Integration“* im Rahmen der *Florence Project Series „Integration through Law. Europe and American Federal Experience“* die Voraussetzung für die Integration durch Recht in einem einfachen Satz dar, welcher jedoch leichter geschrieben als in die Tat umzusetzen ist:

> *„Conceptually, legal integration requires no more than the uniform application and enforcement of a law in more than one nation or state“.*[89]

Unter rechtlicher Integration wird, auch in Bezug auf diese Arbeit, nicht verstanden, dass ein einheitliches System geschaffen werde, in welchem ausschließlich zentrales Recht zur Anwendung kommt und die vormalig souveränen Staaten ihre gesamte Souveränität zu Gunsten der höheren zentralen Autorität abgeben. Es ist im Rahmen des Integrationsprozesses nicht notwendig, eine *völlige* Einheit und Zentralisierung zu erreichen. Als integrative Entwicklung ist bereits die Teilung der Macht zwischen der zentralen und den regionalen Regierungseinheiten in einem föderalen beziehungsweise transnationalen System anzusehen.[90]

---

[88] Inwieweit die Europäische Union konkret alle Merkmale eines föderalen Systems aufweist, soll an dieser Stelle dahingestellt bleiben. Es gibt zahlreiche Studien, welche sich mit der föderalen Struktur der Europäischen Union auseinandergesetzt haben; vgl etwa *Nicolaidis, Kalypso/Robert Howse* (Hrsg). The federal Vision. Legitimacy and Levels of Governance in the United States and the European Union, Oxford 2001; *Oeter, Stefan*. Föderalismus, in: *Bogdandy*, Arming von (Hrsg). Europäisches Verfassungsrecht. Theoretische und dogmatische Grundzüge, Berlin/Heidelberg/New York 2003, 59-120; *Tushnet, Mark* (Hrsg). Comparative Constitutional Federalism: Europe and America, New York/London 1990. Etwas älter, jedoch mit zahlreichen Literaturhinweisen zur Föderalismusforschung bei *Elazar, Daniel/Ilan Greilsammer*. Federal Democracy: The U.S.A. and Europe Compared – A Political Science Perspective. in: *Cappelletti*, Mauro/Monica *Seccombe*/Joseph *Weiler* (Hrsg). Integration through Law. Europe and American Federal Experience, Volume 1, Book 1, Berlin 1986, 71-168. Unbestritten bleibt, dass die Europäische Union föderale Elemente aufweist, auf welche im konkreten im passenden Kontext verwiesen wird.

[89] Cappelletti/Golay 1986, 262

[90] Cappelletti/Seccombe/Weiler 1986, 7

Die aus 27 Mitgliedstaaten bestehende Europäische Union weist sowohl eine vertikale als auch eine horizontale Rechtsebene, ähnlich einem föderalen System, auf. Wenn sich ein Integrationsprozess innerhalb dieses Systems – welches sich aus, abstrakt formuliert, einzelnen Verfassungseinheiten und einer entfernteren zentralen Autorität zusammensetzt – vollzieht, geschieht dies dadurch, dass sich die einzelnen Verfassungseinheiten zusammenschließen und Teilkompetenzen, welche bis jetzt in ihrer exklusiven Kontrolle gelegen sind, einer größeren, entfernteren Struktur übertragen. Einer der Beweggründe für die Schaffung eines föderalen Systems ist dabei, eine größere, rechtliche Harmonie zu erreichen. Das trifft auf die Vereinigten Staaten von Amerika ebenso wie auf die Europäische Union und andere föderale Systeme zu.[91]

Ein föderales beziehungsweise transnationales System ist zu jeder Zeit mit einer *grundlegenden* Schwierigkeit konfrontiert. Es hat Auswirkungen auf zwei Subjekte auf zwei Ebenen – den teilnehmenden verfassten Einheiten und den Bürgern –, und es braucht die Unterstützung beider. So ist es als eine Teilaufgabe der Integration eines föderalen beziehungsweise transnationalen Systems zu sehen, die Loyalität der Bürger zunehmend hin zum föderalen System und weg von den einzelnen konstituierten Einheiten zu ziehen und trotzdem den Staat als eine Art „Intermediator" und aktiven Teilnehmer zwischen den Systemen aufrechtzuerhalten.

Bei der Integration durch Recht ist darauf zu achten, dass die Integration auf zwei verschiedene Arten vonstatten gehen kann: Zum einen kann das Recht als ein Instrument der Integration verwendet, zum anderen als ein Objekt angesehen werden.[92]

Wird das Recht als ein Instrument betrachtet, so legt man den Fokus auf die Funktion und das Potenzial, welches rechtlichen Institutionen und Mechanismen im Integrationsprozess zugesprochen wird – wirtschaftlich, politisch, kulturell etc. Sieht man hingegen das Recht als Objekt der Integration selbst, so liegt der Fokus auf den Problemen, welche durch Interaktionen zwischen einzelnen, selbstständigen Rechtssystemen unter der „Schirmherrschaft" einer zentralen Autorität entstehen.[93]

Grundsätzlich ist festzuhalten, dass die rechtliche Integration in einem föderalen beziehungsweise transnationalen System mit zwei wesentlichen Problemen konfrontiert ist:

Zum Ersten mit der schwierigen Aufgabe der Kreation einer zentralen Autorität, welche die Teilung der Kompetenzen und Macht arrangiert und schließlich die

---

[91] Cappelletti/Golay 1986, 262

[92] Übereinstimmend *Dehousse, Renaud/Joseph Weiler*. The legal dimension, in: *Wallace*, William (Hrsg). The Dynamics of European Integration, London/New York 1990, 242-260; ebenso *Puntscher-Riekmann, Sonja*. Die kommissarische Neuordnung Europas. Das Dispositiv der Integration, Wien 1998, 139.

[93] Cappelletti/Seccombe/Weiler 1986, 15

Beziehung zwischen dem zentralen System und den einzelnen konstituierten Einheiten etabliert. Dabei ist besonders auf demokratische Aspekte, Legalität und Effizienz des Systems zu achten. Die wichtigsten Fragen, die sich in diesem Zusammenhang stellen, sind sicherlich: Wer konstituiert auf welche Weise dieses neue Recht, welchen Effekt hat es und wie kann es einer nachprüfenden Kontrolle unterworfen werden? Die Kompetenzen, welche auf die *central authority* übertragen werden, waren zuvor immer exklusiv, also ausschließlich, bei den Mitgliedstaaten gelegen. Im Rahmen der Europäischen Union, um sie als Beispiel bezüglich des Effektes heranzuziehen, wurden Kompetenzen überwiegend durch Zuschreibung innerhalb der Verträge zu den einzelnen Institutionen aufgezählt. Sollte die Europäische Union eine ihrer Kompetenzen nicht ausüben, entsteht deshalb jedoch kein Rechtsvakuum, sondern das Recht der einzelnen Mitgliedstaaten kommt weiterhin zur Anwendung.
Zum Zweiten hat die rechtliche Integration das Problem zu bewältigen, die verschiedenen Rechtssysteme sowohl untereinander als auch in Relation zu sich selbst zu bringen, und zwar in solcher Weise, dass das föderale beziehungsweise transnationale System funktionsfähig ist. Im Zuge der rechtlichen Integration sind deshalb innerhalb der einzelnen konstituierten Einheiten rechtliche Anpassungen vorzunehmen, damit das neue föderale beziehungsweise transnationale Recht zur Anwendung kommen kann.[94]
Generell gesprochen, kann *ein* Maßstab des Erfolgs eines Rechtssystems aus dessen Akzeptanz bei jenen, welche ihm unterworfen sind, gewonnen werden. Und daraus gefolgert, kann die Akzeptanz des Rechts ein Indikator für die Akzeptanz eines Integrationsprozesses sein.[95]

2.2.3. Integration durch Verfassungsrechtsprechung – Mögliche Integrationsbereiche

Für die Integration durch Recht gibt es eine ganz wesentliche wichtige integrative Kraft: Jene der Gerichtsbarkeit. Sie erfüllt ihren Aufgabenbereich in der Rechtsdurchsetzung, denn ohne ein zwingendes Rechtsinstrument könnte keine integrative oder nur eine auf vollkommener Freiwilligkeit der Mitgliedstaaten basierende, integrative Wirkung erzielt werden. Schließlich wäre eine Rechtsnorm gegenstandslos, würde es keinerlei Überprüfungsweg in ihrer Durchsetzung geben. Es ergibt sich also im Folgenden eine der Hauptfragestellungen in dieser Arbeit: Welche Integrationswirkung kann in diesem Bereich erreicht werden?

[94] Cappelletti/Seccombe/Weiler 1986, 35 f
[95] Cappelletti/Seccombe/Weiler 1986, 25

In drei Bereichen kann die Gerichtsbarkeit einen Beitrag zur rechtlichen Integration in einem föderalen oder transnationalen System leisten: in der Verfassungsrechtsprechung, den Gerichtsverfahren und den Grundrechten.

2.2.3.1. Integration im Bereich der Verfassungsrechtsprechung

Betrachtet man den Bereich der Rechtsprechung in Bezug auf Verfassungsfragen näher, so kann man erkennen, dass die Fragen der *Höherrangigkeit* von Recht ebenso wie jene der *Grenzziehung der Machtverteilung* von überaus wichtiger Bedeutung sind. Dies deshalb, weil es für ein föderales oder transnationales Regierungssystem grundlegend ist, dass die Regierungsmacht zwischen der *central authority* und den Regierungen der konstituierenden Einheiten aufgeteilt ist. In einem solchen System ist es als unvermeidbar anzusehen, dass das Recht der föderalen beziehungsweise transnationalen Regierung mit jenem der Mitgliedstaaten in Konflikt geraten kann. Sollte dies der Fall sein, so kann vernünftigerweise von der Bevölkerung nicht erwartet werden, zwei differierende Normen zu befolgen. Deshalb hat das Recht der einen Rechtsebene zu Gunsten der anderen zurückzutreten, und wenn die Integration durch Recht Bedeutung erlangen sollte, so hat dem föderalen beziehungsweise transnationalen Recht der Vorrang zu gebühren. Ohne diese Vorrangwirkung könnte dem föderalen beziehungsweise transnationalen Recht keine direkte integrative Wirkung zuerkannt werden.[96]
Rechtliche Integration erfordert deshalb auch eine Akzeptanz der rechtlichen Hierarchie, sodass das föderale beziehungsweise transnationale Recht als „höherwertig“, im Sinne einer Stufenordnung, eingestuft und zu Ungunsten des nationalen Rechts angewendet wird. Obwohl dieses Prinzip in der Verfassung oder in vertraglicher Weise festgehalten wird, hängt die Umsetzung dieses grundlegenden Prinzips immer noch von jenen ab, die das Recht auch tatsächlich anwenden. Somit muss das Aufrechterhalten der Höherrangigkeit des föderalen beziehungsweise transnationalen Rechts der grundlegende, ursprünglichste Beitrag der Verfassungsgerichtsbarkeit zu einer Integration durch Recht, im engeren Sinne zu einer Integration durch Verfassung, sein. Die Höherrangigkeit des föderalen oder transnationalen Systems wäre in der Tat ohne nochmalige gerichtliche Überprüfung oder einem ähnlichen Instrument der Kontrolle ein theoretisches Konstrukt und sein Zwang bloß Ermahnung.[97] Sollte die Höherrangigkeit jedoch nicht einmal in der Verfassung oder in einem Vertrag verankert

[96] Cappelletti/Golay 1986, 263
[97] Das Fehlen der Höherrangigkeit blieb eine der großen Schwächen der europäischen Bemühungen im 19. und der zweiten Hälfte des 20. Jahrhunderts bei der Etablierung von Höherrangigkeit des innerstaatlichen Verfassungsrechts und einer effektiven Kontrolle der legislativen Macht.

sein, so ist die integrative Aufgabe, welche an die nachprüfende gerichtliche Kontrolle gelegt wird, sogar noch größer.[98]

Die Höherrangigkeit des föderalen beziehungsweise transnationalen Rechts bedeutet in keiner Weise die Machtzentralisierung beim föderalen beziehungsweise transnationalen System. Ganz im Gegenteil, Föderalismus und Transnationalismus setzen beide eine gewisse Dezentralisierung und Machtteilung voraus. Dies deswegen, weil nicht jedes Rechtsgebiet in gleichem Maße für Harmonisierung zugänglich ist und in manchen Bereichen erfordert lokale Kontrolle Flexibilität und Verantwortung gegenüber den Bedürfnissen der Bevölkerung in verschiedenen Regionen mit unterschiedlichen Wertvorstellungen.[99]
Somit stellt sich in jedem föderalen beziehungsweise transnationalen System die zweite grundlegende Frage: Jene nach der Teilung der Gesetzgebungsbefugnis und jene nach der Verantwortlichkeit unter den verschiedenen Souveränitäten. Alle Verfassungen beziehungsweise alle Verträge, welche ein föderales oder transnationales System schaffen, definieren in einer gewissen Weise die Kompetenzen, welche bei den konstituierenden Staaten oder Nationen bleiben beziehungwiese auf die übergeordnete Einheit übertragen werden.
Die Festlegung der Machtverteilung kann dabei auf verschiedene Weise geschehen. Eine explizite Aufzählung definiert die Kompetenzen sowohl der Mitgliedstaaten wie auch des föderalen beziehungsweise transnationalen Systems, oder eine explizite Aufzählung erfolgt nur für einen Teil, also entweder für die Mitgliedstaaten oder das föderale beziehungsweise transnationale System, dem anderen Teil bleibt dann der „Rest".
Wesentliche Fragen werden dennoch offen bleiben, und diese bedürfen – über kurz oder lang – der gerichtlichen Auslegung. Unsicherheiten ergeben sich schon oft alleine aus der Ungenauigkeit der Sprache, die sich nicht vermeiden lässt. Andere Auslegungsfragen ergeben sich aus der Natur der gewährten Kompetenzen. Gibt es eine konkurrierende oder eine ausschließende Kompetenzverteilung? Verbunden mit dieser Frage, stellt sich das Problem, ob bei Nutzung der Kompetenz durch das föderale beziehungsweise transnationale System die konkurrierende Kompetenz der Mitgliedstaaten verdrängt wird. In anderen Worten, sobald ein Politikbereich auf föderaler beziehungsweise transnationaler Ebene erfasst ist, regeln die Organe auf dieser Ebene diesen konkreten Bereich ausschließlich und den Mitgliedstaaten wird jede Gesetzgebungsbefugnis entzogen (*Pre-emption*). Diese aufgeworfenen Fragen bezüglich der Kompetenzverteilung können nur, um eine abschließende Antwort zu finden, durch eine prüfende, unabhängige Instanz entschieden werden und dies nur unter einer sorgfältigen Abwägung der im Wett-

[98] Cappelletti/Golay 1986, 264 f
[99] Cappelletti/Golay 1986, 264

bewerb stehenden Ansprüche zwischen Einheitlichkeit und Differenz. Damit ist ein großer Raum für die Integration durch Verfassungsgerichtsbarkeit gegeben.[100]

2.2.3.2. Integration im Bereich Gerichtsverfahren

Die Fragen, welche im Bereich des Gerichtsverfahrens als wichtig erscheinen, sind im Großen und Ganzen Folgeerscheinungen des Prinzips der Höherrangigkeit. Wenn judiziert wird, dass föderales beziehungsweise transnationales Recht höherrangig ist, dann muss es dafür eine abschließende Interpretation des föderalen beziehungsweise transnationalen Rechts geben, welche auch die Regierungen der Mitgliedstaaten und deren Gerichte bindet. Sollte es eine solche Interpretation nicht geben, dann wäre den nationalen Regierungen und Gerichten der Freiraum gegeben, diejenige Interpretation des föderalen beziehungsweise transnationalen Rechts sich zu eigen zu machen, welche am besten mit ihren eigenen Interessen übereinstimmt. Das Prinzip der Höherrangigkeit und der Prozess der Integration durch Recht, der zu einem gewissen Grad die einheitliche Rechtsanwendung und Wirksamkeit der rechtlichen Normen innerhalb der Mitgliedstaaten bedeuten muss, würden ansonsten durch die Mitgliedstaaten unterlaufen werden können.
Eine weitere Folgeerscheinung, abgeleitet aus der Notwendigkeit einer einheitlichen Rechtsanwendung und Wirksamkeit der Normen, ist, dass Höherrangigkeit und Integration nicht nur eine Harmonisierung des Rechts bewirken, sondern darüber hinaus auch der Zugang zum Recht und zum Rechtsschutz in den einzelnen Mitgliedstaaten gewährleistet sein muss. Deshalb gilt, je mehr der Zugang zum gerichtlichen Schutz ungleich verteilt ist, desto geringer ist die Möglichkeit, die Integration durch Verfassungsgerichtsbarkeit zu bewirken. Deswegen ist in einem föderalen beziehungsweise transnationalen System mit verschiedenen Rechtstraditionen und Rechtsinstitutionen die Harmonisierung im Bereich des Gerichtsverfahrens ein zwingend zu bewältigendes Problem. Es muss deswegen keine einheitliche Lösung für alle Mitgliedstaaten gefunden werden. Dies wäre weder erreichbar, noch wünschenswert. Vielmehr müssen die einzelnen Rechtssysteme zentrale Interpretationskontrolle des föderalen beziehungsweise transnationalen Rechts erlauben.[101]

2.2.3.3. Integration im Bereich der Grundrechte

Im Unterschied zu den beiden bereits oben genannten Bereichen, in welchen die höchstgerichtlichen Bestrebungen um die Ordnung der rechtlichen Hierarchie herausgestrichen wurden, wird im Bereich der Grundrechte eine weitere Dimension der rechtlichen Integration sichtbar. Denn es bedeutet nicht, dass dem födera-

---

[100] Cappelletti/Golay 1986, 264
[101] Cappelletti/Golay 1986, 265

len beziehungsweise transnationalen Recht in *jedem* Rechtskonflikt mit nationalem Recht der Vorrang eingeräumt wird. Eine wichtige Rechtsquelle in höherrangigen nationalen Rechtsordnungen ist/war – mit unterschiedlichen Entstehungsdaten – ein Grundrechtekatalog, und so ist es axiomatisch, dass nationalstaatliche Garantien und das föderale beziehungsweise transnationale Recht nicht beide höchstrangig für ein System sein können. Im Regelfall wird eine Verfassung oder ein Vertrag, der ein solches föderales beziehungsweise transnationales System begründet, diesen Rechtskonflikt lösen. Jedoch ist dies in den Gründungsverträgen der Europäischen Gemeinschaft nicht bedacht worden.[102] Wenn dies nun, wie am Beispiel der Europäischen Union gezeigt, der Fall ist, liegt es wiederum am Höchstgericht, dieses Rechtsproblem einer adäquaten Lösung zuzuführen. Auf der einen Seite ist es nicht selbstverständlich, und auch nicht wünschenswert, national etablierte Grundrechte auf Grund von Föderalismus, Transnationalismus und rechtlicher Integration gleichsam aufzuopfern, auf der anderen Seite ist es äußerst gefährlich, wenn eine Ausnahme der Doktrin der Höherrangigkeit geschaffen werden würde. Deswegen hat ein Verfassungsgerichtshof auch in diesem Bereich einen Mittelweg zu finden, bei welchem die Grundrechte auf föderaler beziehungsweise transnationaler Ebene nicht verleugnet werden, und jeglicher staatlicher beziehungsweise nationaler Schutz auch auf höherer Ebene gewährleistet werden kann. Somit ist gerade der Bereich der Grundrechte auch ein Rechtsgebiet, das zu einer tieferen Integration wesentlich beitragen kann.

Es ist ergänzend und abschließend festzuhalten, dass es gerade im Bereich der Verfassungsrechtsprechung wesentlich ist, dass das Recht und seine Auslegung nicht isoliert betrachtet, sondern die gerichtliche Auslegungsmaximen und deren Entwicklung im Kontext der politischen und wirtschaftlichen Integration gesehen werden. Denn es geht hier besonders um eine nicht-juristische Wirkung eines juristischen Gegenstands.[103] Der Gegenstand an sich ist der Inbegriff von Rechtsnormen, wie bereits oben ausgeführt wurde. Die Wirkung, folglich die Integration, ist ein tatsächlicher Vorgang, in dem eine Art Zusammengehörigkeitsgefühl entwickelt wird. Und gerade auch deshalb ist in einem Exkurs die Integration moderner Gesellschaften anzusprechen.

---

[102] Ein möglicher Grund mag darin liegen, dass in der Gründungszeit der Europäischen Gemeinschaft die Kompetenzen, welche der Gemeinschaft eingeräumt wurden, als zu schwach angesehen wurden, um Auswirkungen auf den Bereich der Grundrechte zu befürchten. Im Jahre 2000 wurde die Grundrechtecharta von einem Konvent erarbeitet und in rechtlich nicht verbindlicher Weise proklamiert.

[103] Grimm 2004, 448

2.2.4. Exkurs: Integration moderner Gesellschaften

In den obigen Ausführungen wurde speziell auf die Art und Weise, wie rechtliche Integration vonstattengehen und in welchen Bereichen sie vollzogen werden kann, eingegangen. Wenn man sich jedoch mit rechtlicher Integration auseinandersetzt, muss auch dessen *Auswirkung* auf das Gemeinwesen kurz angedeutet werden. Denn rechtliche Integration ist eben *mehr* als nur Integration auf einer Rechtsebene; ihre Auswirkungen sind ebenso auf einer gesellschaftlichen Ebene festzustellen.

Sozialwissenschaftliche Theorien, welche sich mit der Möglichkeit einer gesellschaftlichen Integration qua Verfassung und qua Verfassungsrechtsprechung beschäftigen, sind äußerst zahlreich.[104] Gerade auch auf Grund der Komplexität und des relativ kurzen Zeitraums, in welchem zahlreiche diesbezügliche Forschungen angestellt wurden, kann eine einheitliche und abschließende Antwort mit dem derzeitigen Forschungsstand zu dieser Thematik nicht gegeben werden. Bereits früher resümierte Münch auf Basis einer umfassenden Analyse soziologischer Integrationskonzepte, dass eine tragfähige beziehungsweise eine hinreichend komplexe Theorie der Integration moderner Gesellschaften noch nicht vorliege.[105] Es gäbe somit zahlreiche Möglichkeiten für weitere Forschungsansätze, welche sich mit den Auswirkungen der rechtlichen Integration auf die gesellschaftliche beschäftigen.

Derzeit zählt – wie oben bereits angedeutet – auch die Frage nach der Integration von Gesellschaften unter anderem durch Verfassung und Verfassungsrechtsprechung zu den (klassischen) Fragen der Soziologie. Mit dem Ende des 20. Jahrhunderts sah sich die Wissenschaft jedoch mit einer ernst zu nehmenden „zeitgenössischen Integrationskrise" konfrontiert.[106] Dies zeigt auch die Vielzahl von Publikationen zu diesem Thema. Über die Frage *„Was hält die Gesellschaft zusammen?"* über jene *„Was treibt die Gesellschaft auseinander?"*[107] wird der

[104] Bezüglich der Möglichkeiten gesellschaftlicher Integration ist auf zwei bedeutende sozialwissenschaftliche Theorien zu verweisen. Zum einen ist die *handlungstheoretische Perspektive* anzuführen, die integrative Wirkung vornehmlich über Werte und Normen, welche im Sozialisationsprozess angeeignet werden und das Verhalten der Glieder einer Gesellschaft beeinflussen, konstatiert. Zum anderen die *systemtheoretische Perspektive,* welche diejenigen Zwänge als ausschlaggebend ansieht, die von den verschiedenen gesellschaftlichen Funktionssystemen ausgehen und individuelles Verhalten so weit determinieren, dass es auf eine normgeleitete Motivation der einzelnen Akteure nicht ankommt. Ausführlich siehe dazu: *Peters, Bernhard.* Die Integration moderner Gesellschaften, Frankfurt am Main 1993 und *Gebhardt, Jürgen/Rainer Schmalz-Bruns* (Hrsg). Demokratie, Verfassung und Nation. Die politische Integration moderner Gesellschaften, Baden-Baden 1994.

[105] Münch 1997, 103 ff

[106] Schaal 2002, 71

[107] Heitmeier 1997a, 1997b

Bogen gespannt bis hin zu dem eher pessimistisch stimmenden Resümee *„Sind hochindividualisierte Gesellschaften überhaupt noch integrierbar?"*.[108]
Ulrich Haltern, der wiederum einen speziellen Zugang zu dieser Thematik entwickelte, steht einer Integration moderner Gesellschaften durch Verfassungsrechtsprechung äußert kritisch gegenüber. So spricht er von der Integration als einem *„Mythos"*[109] und Luhmann postuliert, *„die Vertextung des Staates habe ihr Ende gefunden"*.[110] Gary Schaal vertritt hingegen wiederum die These, dass es durchaus zu einer Integration moderner Gesellschaften durch die spezielle Integrationstechnik *„Integration durch Verfassung"*, im Speziellen durch vier normative Integrationsmodi[111] kommen kann.[112] Dabei charakterisiert Schaal einen *Zustand* bzw. einen *Prozess* als normativ wünschenswert, setzt damit Kriterien des Erfolgreichen und impliziert damit gleichzeitig auch die Idee der Möglichkeit eines Scheiterns gesellschaftlicher Integration.[113]

2.3. Integrationstheorien zur rechtlichen Integration durch den Europäischen Gerichtshof im Speziellen

Grundlegend ist festzuhalten, dass sowohl in der europäischen als auch in der amerikanischen wissenschaftlichen Literatur eine mögliche Integrationswirkung durch den Europäischen Gerichtshof lange Zeit nicht zur Debatte stand. Erst in den frühen 1980er Jahren gab es erstmals von Rechtswissenschaftlern Forschungsansätze, die Interaktionen zwischen dem Europäischen Gerichtshof und den politischen Institutionen sowie dem Integrationsprozess erklären. Besonders hervorzuheben sind Eric Stein,[114] Martin Shapiro,[115] Hjalte Rasmussen[116] und Joseph Weiler.[117] Dabei haben sie sich jedoch nicht nur die Ebene des Rechts angesehen, sondern es wurde vor allem ein interdisziplinärer Zugang zum Europarecht oder zumindest eine Prüfung des Europarechts im politischen, wirtschaft-

---

108 Beck/Beck-Gernsheim 1994; vgl jeweils mit weiterführenden Verweisen Schaal 2002, 71.
109 Haltern 1997
110 Luhmann 1995, 114
111 Zu diesen vier Integrationsmodi zählen die Integration qua Neutralität, die Integration qua Werte, die Integration qua *social capital* und die Integration qua Diskurs. Ausführlich dazu siehe *Schaal, Gary*. Integration durch Verfassung und Verfassungsrechtsprechung? Über den Zusammenhang von Demokratie, Verfassung und Integration, Berlin 2000, 72 ff.
112 vgl Schaal 2002, 74 ff
113 Schaal 1999, 48 ff
114 *Stein, Eric*. Lawyers, Judges and the making of a transnational Constitution, in: The American Journal of International Law 1981, 75, 1-27.
115 *Shapiro, Martin*. Comparative Law and Comparative Politics, in: Southern Law Journal Review 1980, 53, 537-542.
116 *Rasmussen, Hjalte*. On Law and Policy in the European Court of Justice, Dordrecht/Boston/Lancaster 1986.
117 *Weiler, Joseph*. The Community System: The Dual Character of Supranationalism, in: Yearbook of European Law 1981, 1, 268-306.

lichen und sozialen Kontext gefordert. Obgleich diese Forderung, bei der rechtlichen Integration durch den Europäischen Gerichtshof interdisziplinär vorzugehen, gestellt wurde, haben sich andere Wissenschaften mit der Rolle supranationaler rechtlicher Institutionen kaum beschäftigt. Zwar gibt es etwa von politikwissenschaftlicher Seite zahlreiche integrationstheoretische Erklärungsansätze, um das Phänomen der europäischen Integration greifbar zu machen. Doch lenkten die Politologen den Blick vielmehr auf die großen politischen Grundsatzentscheidungen und Vertragsrevisionen, die auf den internationalen Regierungskonferenzen beschlossen wurden als auf eine rechtliche Institution. Schwerpunkte wurden somit in anderen Bereichen gesetzt.[118] Doch gerade in den letzten Jahren wird vermehrt der Aufforderung, interdisziplinär zu arbeiten, gefolgt und neue Erklärungsansätze wurden beziehungsweise werden entwickelt.

Die folgenden dargestellten Ansätze zählen zu den wichtigsten theoretischen Zugängen zur Integration durch den Europäischen Gerichtshof, welche seit den ersten Forschungsansätzen entwickelt wurden.[119] Die großen rechtstheoretischen Zugänge sind jene des Legalismus und Kontextualismus. In anderen Wissenschaften, vor allem in der Politikwissenschaft, waren Realismus und Neorationalismus, zum Teil auch als Antwort auf die juristischen Theorien, prägend. Der fünfte Ansatz ist ein jüngerer Zugang, welcher die Erkenntnisse der juristischen Zugänge mit einem theoretischen politologischen Rahmen verknüpft, und somit versucht, Defizite der vorherigen Theorien zu beseitigen. Er kann der Tradition des Neofunktionalismus zugeordnet und speziell als eine Antwort auf den Neorationalismus aufgefasst werden.
Basierend auf der Vorstellung der oben genannten wichtigsten Ansätze folgt eine kurze Darlegung der Weiterentwicklung in den letzten zehn Jahren. Denn in der wissenschaftlichen Debatte zwischen Neorationalismus und Neofunktionalismus kamen Vertreter beider Richtungen einander näher und konzentrierten ihre Forschungsinteressen auf andere, vormals nicht ins Auge gefasste, Perspektiven. Abschließend wird auf die fortgeschrittene Debatte und auf weitere, jüngere Ansätze eingegangen, um einen Überblick[120] über die neuere wissenschaftliche Diskussion zu geben.

---

[118] Ausführlich zu den Integrationstheorien für die Europäische Union *Rosamond, Ben.* Theories of European Integration, Houndmills/London 2000; ebenso bei *Wiener, Antje/Thomas Diez* (Hrsg). European Integration Theory, Oxford 2004.

[119] Gut zusammengefasst bei *Burley, Anne-Marie/Walter Mattli.* Europe before the Court. A Political Theory of Legal Integration, in: International Organization 1993, 45-76. Die folgenden Ausführungen werden sich auf ihre Thesen stützen.

[120] Auf eine ausführliche Darstellung der zahlreichen jüngeren Ansätze wird bewusst verzichtet, weil das Hauptaugenmerk im Rahmen dieser Arbeit nicht auf einer Theorieanalyse zum Thema Integration durch den Europäischen Gerichtshof liegt.

Die Ausführungen zu den bedeutendsten bisher entwickelten Theoriesträngen sollen vor allem Erklärungsdefizite bezüglich des Beitrags des Europäischen Gerichtshofs zur rechtlichen Integration verdeutlichen.
Marcus Höreth forderte kürzlich auf, vergleichende Studien zu dieser Thematik zu betreiben, denn *„the act of self-empowerment of the ECJ and its acceptance by national politicians ... is explainable only when comparing this process of partial self-empowerment with the experience of other constitutional courts, which all became very powerful actors in constitutional politics and therefore decisive players in the governance systems of most Western democracies"*.[121]

2.3.1. Juristische Zugänge

2.3.1.1. Der rechtliche Zugang des Legalismus

Die Rechtstheorie des Legalismus kann auch als Theorie des *pure law* bezeichnet werden. Soziopolitische und ideologische Einflüsse auf die Jurisprudenz des Europäischen Gerichtshofs existieren in diesem theoretischen Erklärungsmuster nicht. *The rule of law*, die Rechtsstaatlichkeit, wird betont, nicht die Rolle der einzelnen Akteure. Es gibt nur rein juristische Entscheidungen, eine politische Einflussnahme ist nicht möglich.
Eine treffende Charakterisierung dieses Zugangs gibt Martin Shapiro: *„The community [is presented] as a juristic idea; the written constitution as a sacred text; the professional commentary as a legal truth, the case law as the inevitable working out of the correct implications of the constitutional text; and the constitutional court as the disembodied voice of right reason and constitutional teleology"*.[122]

Everling sieht den Europäischen Gerichtshof als mächtigen supranationalen Akteur, welcher nach eigenem Verständnis über Recht und Gerechtigkeit entscheidet. Der Europäische Gerichtshof sei zwar auch Teil eines politischen Systems, aber von der Tätigkeit der Politiker unterscheide den Europäischen Gerichtshof jedoch seine Motivation: Es gehe ihm nicht um die Verfolgung politischer Ziele, sondern um die Entscheidung eines konkreten Rechtsstreits.[123]

Mancini, als ein weiterer Vertreter dieser Richtung, vertritt eine etwas interessengeleitetere Variante des Legalismus: Der Europäische Gerichtshof strebe nicht nach einer bedingungslosen Ausdehnung seiner Macht, sondern er sehe den Machtzuwachs auf den für das Erreichen der Vertragsziele nötigen Umfang begrenzt. Da der Status des europäischen Rechts durch die Mitgliedstaaten nicht

---

[121] Höreth 2005, 154
[122] Shapiro 1980 zit nach Burley/Mattly 1993, 45
[123] Everling 1983 zit nach Schuler 2000, 56 f

vertraglich festgelegt wurde, musste der Europäische Gerichtshof die rechtliche Ordnung durch teleologische Auslegung zur Verfassung ausbauen. Dies lag im Interesse der Mitgliedstaaten, weil sie erkannten, dass es sonst zu einer Erosion der Gemeinschaft hätte kommen können.[124]

Es ist festzuhalten, dass die Legalisten die substanziellen Beiträge des Europäischen Gerichtshofs zur Integration und seine Methode der Vertragsauslegung äußerst positiv bewerten. Einheitlich wird der Europäische Gerichtshof als eine Wohltat für die Europäische Integration angesehen.[125] Ein möglicher *judicial activism* des Gerichtshofs wird dabei entweder verneint[126] oder als reine Notwendigkeit gegen eine mögliche Desintegration der Union betrachtet.[127] Diese Notwendigkeit ergebe sich, weil die politischen Akteure mit unerwarteten Problemen konfrontiert werden, sodass sie entscheidungsunfähig oder -unwillig sind, die vertraglichen Verpflichtungen vollständig einzuhalten.
Der Legalismus betont, dass die Akte des Europäischen Gerichtshofs auf seinen großen formellen Kompetenzen basieren, und er diese eben vollständig ausschöpft, wobei es Aufgabe des Europäischen Gerichtshofs ist, vorübergehend die politische Führung zu übernehmen und einer möglichen Desintegration entgegenzuwirken.[128]
Diese mögliche Aufgabe des Europäischen Gerichtshofs wurde bei Vertragsabschluss nicht in Betracht gezogen, nicht einmal in den negativen Visionen der Verfechter der nationalstaatlichen Souveränität.[129]
Die Argumente der Legalisten sind sehr allgemein gefasst und gehen kaum in die Tiefe. Die Hauptkritikpunkte zu dieser Theorie sind, dass sie eng an den Gedanken der Herrschaft des Rechts verhaftet bleibt und andere Argumente nicht zulässt. Die Legalisten gehen bei der Erklärung der rechtlichen Integration davon aus, dass „Recht" in einem politischen Vakuum agieren kann.

2.3.1.2. Der rechtliche Zugang des Kontextualismus

Der Kontextualismus, auch als *law and politics* bezeichnet, ist dadurch kennzeichnet, dass er um die Dualität von Recht und Politik erweitert ist. Der analytische Fokus wird nicht mehr rein auf das *rule of law* Prinzip gelegt, sondern der Kontextualismus versucht, die wechselseitige Beziehung zwischen der rechtlichen

---

[124] vgl Mancini 1991, 177 ff
[125] Burley/Mattli 1993, 45 f
[126] In den Worten des ehemaligen Richters Mackenzie: „*The Court only takes note of what has already been decided*" (Mackenzie 1977 zit nach Höreth 2000, 18).
[127] In der wissenschaftlichen Literatur auch als „*ruin*" oder als „*or else*" Argument bezeichnet.
[128] Dieses Argument ist besonders bei ehemaligen Richtern des Europäischen Gerichtshofs verbreitet (vgl *Pescatore* 1974, 89).
[129] Mancini 1991, 181

und der politischen Seite der europäischen Integration zu erklären. Zwei grundlegende Probleme sind dabei jedoch zu beachten: Erstens ist die Natur dieser Beziehung oft unscharf und verschwommen und zweitens können Anreize für die Interaktion nicht genau erklärt werden.

In der Tradition des Kontextualismus sind drei wesentliche Studien von Bedeutung:

Als erster wichtiger Vertreter ist Joseph Weiler mit seinem 1981 erschienenen Frühwerk „*The Community System: The Dual Character of Supranationalism*" zu nennen.[130] Er unterscheidet analytisch europäisches Recht und europäische Rechtsprechung – auch „*normative supranationalism*" genannt – einerseits von institutionellen Rahmenbedingungen und andererseits von politischen Entscheidungsprozessen – auch „*decisional supranationalism*" genannt. Der normative Supranationalismus beschreibt den rechtlichen Integrationsprozess; also das Wachstum des Gemeinschaftsrechts. Die Integration durch Recht funktioniert dabei zügiger und reibungsloser als jene Dimension der Integration, die auf dezidierten politischen Entscheidungen beruht. Das supranationale System entwickelte sich vor allem während der ersten Dekade der Europäischen Wirtschaftsgemeinschaft revolutionär weiter. Der normative Supranationalismus machte etwa mit den Doktrinen der direkten Wirkung oder des Vorrangs des Gemeinschaftsrechts große Fortschritte. Jedoch kam es in dieser Zeitperiode zu einer Abnahme des „*decisional supranationalism*"; Stichworte dafür sind etwa der „Luxemburger Kompromiss" und die schwache Stellung der Kommission, die Einsetzung des COREPER oder des Europäischen Rats. So hatte der Europäische Gerichtshof gewissermaßen einen „negativen Effekt" auf den „*decisional supranationalism*".[131]
Einen wichtigen Grund, warum die nationalen Regierungen und Legislativen dem Prozess der Konstitutionalisierung Europas durch die Rechtsprechung des Europäischen Gerichtshofs in den 1960er und 1970er Jahren widerstandslos begleitet haben, sieht Weiler in seinem jüngeren Aufsatz „*Journey to an Unknown Destination*"[132] in der normativen Kraft des Rechts. Die normative Kraft des Rechts basiert auf der Annahme, Recht sei schon grundsätzlich unpolitischer Natur. Recht und Rechtsprechung werden, um ihre befriedende Funktion aufrechtzuerhalten,

---

[130] Weiler 1981, 268 ff

[131] Von diesem frühen Lehrsatz rückte Joseph Weiler in seinem Aufsatz „The transformation of Europe" (Weiler 1991, 2409 ff) mit der Behauptung ab, er biete „*a synthesis and analysis truly in the tradition of the 'pure theory of law' with the riders that 'law' encompasses a discourse that is much wider than doctrine and norms and that the very dichotomy of law and politics is questionable*". Joseph Weiler erkennt heute auch den positiven Beitrag des Europäischen Gerichtshofs an, warnt jedoch auch gleichzeitig vor den Gefahren eines exzessiven judiziellen Aktivismus.

[132] Weiler 1993, 417 ff

als etwas „neutrales“ und „nicht-konfligäres“ angesehen, in deren Arena Gerichte wissenschaftlich-objektiv nach allen Regeln der juristischen Interpretationskunst Urteile fällen können. Es geht dabei nicht darum, ob diese Annahme wissenschaftlich als haltbar oder nicht angesehen wird, sondern viel mehr um den in der Realität offensichtlich existenten Glauben verschiedener Akteure in den Mitgliedstaaten, dass es sich bei dem Medium Recht tatsächlich so verhält. „*The subjective belief in the apolitical and neutral nature of the judicial process is, in fact, the reality that counts*“.[133] Darüber hinaus haben die Mitgliedstaaten im Laufe der Zeit bald erkannt, dass die Rechtsprechung des Europäischen Gerichtshofs unabhängig von äußeren Einflussnahmen und in diesem Sinne tatsächlich neutral ist und auch nicht die Präferenzen des einen oder anderen Mitgliedstaates bevorzugt oder benachteiligt. „*There were no permanent and fixed Member State winners and losers. The Court may have been perceived as a wild card or an unruly horse but not as partisan to the interests of this or that Member State*”.[134]
Schlussfolgernd ist nach Weiler festzuhalten, dass es dem Europäischen Gerichtshof nach und nach gelungen ist, die europäische Integrationsgemeinschaft zu hegemonisieren: „*It did not happen at once, it did not happen uniformly, there have been 'pockets of resistance', but, by and large, it has happened*“.[135]

Hjalte Rasmussen, als zweiter wichtiger Vertreter des Kontextualismus, steht in seinem für seine Zeit ungewöhnlich kritischem Werk „*On law and policy in the European Court of Justice*“[136] dem Europäischen Gerichtshof weitaus negativer gegenüber, als es noch Joseph Weiler getan hat. Er fokussiert auf die Schnittstelle zwischen Recht und der pro-europäischen Rechtsprechung des Gerichtshofs. In seiner Analyse stellt er somit den Umfang des „*judicial policymaking*“ in den Mittelpunkt und versucht, den Einfluss auf den europäischen Integrationsprozess zu erforschen. Er erkennt den *judicial activism* als ein „*social good*“ an, solange er mit den Vorstellungen einer Mehrheit der Mitgliedstaaten einhergeht. Jedoch ist seine Schlussfolgerung negativ: Der Gerichtshof wurde von seinen eigenen rigiden politischen Interessen geleitet und ging wiederholt „*beyond the textual stipulations* [of the treaty; Anm. d. Verf.] *leaving behind it a variety of well-merited, legal interpretative principles*“.[137] Die dadurch aufkommende Distanzierung vom politischen „*decision-making process*” führt zu dessen Störung und Unterbrechung. Sie gefährdet darüber hinaus auch die Autorität und die Legitimität des Gerichtshofs selbst.

---

133 Weiler 1993, 427
134 Weiler 1993, 427
135 Weiler 1993, 420
136 Rasmussen 1986
137 Rasmussen 1986, 12

Das letzte Beispiel in der Tradition des Kontextualismus ist die Studie von Koen Lenaerts, ehemaliger Richter des Gerichtshofs erster Instanz und seit 2003 Richter am Europäischen Gerichtshof: *„The Role of the Court of Justice in the European Community: Some Thoughts About the Interaction Between Judges and Politicians"*.[138] Lenaerts arbeitet vier charakteristische Handlungsstränge zwischen Recht und Politik im Kontext der europäischen Integration heraus: Mit einer Serie von Gerichtsentscheidungen wurde ein internationales rechtliches Konstrukt, die römischen Verträge, in eine Gemeinschaftsrechtsordnung umgewandelt. Der Gerichtshof selbst wirkte als ein Integrationskatalysator, indem er den Weg für die Klarstellung bestimmter Normen ebnete, sodass die politischen Akteure eine tiefere Integration anstreben konnten.[139] Die tiefere politische Integration wurde mit dem Inkrafttreten der Einheitlichen Europäischen Akte auch realisiert. Die politischen Akteure begannen, den Integrationsprozess wieder zu vertiefen, der Europäische Gerichtshof nahm seine aktivistische Haltung wieder zurück und widmete sich vermehrt der traditionellen Rolle eines Verfassungs- und Verwaltungsgerichtshofs.
Kritisch kann zum Kontextualismus festgehalten werden, dass nur ungenaue Hypothesen über Beziehungen zwischen Politik und Recht geboten werden. Die Art der, zwischen den Akteuren bestehenden, Beziehungen wird nur verschwommen dargestellt, Aussagen nicht weiter belegt. Gesamt gesehen vereinfachen die Erklärungsmuster die komplexe Realität stark. Am besten ausgearbeitet ist noch Joseph Weilers Modell, obwohl er noch implizit davon ausgeht, dass politische Akteure die Entwicklung der Gemeinschaft nur im politischen Bereich beeinflussen können. Im Rahmen der rechtlichen Integrationsansätze ist der Kontextualismus eine erhebliche Verbesserung im Vergleich zum Legalismus, ein umfassendes Erklärungsmuster bietet er jedoch nicht.

2.3.2. Alternative Zugänge anderer Wissenschaften

2.3.2.1. Realismus

Realistische Ansätze widmen traditionell ihre Aufmerksamkeit nicht den supranationalen Institutionen. Dies hat vor allem auch für den Europäischen Gerichtshof gegolten, sodass die Rolle des Rechts im Prozess der Integration vernachlässigt wurde. Immerhin haben Robert Keohane und Stanley Hoffmann zu Beginn der 1990er festgehalten, dass der Europäische Gerichtshof politikwissenschaftliche Aufmerksamkeit verdient: „*... of all Community institutions, the Court has gone farthest in limiting national autonomy...*".[140]

---

[138] Lenaerts 1992
[139] In diesem Punkt stehen die Meinungen von Weiler und Rasmussen diametral zu Lenaert.
[140] Koehane/Hoffmann 1991, 12

Grundsätzlich steht die politikwissenschaftliche Theorie des Realismus diametral zum Zugang des Legalismus und kann als seine Antithese gesehen werden.
Aus der Perspektive eines Realisten sind supranationale Organisationen, wie etwa auch der Europäische Gerichtshof, nicht in der Lage, souveränen Staaten eine Geschwindigkeit an Integration aufzuzwingen, die nicht mit den Interessen und Prioritäten der Staaten konform gehen. Die Rolle des Europäischen Gerichtshofs wird am besten mit der eines „*essential technical servant*“[141] beschrieben. Im Falle eines Rechtsstreits wendet der Europäische Gerichtshof die Vertragsbestimmungen an, welche von den Policy-Making Organen der Europäischen Union vorgegeben worden sind. Dabei ist die juristische Interpretation nicht mehr als die Übersetzung der Vertragsbestimmungen in eine operationale Sprache, frei von politischem Inhalt und politischen Konsequenzen.[142]
Seine Vertreter sehen das supranationale Gemeinschaftsrecht als „Absurdität“. Wenn die Nationalstaaten die Anwendung europäischer Normen minimieren oder sogar verhindern wollen, können sie dies, indem sie den nationalen Gerichten durch die nationale Gesetzgebung entgegenstehende Regelungen vorgeben. Mit anderen Worten, der Realismus betont die Vorrangstellung der nationalen Politik vor dem Gemeinschaftsrecht.
Ein weiteres Beispiel realistischen Zugangs ist Stuarts Scheingold's „*The Law in Political Integration*“.[143] Er kommt dabei speziell auf die vom Europäischen Gerichtshof geführte pro-föderalistische Linie zurück. Der Gerichtshof agiert in dieser Rolle jedoch mehr als Prüfer (*validator*) von Entscheidungen und nicht als Gesetzgeber.[144]
Nichtsdestotrotz räumt Scheingold ein, dass der Europäische Gerichtshof zumindest einen indirekten Einfluss auf die europäische Integration ausgeübt hat.

Im Großen und Ganzen kann der Realismus zur Beantwortung der Frage nach dem Beitrag des Europäischen Gerichtshofs auf die rechtliche Integration nicht herangezogen werden. Er missachtet die Bedeutung supranationaler Institutionen gänzlich beziehungsweise misst ihr nur eine minimale Stellung bei. Ein integrativer Beitrag des Europäischen Gerichtshofs blieb in den realistischen Ansätzen gänzlich ausgeschlossen oder hat bestenfalls flüchtige Aufmerksamkeit verdient. Die nationalstaatlichen Interessen dominieren die supranationalen Institutionen.

---

[141] Der Begriff wurde von *Joseph Weiler* bereits 1982 erstmals verwendet (Weiler 1982, 39 ff).
[142] Taylor 1983, 280
[143] Scheingold 1971
[144] Scheingold 1971, 16

2.3.2.2. Neorationalismus

Die Theorie des Neorationalismus wurde entscheidend von Geoffrey Garrett und Barry Weingast geprägt. Dabei zählen ihre Studien, erschienen in den frühen 1990er Jahren des letzten Jahrhunderts, zu den wenigen, welche sich auch aus politikwissenschaftlicher Seite explizit mit der Rolle des Europäischen Gerichtshofs im Integrationsprozess auseinandergesetzt haben.[145]
Geoffrey Garrett steht der Integrationstheorie des Intergouvernementalismus[146] nahe und gesteht dem Europäischen Gerichtshof zu, den nationalen Entscheidungsträgern Einschränkungen aufzuerlegen. Diese Fähigkeit resultiert jedoch nicht aus einer autonomen Rolle, sondern aus dem Interesse der Mitgliedstaaten, das Rechtssystem der Gemeinschaft aufrecht zu erhalten. Die Gewinne durch eine effektive Teilnahme am gemeinsamen Markt werden höher eingeschätzt, als der Nutzen bei Verletzungen der Gemeinschaftsrechtsordnung. Wären die Rechtsverletzungen endemisch, wäre auch die Kooperation von geringem Wert. Es liegt somit im Interesse der Mitgliedstaaten, Kompetenzen an den Europäischen Gerichtshof zu delegieren, damit dieser das Einhalten gemeinschaftsrechtlicher Verpflichtungen kontrollieren kann. Denn nur weil Regierungen gegen eine Bestimmung im Verlauf eines Verfahrens argumentieren, heißt dies nicht, dass sie, wenn das Urteil rechtskräftig ist, seine Gültigkeit ignorieren würden. Die Entscheidungen werden akzeptiert und der Nutzen eines effektiven Rechtssystems bevorzugt.[147]
Weiters nimmt der Europäische Gerichtshof für die Mitgliedstaaten eine wertvolle Rolle ein, weil er auf Grund seiner Position Probleme, welche bei den Vertragsverhandlungen selbst ungelöst bleiben, auf neutrale Weise entschärfen kann. Dies gelingt, indem er die abstrakten Normen der Verträge auf konkrete, oft auch unvorhersehbare, Eventualitäten anwendet. Die Regierungen der Mitgliedstaaten akzeptieren somit die europäische Rechtsordnung, weil durch den Gerichtshof die Erfüllung des Vertragsübereinkommens überwacht und die Realisierung der obersten Ziele gewährleistet werden kann. Die Mitgliedstaaten sind keine passiven und unfreiwilligen Opfer der rechtlichen Integration, sondern haben in den Be-

---

[145] *Garrett, Geoffrey*. International Cooperation and institutional choice: The European Community's internal market, in: International Organization 1992, 46, 2, 533-560, *Garrett, Geoffrey/Barry Weingast,*. Ideas, Interests, and Institutions: Constructing the European Community's Internal Market, in: *Koehane*, Robert/Judith *Goldstein* (Hrsg). Ideas and Foreign Policy. Beliefs, Institutions and Political Change, New York 1993, 173-206.

[146] Der Intergouvernementalismus wurde entscheidend von *Andrew Moravcsik* geprägt, der die Mitgliedstaaten als Hauptakteure der Europäischen Integration identifiziert: „*The primary source of integration lies in the interests of states themselves and the relative power each brings to Brussels, whereas private actors and the EU's organizations never play more than a secondary role.*" (vgl Moravcsik 1993).

[147] Garrett 1995, 172

reichen, in welchen der Europäische Gerichtshof *judical acitvism* ausübte, diesen auch unterstützt.[148]
Der Europäische Gerichtshof ist in der neorationalistischen Perspektive ein strategisch rationaler Akteur. Seine oberste Priorität gilt der Ausweitung des Europarechts und der Aufrechterhaltung seines Anspruchs, die alleinige Kompetenz der Vertragsinterpretation ausüben zu können. Der Europäische Gerichtshof erkennt jedoch auch, dass sich seine Kompetenzen nur zum Teil aus den Verträgen ableiten. Sie hängen weiters von der Akzeptanz der Mitgliedstaaten ab, sodass der *judicial activism* durch die Reaktionen der Mitgliedstaaten eingeschränkt wird.
Die letzte Schlussfolgerung von Garrett, dass der Europäische Gerichtshof und die nationalen Gerichte, welche seinen Urteilen folgen, noch einem letzten entscheidenden Kriterium – jenem, den Präferenzen von Deutschland und Frankreich zu folgen[149] – unterliegen, gilt mittlerweile als überholt.[150]
Kritisch soll bereits an dieser Stelle kurz angemerkt werden,[151] dass auch die neorationalistische Theorie nicht allumfassend ist. Sie betont, dass die Interessen der Mitgliedstaaten entscheidend seien und der Europäische Gerichtshof sein Verhalten danach richtet. Tatsächlich divergierte die Rechtsprechung jedoch zeitweise erheblich von den Interessen, gerade auch der großen Mitgliedstaaten wie Deutschland und Frankreich.[152] Die Einflussmöglichkeiten der einzelnen Mitgliedstaaten auf den Europäischen Gerichtshof sind eingeschränkt. So kann sich etwa bei der Willensbildung im Europäischen Gerichtshof keine einzelne Rechtsordnung durchsetzen, noch haben sich in der Geschichte der Europäischen Union die nationalen Gerichte bei ihrer Vorlageaktivität von den nationalen Regierungen beeinflussen lassen.

2.3.3. Weiterentwicklung der Theorien durch Kombination

In ihrem Aufsatz „*Europe before the Court: A political Theory of Legal Integration*",[153] auf welchen sich bereits die obigen Ausführungen stützen, entwickeln Anne-Marie Burley und Walter Mattli einen neuen integrationstheoretischen Ansatz, eine „*first-stage theory*", mit welcher sie juristische und politikwissenschaftliche Erkenntnisse kombinieren.

---

[148] Garret et altri 1998, 150
[149] vgl Garrett 1992, 556 ff
[150] Burley/Mattli 1993, 51
[151] Eine ausführliche kritische Darstellung erfolgt in der Gegenüberstellung mit der im nächsten Kapitel folgenden neofunktionalistischen Theorie.
[152] Als Beispiel soll an dieser Stelle nur kurz die Entscheidung „*Cassis de Dijon*" (Rs 20/178, EuGH vom 20. Februar 1978, *REWE – Zentral AG v Bundesmonopolverwaltung für Brandwein*, Slg 1979, 649) angesprochen werden. Die deutsche Regierung äußerte sich ausdrücklich und heftig gegen diese Entscheidung.
[153] Burley/Mattli 1993, 41 ff

Für diesen neuen Zugang ist eine Erklärung der Rolle des Gerichtshofs *von Grund auf* notwendig. Dabei steht nicht so sehr die rechtliche Integration als fait accompli und der Zusammenhang zwischen rechtlicher und politische Integration im Vordergrund, sondern es sollte viel mehr die Theorie aus der Politikwissenschaft kommend ein Erklärungsmuster bieten, wie der Europäische Gerichtshof seinen eigenen Aufgabenbereich bildet.
Nicht durch die Macht des Rechts an sich, wie es etwa von den Legalisten vertreten wird, ging die rechtliche Integration vonstatten. Es waren individuelle Akteure, wie Richter, Anwälte und Streitparteien beteiligt, welche spezifische Interessen, Motive und eigene Zielvorstellungen hatten und in einem ganz speziellen Umfeld und Entwicklungsprozess interagierten. Erklärungsmuster, wie diese Akteure ihre Zielvorstellungen im Prozess der rechtlichen Integration erreichen, bieten die Grundlage für einen systematischen Ansatz, der den Verlauf der Interaktionen dieser Akteure mit dem politischen Prozess innerhalb der Europäischen Union analysieren kann.[154] Burley und Mattli sehen diesen systematischen Ansatz in der Integrationstheorie des *Neofunktionalismus*, welche bereits als eine der ersten ein Erklärungsmuster für die Integration der Europäischen Union anbot, jedoch zur Rolle des Europäischen Gerichtshofs nie Stellung genommen hat.
Burley und Mattli[155] definieren die Rechtsintegration in Übereinstimmung mit der oben angeführten herrschenden Lehre, als *die schrittweise Durchdringung des Europarechts in das nationale Recht der Mitgliedstaaten.*
Diese Durchdringung erfolgt dabei entlang zweier Linien. Die erste Linie ist jene der formellen Durchdringung, bei welcher die supranationalen Rechtsakte, wie zum Beispiel Vertragsrecht oder sekundäres Recht, welche Vorrang vor nationalem Recht genießen, zahlreicher werden. Darüber hinaus nehmen Einzelfallentscheidungen zu, bei welchen sich der einzelne Bürger direkt auf das Gemeinschaftsrecht bei einem nationalen Gericht berufen kann.
Die zweite Linie ist jene der materiellen Durchdringung, welche in Form des *spill-over* erfolgt. Dieser geschieht dadurch, dass gemeinschaftsrechtliche Regelungen von wirtschaftsnahen Bereichen auch auf Rechtsgebiete wie Gesundheit und Sicherheit, Unterricht, Soziales bis hin zu Rechten betreffend die politische Teilnahme ausgeweitet werden.
Über diese beiden Linien hinweg geschieht die rechtliche Integration durch Interpretationsprinzipien, welche die Uniformität und den Umfang des Gemeinschaftsrechts fördern.

Der Neofunktionalismus im Sinne von Ernst Haas[156] mit der Theorie des *spill-over* wird auf den Bereich der rechtlichen Integration neu angewandt. Um auf die

[154] Burley/Mattli 1993, 52 f
[155] Burley/Mattli 1993, 43 f

konkreten Aussagen dieses neuen Ansatzes ausführlicher eingehen zu können, wird zuvor in einem Exkurs der Neofunktionalismus mit seinen Hauptaussagen, welche für die neue Theorie von Bedeutung sind, dargelegt.

Der Neofunktionalismus bietet ein Erklärungsmuster, wie und warum es zu einem Zusammenschluss selbstständiger Nationalstaaten kommt, und warum diese dabei einen Verlust an Souveränität in Kauf nehmen, um neue Problemlösungstechniken zu gewinnen.
Der Neofunktionalismus bietet sowohl funktionelle Kategorien, die einer Integration grundsätzlich zugänglich sind als auch tatsächliche Mechaniken für die Überwindung nationaler Barrieren innerhalb einer speziellen funktionalen Kategorie, *nachdem* der Integrationsprozess bereits in Gang gesetzt worden ist.[157]
Folgende vier Variablen, welche der Neofunktionalismus wie folgt festlegt, sind von besonderer Relevanz: Akteure, Motive, Prozess und Umfeld.
Die *Akteure* dieses Integrationsprozesses sind sowohl auf der supranationalen Ebene als auch auf der subnationalen Ebene zu finden. Der Staat mit seiner Regierung wird gleichsam umgangen. Die *Motive* der Akteure sind vor allem von Selbstinteressen geprägt. Der *Prozess* der dynamischen Integration ist durch eine schrittweise Expansion gekennzeichnet. Dabei können vor allem das Konzept des funktionellen und politischen *spill-over* sowie der Ausbau gemeinschaftlicher Interessen (*upgrading common interests*) herangezogen werden. Ein funktioneller *spill-over* kann erfolgen, weil die verschiedenen Sektoren einer modernen Industriegesellschaft eng miteinander verknüpft sind, sodass Änderungen in einem Sektor Auswirkungen auf andere Sektoren haben können. Der politische *spill-over* beschreibt schließlich den Prozess, der die Anpassungsfähigkeit der Akteure herausstreicht. Erwartungen werden schrittweise geändert, Loyalitäten verschieben und Wertvorstellungen entwickeln sich.
Ein *upgrading common interests* erfolgt deshalb, weil die Akteure im Zuge ihrer Verhandlungen Kompromisse einzugehen haben. Ähnlich einem Austausch wird bei ungünstigen Entscheidungen kein Veto eingelegt, wenn im Gegenzug dazu ebenfalls in eigenen favorisierten Bereichen kein Veto erfolgt. Begünstigt wird dieser Prozess der Kompromissfindung von institutionalisierten autonomen Mediatoren.
Das *Umfeld*, in welchem Integration erfolgt, ist wirtschaftlich, sozial und technisch; also bevorzugt in apolitischen Bereichen.

Burley und Mattli gestehen ein, dass der Neofunktionalismus abhängig von einer zufälligen und außergewöhnlichen Konstellation von historischen, internationalen

---

[156] *Ernst Haas*. The Uniting of Europe. Political, Social and Economic Forces, 1950-1957, Stanford 1958.
[157] Burley/Mattli 1993, 53 f

und innerstaatlichen Variablen war und ihm große Kritik vonseiten des seit der „Politik des Leeren Stuhls“ gestärkten Intergouvernementalismus entgegengebracht wurde. Dennoch kann diese Integrationstheorie ein neues und erstaunliches Erklärungsmuster für den rechtlichen Integrationsprozess innerhalb eines Sektors bieten.[158]

Sieht man sich die Variable der ***Akteure*** an, so sind Richter, Generalanwälte und die Kommission auf supranationaler und Richter und Rechtsanwälte auf subnationaler Ebene zu nennen. Weiters sind es vor allem Professoren, spezialisiert auf das Gebiet des Gemeinschaftsrechts, welche Gutachten für die Streitparteien, ausführliche Kommentare zu Gerichtsentscheidungen und zahlreiche Publikationen in fachspezifischen europarechtlichen Zeitschriften verfassen, sodass dadurch indirekt die Legitimität des Gerichtshofs weiter gestützt wird.
Die ***Motive*** dieser Akteure sind ebenso wie im klassischen Neofunktionalismus stark von Selbstinteressen geprägt. Die Akteure werden sich ihrer immer größer werdenden Möglichkeiten, die ihnen das gemeinschaftsrechtliche System bietet, bewusst. Zurückzuführen ist dies vor allem auf die direkte Anwendbarkeit gemeinschaftsrechtlicher Regelungen, deren Umfang größer wurde.
Dabei erkannten die Richter des Europäischen Gerichtshofs, dass ein wesentlicher Beitrag zum Funktionieren des Systems von den nationalen Gerichten geleistet werden müsse. Die nationalen Richter waren zu überzeugen, ihr *good will* zu sichern.
Den unterinstanzlichen nationalen Richtern wurde durch die Möglichkeit des Vorabentscheidungsverfahrens ein *taste of power* geboten, währenddessen der Europäische Gerichtshof gleichzeitig seine eigene rechtliche Legitimität stärken konnte, indem der Eindruck erweckt wurde, die Autorität des Europäischen Gerichtshofs wird von den nationalen Gerichten gestützt. Denn die unterinstanzlichen Gerichte waren es, die eine Auslegung wünschten. In der Sache selbst wird immer noch auf nationaler Ebene entschieden.
Betrachtet man den ***Prozess*** der rechtlichen Integration, so sind wiederum der funktionelle und der politische *spill-over* sowie das *upgrading common interests* näher in Betracht zu ziehen.
Im Rahmen des funktionellen *spill-over* ist die „Logik des Rechts“ hervorzuheben. Eine Expansion kann solange erfolgen, solange nicht gegenteilige Interessen tangiert werden. Interpretationslinien sind konsequent fortzusetzen und weiter auszudehnen. Dabei hilft, wie es Pescatore formuliert, die konsequente Anwendung von *„constructive methods of interpretation“*.[159] Dies bedeutet, dass mit Hilfe der Auslegung auch jenen Gebieten gemeinschaftsrechtliche Struktur zukommt, die logischer- und konsequenterweise auf bereits ausjudizierte Bereiche

[158] Burley/Mattli 1993, 57
[159] Pescatore 1974, 89 f

folgen. Mancini streicht Folgendes heraus, *weil* der Europäische Gerichtshof judizierte, dass das Gemeinschaftsrecht direkt anwendbar ist, musste konsequenterweise dem Gemeinschaftsrecht Vorrang vor nationalem Recht[160] zukommen.[161] Ein funktioneller *spill-over* innerhalb des Gemeinschaftsrechts ist auch im materiellen Rechtsbereich möglich. So erfolgte der *spill-over* ausgehend von wirtschaftlichen Bereichen hin zu Gesundheit und Sicherheit am Arbeitsplatz, sozialem Wohlstand, gegenseitiger Anerkennung beruflicher Qualifikation etc.
Beim politischen *spill-over* ist ein *transnational incrementalism* auch für den Bereich der rechtlichen Integration charakteristisch. Joseph Weiler erklärt das Phänomen, warum die Staaten positiv auf die Innovationen des Europäischen Gerichtshofs reagiert haben, wie folgt: *„It is clear, that the measure of transnational incrementalism developed. Once some of the highest courts of a few Member States endorsed the new constitutional construct, their counterparts in other Member States heard more arguments that those courts should do the same, and it became more difficult for national courts to resist the trend with any modicum of credibility".*[162]
Ein weiterer Aspekt im Rahmen des politischen *spill-over* ist jener, demnach das Recht als Recht operiert und somit Erwartungen erweckt. Solange die Akteure, an welche die Entscheidungen adressiert sind, diese auch akzeptieren, wird ihre Argumentationslinie in den folgenden Anträgen den Rechtsansichten des Europäischen Gerichtshofs folgen. Dies trifft sogar auf Regierungen zu, die, nachdem sie ihren Standpunkt in einer speziellen Rechtsfrage nicht durchsetzen konnten, bei weiteren Fällen der Linie des Europäischen Gerichtshofs folgen und selbst seine Argumentation anwenden. Rasmussen, der eine Vielzahl an Entscheidungen des Europäischen Gerichtshofs untersuchte, konnte keinen (!) Fall nennen, bei welchem eine staatliche Instanz dafür plädierte, dass das Gericht seine Meinung revidiere.[163]
Upgrading common interests hängt besonders von der Leistung institutionalisierter, autonomer Institutionen, die als Mediatoren fungieren, ab. Der Europäische Gerichtshof wird von Burley/Mattli weniger als Mediator, sondern viel mehr als Schiedsrichter gesehen. Gerechtfertigt werden die Entscheidungen im Lichte der gemeinsamen Interessen der Mitgliedstaaten. Dabei geht es im Wesentlichen um den modus operandi: der teleologischen Interpretationsmethode. Die Entscheidungsgründe stützten sich auf die Realisierung der grundlegenden Ziele der Europäischen Gemeinschaft, festgehalten in der Präambel des Gemeinschaftsvertrags, und nicht auf spezifische oder detaillierte Primärrechts- oder Sekundärrechtsregelungen. Das *upgrading common interests* ist im juristischen Bereich in

---

[160] Zu den *leading cases* in den Bereichen direkte Anwendbarkeit und Vorrangwirkung - Van Gend en Loos und Costa/E.N.E.L. ausführlich in Kapitel 4.2.1.
[161] Mancini 1991, 177 ff
[162] Weiler 1991, 2425
[163] Rasmussen 1986, 275 ff

der Verwirklichung von langfristigen, nicht in der Verfolgung von kurzfristigen, Interessen zu sehen.
Das *Umfeld* ist das Zusammenspiel von Recht und Politik. Denn eine vollständige Trennung dieser beiden Bereiche ist nicht möglich. Politische Dispute werden in rechtliche transformiert. Trotzdem kommt es zur Aufrechterhaltung der Fiktion, der Europäische Gerichtshof sei eine apolitische Institution. Gerade auch von seiner Seite wurde diese Ansicht gestärkt. Die rechtliche Position wird sowohl als Schild als auch als Maske benützt.[164] Der Europäische Gerichtshof hält sich an die Meinung der Kommission, in welcher man bereits zu erkennen hofft, inwieweit eine Akzeptanz der Mitgliedstaaten möglich sei. Dabei ist es von beachtlichem Vorteil, die Rechtsansicht eines supranationalen Organs zu vertreten. Es ist deshalb besser, wenn die Kommission vor dem Europäischen Gerichtshof klagt, als dass ein Mitgliedstaat Klage gegen einen anderen erhebt.
Weiters wurden gerade durch das Rechtsinstitut des Vorabentscheidungsverfahrens dem Gericht generell auszulegende Rechtsstreitigkeiten vorgelegt. Dies führt schließlich ebenso zur indirekten Durchdringung des Rechtlichen durch das Politische. Mit der „Maske" des Rechts wurden Ergebnisse erzielt, die mit politischen Verhandlungen nicht möglich gewesen wären.

Zusammenfassend ist festzuhalten, dass das Recht als *rule of law* und somit als apolitischer Bereich, vergleichbar mit einer neutralen Zone, mit eigener Logik und Methode angesehen wird, sodass *Outcomes*, welche in politischen Bereichen unmöglich gewesen wären, erreicht werden können. Ein Rechtsstreit bietet die Möglichkeit, spezifische politische Interessen ebenso zu verbergen wie zu schützen. Diese Beziehung zwischen Politik und Recht ist jedoch unter der Prämisse zu sehen, dass Recht seine politische Funktion nur dann erfüllen kann, wenn es auch als Recht akzeptiert wird. Die politische Legitimität stützt sich auf die rechtliche Legitimität und kann nie weiter als diese reichen. Dies zu erkennen, ist Aufgabe eines guten Richters: *„If what makes a judge 'good' is his awareness of the constraints on judicial decision-making and the knowledge that rulings must be convincing in order to evoke obedience, the Luxembourg judges of the 1960s and 1970s were obviously very good"*.[165]
Wenn die Richter des Europäischen Gerichtshofs innerhalb der *„plausible boundaries of existing law"* agieren, erreichen sie ein ähnlich effektives Level wie die breitere Integration in wirtschaftlichen, sozialen und politischen Bereichen.[166]

Ist diese Integrationstheorie von den bis jetzt erörterten noch am aussagekräftigsten, kann jedoch auch sie nicht unkritisch betrachtet werden. Gerade in der

[164] Burley/Mattli 1993, 72
[165] Mancini 1989, 605
[166] Burley/Mattli 1993, 73

Auseinandersetzung mit dem Neorationalismus wurden Schwachpunkte aufgezeigt. Grundlegend ist festzuhalten, dass der Neofunktionalismus nationale und supranationale Akteure als die entscheidenden Akteure sieht, wobei die Mitgliedstaaten keine aktive Rolle spielen. Dies erscheint jedoch auf Grund der starken institutionellen Stellung der Mitgliedstaaten in der Gemeinschaft nicht überzeugend. Der Neofunktionalismus betont besonders die Zusammenarbeit zwischen den nationalen Gerichten und dem Europäischen Gerichtshof. Eine Erklärung, warum es zu einer Verweigerung der Kooperation durch untere nationale Gerichte kommen kann, wird nicht gegeben. Ebenso wenig können Unterschiede im Vorlageverhalten der Gerichte verschiedener Mitgliedstaaten begründet werden. Mit dem Vorabentscheidungsverfahren alleine kann darüber hinaus nicht geklärt werden, warum es eine Folgebereitschaft der Mitgliedstaaten für Entscheidungen des Europäischen Gerichtshofs, die zum Beispiel aus Vertragsverletzungsverfahren resultieren, gibt.

2.3.4. Jüngste Ansätze sowie aktuelle Debatte

Lag die Tätigkeit des Europäischen Gerichtshofs in den ersten Jahrzehnten der Europäischen Union nicht im Interesse der Integrationsforschung, so rückte diese, wie die oben dargestellten Ansätze zeigen, in den Mittelpunkt einiger Integrationsansätze: Neben den Rechtswissenschaften hat sich auch die Politikwissenschaft mit der rechtlichen Integration beschäftigt.

Die wissenschaftlichen Auseinandersetzungen der letzten Jahre riefen vermehrtes Interesse an einem Diskurs über den Beitrag des Europäischen Gerichtshofs zur rechtlichen Integration hervor. Doch so spannend die oben kurz dargestellte Diskussion um die Stellung des Europäischen Gerichtshofs – gerade in den beiden sich diametral entgegenstehenden Ansätzen der Neorationalisten und Neofunktionalisten – auch sein mag, wird die dargestellte Debatte als erschöpfend angesehen. Die Diskussion hat ihr Limit an Nützlichkeit erreicht, nachdem sie Schwachpunkte beider Theorien aufzeigen konnte.[167]
In der Debatte rund um Neofunktionalismus und Neorationalismus wurden Ende der 1990er von Anhängern beider Ansätze Zugeständnisse gemacht: Die Neorationalisten gestehen subnationalen und supranationalen Akteuren eine gewisse Bedeutung zu, während Neofunktionalisten die Macht der Staaten anerkennen, supranationalen Organen Einschränkungen auferlegen zu können. In einer jüngeren Studie widmen sich die Neofunktionalisten Mattli und Slaughter vermehrt der Rolle der individuellen Streitparteien und der Rolle der nationalen Gerichte.[168]

---

[167] Mattli/Slaughter 1998, 178
[168] etwa Mattli/Slaugther 1998, 177 ff

Große Bedeutung hat bei der Weiterentwicklung der Integrationstheorien auch der Rückgriff auf die *principle-agent analysis*. Hervorzuheben ist besonders *Mark Pollacks* Studie im Rahmen des neuen Institutionalismus, in welcher er speziell die Unterschiede zwischen dem neofunktionalistischen und dem neorationalistischen Zugang herausstreicht. Dabei bietet er – zurückgreifend auf die *principle-agent analysis* – einen weiteren theoretischen Zugang an[169] und schafft damit eine wertvolle Verknüpfung der beiden Ansätze: „*... both of these accounts hold an element of truth*".[170] Der intergouvernementalistische Zugang wird insoweit herangezogen, als er den Europäischen Gerichtshof als *agent* der Mitgliedstaaten sieht, der jedoch „*on a short leash*" gehalten wird. Der neofunktionalistische Ansatz findet seine Anwendung in der Darstellung des Europäischen Gerichtshofs als einen unabhängigen und hoch entwickelten strategischen Akteur.[171] Besonderes Augenmerk legt Pollack bei seiner Analyse auf die Faktoren, welche die relative Unabhängigkeit des *agent* Europäischer Gerichtshof definieren. Zu den einflussreichsten vier Faktoren zählen erstens die Präferenzverteilung zwischen den *principals* Mitgliedstaaten und den supranationalen *agents*, zweitens die institutionellen Regeln, welche den Policy-Making-Prozess leiten, drittens die Informationen, welche den Regierungen der Mitgliedstaaten und den supranationalen *agents* zur Verfügung stehen, und viertens die Fähigkeit supranationaler Institutionen, transnationale Anhängerschaft innerhalb der Mitgliedstaaten zu bilden.[172]
Mark Pollacks Studie mit seiner *principal–agent analysis* bietet einen viel versprechenden Rahmen für eine Synthese zwischen Intergouvernementalismus und Neofunktionalismus, obwohl sie noch weiter ausgebaut werden kann. Pollack sieht seinen Ansatz selbst als Agenda für weitere Forschungsarbeiten.

In einem jüngeren, weiterentwickelten Zugang argumentiert das Autorenteam Weiler, Slaughter und Stone Sweet ebenfalls mit Hilfe der *principle-agent analysis*, um den Erfolg des Europäischen Gerichtshofs erklären zu können: Der Europäische Gerichtshof konnte sich durch seine Tätigkeit von einem *agent* der Mitgliedstaaten hin zu *einem selbständigen principal* im Bereich der rechtlichen Integration entwickeln. Die unterinstanzlichen nationalen Gerichte wurden dabei zu *agents* des Europäischen Gerichtshofs und waren ihm somit bei der rechtlichen Integration behilflich.[173] Der Konstitutionalisierungsprozess innerhalb der Europäischen Union erfolgte durch den *principal* Gerichtshof und nicht so sehr durch die Mitgliedstaaten und die nationalen Regierungen: „*European constitutional politics, which means the development of the EC's constitutional law, to a very*

[169] Pollack 1997, 99 ff; auch Pollack 2003, 19 ff
[170] Pollack 1997, 120
[171] Pollack 1997, 120
[172] Pollack 1997, 129
[173] Slaughter/Stone Sweet/Weiler 2000 zit nach Höreth 2005, 154

large extent develops as the Court (as agent) and not the member states (as principals), see fit".[174]
Der Europäische Gerichtshof erfährt weiters Aufmerksamkeit in umfangreicheren Studien bezüglich der wirtschaftlichen, politischen und sozialen Integration. Seit den 1990er Jahren haben sich Vertreter der vergleichenden Systemforschung der Gemeinschaft zugewandt, ausgehend von der Erkenntnis, dass sie nationale Prozesse und Politikinhalte nicht länger verstehen und erklären können, ohne die Rolle der Gemeinschaft zu berücksichtigen. In diesem Kontext ist auch die historisch institutionelle Analyse des Integrationsprozesses von Paul Pierson[175] einzuordnen, obwohl er grundsätzlich die Gesamtentwicklung der Gemeinschaft zu erklären versucht und deshalb seine Ausführungen sehr allgemein bleiben. Pierson geht vor allem der Frage nach, weshalb sich zwischen den ursprünglichen Präferenzen der Mitgliedstaaten hinsichtlich der Institutionen und Politikergebnisse und deren tatsächlicher Entwicklung bedeutende Divergenzen ergeben haben. Die „Lücken" sind vor allem auf vier Faktoren zurückzuführen: Die teilweise Autonomie der Gemeinschaftsinstitutionen, die begrenzten Zeithorizonte der politischen Entscheidungsträger, unvorhergesehene Konsequenzen und Änderungen in den Präferenzen der nationalen Regierungen.

Karen Alter, sie ist ebenfalls dem historischen Institutionalismus zuzuordnen, versuchte mit einem weiteren Ansatz, *„beyond the categories of legalism, neofunctionalism and neorealism"* zu gehen, um die Interaktion zwischen Europäischem Gerichtshof und den Mitgliedstaaten zu erklären und liefert dabei interessante Einzelaspekte.[176] Die forschungsleitende Hauptfragestellung, wie der Gerichtshof das europäische Rechtssystem abseits der Wünsche der Mitgliedstaaten und jenseits ihrer Kontrolle ausweiten konnte, wird mit folgenden drei Hypothesen erklärt: Erstens, Politiker und Richter haben verschiedene Zeithorizonte; die Politiker einen kurzen, die Richter einen langfristigen, sodass die Präferenzen für die Gerichtsentscheidung unterschiedlich gelagert sind. Zweitens, die Transformierung des europäischen Rechtssystems durch den Europäischen Gerichtshof limitierte die innerstaatlichen Antwortmöglichkeiten der nationalen Regierungen auf die Gerichtsentscheidungen. Drittens, die Umsetzung der Gerichtsentscheidungen durch die nationalen Gerichte beeinflusst Entscheidungen der nationalen Regierungen auf europäischer Ebene in den verschiedenen Policy-Bereichen.[177]

---

[174] Slaughter/Stone Sweet/Weiler 2000 zit nach Höreth 2005, 154
[175] Pierson 1996, 123 ff
[176] Alter 1998, 121 ff
[177] ausführlich Alter 1998, 123 ff

Eine der wesentlichen Neuerung in der fortgeschrittenen Debatte ist, wie Stone Sweet resümiert, dass *„legal scholars and social scientists now collaborate and speak to each other"*.[178]
Als Fazit kann festgehalten werden, dass in der wissenschaftlichen Literatur die bereits im Jahre 1990 von Dehousse und Weiler formulierte Aussage *„... the legal sphere has experienced a dynamic all of its own"*[179] herrschende Meinung ist. Der Europäische Gerichtshof, Mittelpunkt zahlreicher amerikanischer wie auch europäischer wissenschaftlicher Abhandlungen in den letzten 20 Jahren, nimmt eine bedeutende Rolle im europäischen Integrationsprozess ein. Dabei stand gerade der Grad der Unabhängigkeit des Europäischen Gerichtshofs zur Debatte. Der Neofunktionalismus sieht den Europäischen Gerichtshof als einen Hauptakteur in der rechtlichen Integration. Sein Agieren wurde vor allem von seinen eigenen supranationalen Interessen geleitet; unterstützend kamen die subnationalen Akteure hinzu. Die Mitgliedstaaten selbst sind als passive Akteure anzusehen, sodass sie die rechtliche Integration nicht beeinflussen können und diese zu ihren Lasten voranschreitet. Möglich ist dieser Vorgang vor allem deshalb, weil der Gerichtshof in einem technischen und apolitischen Bereich tätig ist, sodass seinen Entscheidungen von den Mitgliedstaaten zumindest zu Beginn kaum Aufmerksamkeit geschenkt wurde.
Ganz im Gegenteil dazu der Neorationalismus. Der Integration durch den Europäischen Gerichtshof werden Schranken durch die Mitgliedstaaten auferlegt. Er hat deshalb einen hohen Abhängigkeitsgrad und tritt als *agent* der Mitgliedstaaten auf. So findet der *judicial activism* seine Grenze, wo er die Interessen der Mitgliedstaaten überschreitet. Die rechtliche Integration passiert nur, weil sie im Interesse der Mitgliedstaaten ist.

In der jüngeren Literatur werden Synthesen der beiden Lehrsätze gebildet, führend dabei der Ansatz von Mark Pollack.[180] Er greift auf die *principal-agent analysis* zurück und vertritt die Ansicht, dass die rechtliche Integration durch den Europäischen Gerichtshof nur mit Elementen beider Theorien erklärt werden könne. Weitere Ansätze beschäftigen sich vermehrt mit dem Verhältnis zwischen Europäischem Gerichtshof und den Mitgliedstaaten,[181] den einzelnen Streitparteien[182] oder führen eine spezielle Fallanalyse[183] durch.

Unbestritten bleibt, dass der Europäische Gerichtshof einen wesentlichen Beitrag im Konstitutionalisierungsprozess der Europäischen Union geleistet hat. Als seine

---

[178] Stone Sweet 2004, 2
[179] Dehouse/Weiler 1990, 246
[180] Pollack 1997, 99 ff
[181] vgl Alter 1998, 121 ff
[182] Mattli/Slaughter 1998, 177 ff
[183] Garrett et altri 1998, 149 ff

Hauptziele können die Stärkung der Gemeinschaft, insbesondere der föderalen Elemente, die Erweiterung des Umfangs und der Effektivität des Gemeinschaftsrechts, sowie die Ausdehnung der Kompetenzen der Gemeinschaftsorgane identifiziert werden.[184] Der Gerichtshof ist nicht als ein isolierter Akteur anzusehen, als ein apolitisches Organ in einem *contested political environment*, sondern er hat sich – bis zu welchem Grad auch immer – zu einem Policy-Making Organ entwickelt.

2.4. Zusammenfassung des theoretischen Diskurses

Begriffe wie Verfassung und Integration sind generische Abstraktionen, die einer näheren Ausführung bedürfen. Eine grundlegende und allgemein akzeptierte Definition gibt es in der wissenschaftlichen Literatur nicht, zu zahlreich sind die Anwendungsbereiche und möglichen Konnotationen. Für diese Arbeit ist wesentlich, dass bereits jetzt von den Verträgen der Europäischen Union als Verfassung gesprochen werden kann. Es gibt Verfassungen jenseits der (National)staaten, wenngleich dies gerade von den deutschen Verfassungsrechtlern lange negiert wurde. Die herkömmlichen Verfassungseigenschaften – wie Staatsvolk, Staatsgebiet und Staatsgewalt – gelten als überwunden. Die zwei wesentlichen Verfassungstraditionen helfen den Terminus der Verfassung besser zu verstehen, wie auch die Verfassung der Europäischen Union näher festzulegen.
Der Begriff der Integration ist wahrscheinlich noch vieldeutiger als jener der Verfassung, nicht gerade auch deshalb weil er in zahlreichen wissenschaftlichen Bereichen Anwendung findet. Man spricht unter anderem von einer wirtschaftlichen, politischen, kulturellen, gesellschaftlichen und auch rechtlichen Integration. Die rechtliche Integration wird im Rahmen dieser Arbeit als *eine* Möglichkeit der gesellschaftlichen Integration angesehen, wobei das Gebiet der gesellschaftlichen Integration ein weites Feld für zukünftige wissenschaftliche Forschung eröffnet. Integration durch Recht kann durch spezielle Instrumente, wie etwa die Rechtsprechung durch Verfassungsgerichte erfolgen. Im Rahmen der Europäischen Integration ist es erkenntnisreich, die unterschiedlichen theoretischen Erklärungsmuster für die rechtliche Integration durch den Europäischen Gerichtshof im Rahmen des europäischen Konstitutionalisierungsprozesses ausführlich zu studieren. Dabei wird die Erkenntnis gewonnen, dass kein Ansatz für sich allein das Phänomen Europäischer Gerichtshof und seinen Beitrag zur Europäischen Integration umfassend erklären kann. Sie bieten zum Teil diametral gegenüberstehende Lösungsansätze, jedoch schaffte es die jüngere Literatur die Kluft zwischen den beiden wichtigsten Ansätzen – dem Neofunktionalismus und dem Neorationalismus – zu verringern, wenn nicht gar zu schließen. Gerade die *principal-agent analysis* wird für weitere Erklärungsmöglichkeiten herangezogen.

---

[184] Hartley 1998, 79

Die Auseinandersetzung mit der Integration durch Recht und durch Verfassungsrechtsprechung, im Speziellen mit den Integrationstheorien zur rechtlichen Integration durch den Europäischen Gerichtshof, lässt an dieser Stelle bereits folgenden Schluss ziehen: In rein formalistischen Bereichen, wie etwa jenem der Instrumente für eine Integration durch Recht, herrscht Übereinstimmung in der Wissenschaft. Betrachtet man den Akteur „Europäischer Gerichtshof" eingehend, so findet man zahlreiche Erklärungsmuster und zum Teil eine heftig geführte Debatte wieder. Jede Theorie kann für sich einen Erklärungswert beanspruchen und hat in der Entwicklung der letzten 20 Jahre ihren Beitrag geleistet. Einen umfassenden Erkenntnisanspruch kann jedoch keine der bis jetzt dargestellten Theorien bieten.

3. Rahmen und kurzer geschichtlicher Überblick

In diesem Kapitel werden die beiden Vergleichsobjekte – der Europäische Gerichtshof und der U. S. Supreme Court – aus historischer Perspektive näher betrachtet, wobei zuerst auf ihre Gründung, die damit verbundene Motivation und schließlich auf ihre Institutionalisierung eingegangen wird. Es folgt eine kurze Darstellung der Entfaltung ihrer Tätigkeit in mehreren Phasen, begonnen mit den frühen Gründungsjahren bis in die heutige Zeit, um einen groben Überblick über das Schaffen der beiden Höchstgerichte zu skizzieren.

3.1. Europäische Union

3.1.1. Gründungsverträge und Einsetzung

„*Tucked away in the fairyland Duchy of Luxembourg...*" beginnt der viel zitierte Aufsatz von Eric Stein.[185]

Am 4. Dezember 1952 wurde der Europäische Gerichtshof als Gerichtshof der Europäischen Gemeinschaft für Kohle und Stahl von den sechs Gründungsmitgliedern – Deutschland, Frankreich, Italien und den Beneluxstaaten – gem Art 85 EGKSV mit Sitz in Luxemburg eingerichtet, wobei er bereits sechs Tage später, am 10. Dezember 1952, zu seiner ersten konstituierenden Sitzung zusammentrat. Die Gründungsverträge waren ihrem Status nach völkerrechtliche Verträge, die eine internationale Organisation ins Leben riefen. Somit erhielt auch der Europäische Gerichtshof zu Beginn den Status eines internationalen Gerichtshofs.[186]

Dass der Europäische Gerichtshof mit *weitreichenderen Kompetenzen* als traditionelle internationale Gerichtshöfe ausgestattet wurde, und somit günstige Voraussetzungen hatte, um sich von einem internationalem Gericht hin zu einem Verfassungsgericht zu entwickeln, ist nach Dehousse[187] darauf zurückführen, dass der Europäische Gerichtshof sich im Vergleich zur traditionellen internationalen Ebene in einem neuartigen Umfeld konstituieren konnte. Mit der Gründung der Europäischen Gemeinschaft für Kohle und Stahl haben die Vertragsstaaten einem, mit erheblichen Souveränitätsverlusten verbundenen und für die internationale Ebene

---

185 Stein 1981, 1

186 Es ist besonders hervorzuheben, dass die Jurisdiktion im internationalen Umfeld meist eine relativ bescheidene Rolle spielt, wobei die relative Schwäche vor allem auf den Dezentralismus der internationalen Ebene, bei welchem die tatsächliche Macht in den Händen der Staaten liegt, zurückzuführen ist. Um ein unabhängiges Organ mit einem Konfliktlösungsmechanismus auszustatten, muss vonseiten der Staaten Souveränität zu Gunsten dieses Organs abgegeben werden; dies liegt normalerweise nicht in ihrem Interesse. Somit hat die internationale Staatengemeinschaft meist geringes Gefallen an einer rechtlichen Kontrolle ihrer Handlungen (Dehousse 1998, 16).

187 Dehousse 1998, 16 f

unüblichen Machttransfer hin zu einer „*High Authority*“ (Vorläufer der heutigen Kommission) zugestimmt.
Die Gründungsstaaten haben sich schließlich „*with hesitation*“[188] für die Einsetzung eines Gerichts entschieden. Nicht Enthusiasmus, sondern viel mehr der Schutz vor mitgliedstaatlichen Eigeninteressen ist besonders hervorzuheben: „*Some of the High Contracting Parties also feared that other Member States, acting male fide through the channels of the HA's* [High Authority, Anm. d. Verf.] *decisionmaking powers, might work for the promotion of their own interests. For this reason, reliance solely on the political processes at protection against possible encroachments on their reserved right and sovereignty was deemed to be inefficient*”.[189] Rasmussen hält weiters, nach ausführlicher Diskussion der Kompetenzen des Gerichtshofs, fest, dass sich aus dem Vertragstext an keiner Stelle herauslesen lasse, dass der Gerichtshof eine über die Wahrung des Rechts hinausgehende Funktion einnehmen solle: „*From whatever perspective the First Court is contemplated, the image is conveyed of a tribunal which was neither intended nor equipped to act as anything but a traditional Continental European type of administrative court. Most notably it bears no imprint of a design that would have made it competent to perform a major policymaking function*”.[190]

Nach der Gründung der Europäischen Wirtschaftsgemeinschaft und der Europäischen Atomgemeinschaft wurde der Europäische Gerichtshof mit Wirkung vom 7. Oktober 1958, dem Tag der Ernennung der neuen Mitglieder, gemeinsames Organ der drei Gemeinschaften. Seit diesem Tag trägt er seine heutige Bezeichnung und hat diese auch nach der Gründung der Europäischen Union beibehalten, da er in deren Rahmen nur rudimentäre Zuständigkeiten im Vergleich zu den Europäischen Gemeinschaften besitzt.

3.1.2. Die Entfaltung seiner Tätigkeit

3.1.2.1. Allgemeines

In der Literatur wurde nach der Konstituierung des Europäischen Gerichtshofs die Meinung vertreten, dass angesichts der Tatsache, dass der Gemeinschaft ein mit weitreichenden Befugnissen ausgestatteter Gesetzgeber fehle, auch der Gerichtshof aus Gründen der internen Machtbalance Zurückhaltung zu üben hat.[191] Für eine an sich gewünschte restriktive Rechtsprechung wurde argumentiert, dass sich ein Gerichtshof mit der Bildung von Leitsätzen, die nicht zur Entscheidung eines

---

188 Rasmussen 1986, 204
189 Rasmussen 1986, 204
190 Rasmussen 1986, 220
191 Steindorff 1952, 17

konkreten Falls notwendig seien, Aufgaben aufbürde, die er auf Grund seiner Funktion, seiner Struktur, der Rechtsstellung der Richter sowie des ihm zur Verfügung stehenden Instrumentariums nicht sachgerecht bewältigen könne, und somit anstelle von Rechtssicherheit eine Rechtsunsicherheit geschaffen werde.[192] Es gibt darüber hinaus politisch hochbrisante Konflikte zwischen den Mitgliedstaaten und Gemeinschaftsorganen, die sich der richterlichen Streiterledigung entziehen und in die sich der Gerichtshof deshalb nicht hineinziehen lassen darf.[193]

Der Europäische Gerichtshof entwickelte sich jedoch gegenteilig zu der in der Literatur geforderten restriktiven Haltung, obgleich seine Rechtsprechungstätigkeit zunächst noch zögernd begann, sodass zwei Jahre vergingen bis das erste Urteil gefällt wurde. Mit zunehmender Ausweitung der Gemeinschaftskompetenzen und der Erweiterung auf bis dato 27 Mitgliedstaaten stieg die Zahl der Urteile erheblich an; 1970 ergingen 64, 1980 waren es schon doppelt so viele, und im Jahre 2004 gab es bereits 665 erledigte Rechtssachen, wobei dies einen vorläufigen Höhepunkt darstellt. Mit der Zunahme der Rechtsprechungstätigkeit stieg auch die Verfahrensdauer erheblich an. Bei der wichtigsten Verfahrensart vor dem Europäischen Gerichtshof – dem Vorabentscheidungsverfahren – beträgt die Verfahrensdauer durchschnittlich 23,5 Monate, also beinahe zwei Jahre.[194]

Im Folgenden wird die Entwicklung der Rechtsprechungstätigkeit anhand einer von Joseph Weiler vorgenommenen und in der Literatur als Standard rezipierten Einteilung dargestellt.[195] Dabei wird die Rechtsprechungstätigkeit des Europäischen Gerichtshofs in drei Zeitabschnitte unterteilt: erstens in die Gründungsjahre von 1958 bis in die Mitte der 1970er Jahre, die in der Geschichte des Europäischen Gerichtshofs als seine bedeutendste Zeit angesehen werden und auch für diese Arbeit maßgeblich sind, zweitens in die Veränderungsphase der Rechtsprechung und der Kompetenzen von Mitte der 1970er Jahre bis Mitte der 1980er Jahre und drittens in die jüngsten Rechtsprechungstendenzen. Die Darstellung der Entwicklung wird nicht auf eine rein rechtliche Beschreibung begrenzt, sondern darüber hinaus gehend werden auch kurz die politischen Gegebenheiten in diesen Phasen, welche die Entscheidungsfindung des Europäischen Gerichtshofs beeinflusst haben, beleuchtet.

---

[192] Schlüter 1973, 57
[193] Nicolaysen 1972, 384
[194] Jahresberichte des Europäischen Gerichtshofs. Für ausführliche Informationen zur Rechtsprechungsstatistik des Europäischen Gerichtshofs ist auf dessen Homepage zu verweisen: http://curia.eu.int/de/instit/presentationfr/index.htm
[195] Weiler 1991, 2403 ff

3.1.2.2. Gründungszeit bis Mitte der 1970er Jahre

Der Europäische Gerichtshof stand angesichts der Neuartigkeit und Beispiellosigkeit des Rechtssystems der Gemeinschaft, ihrer Zielsetzung und ihres auf dynamische Weiterentwicklung angelegten Integrationszwecks in seiner Deutung vor Aufgaben, wie sie weder internationalen Gerichtshöfen noch nationalen Höchstgerichten gestellt werden. Die Entwicklung seiner höchstgerichtlichen Rechtsprechung und vor allem auch die Akzeptanz seiner Urteile in den Mitgliedstaaten waren nicht vorhersehbar. Deswegen waren gerade die Entscheidungen in den Gründungsjahren für die weitere Entwicklung von großer Bedeutung und haben zur starken Änderung der ursprünglichen Konzeption der Verträge, zur rechtlichen Basis und zu politischen Charakteristiken erheblich beigetragen.
Juristen würden diese Gründungsjahre als heroische Epoche, in welcher die Grundlagen für ein föderales oder zumindest „präföderales" Europa gelegt wurden, bezeichnen. Von Wissenschaftlern anderer Disziplinen – etwa der Politikwissenschaft – wird im Gegensatz dazu eine diametrale Meinung vertreten. Diese Divergenz lässt sich dadurch erklären, dass von einem rechtlich-normativen Standpunkt aus die Gemeinschaft in ihrer ersten Phase eine erhebliche Dynamik hin zu einem verstärkten Supranationalismus entwickelte und die rechtliche Integration stark voranschritt. Von einem politologischen Standpunkt aus wird dieselbe Periode als Gegenentwicklung hin zu einem verstärkten Intergouvernementalismus und weg von einer tiefgreifenderen Integration charakterisiert.[196] Die integrative föderale Entwicklung in der rechtlichen Integration gilt in dieser Phase als Antwort und Reaktion auf die desintegrative politische Entwicklung. Für die desintegrative politische Entwicklung steht vor allem die „Politik des Leeren Stuhls".[197] Mit dem darauf folgenden Luxemburger Kompromiss Mitte der 1960er Jahre haben die Mitgliedstaaten den, ursprünglich in den Verträgen mit starken supranationalen Elementen ausgestatteten, Entscheidungsfindungsprozess gänzlich an sich gezogen, sodass intergouvernementalistische Elemente dominierten.
Zur diametralen Entwicklung hin zu einem gestärkten Supranationalismus im Bereich der rechtlichen Integration trug der Europäische Gerichtshof mit seinen Ent-

---

196 Dieses Paradox wird in der Wissenschaft durch die aus dem wirtschaftswissenschaftlichen Bereich kommende „Exit-Voice-Theorie" erklärt, wobei *Exit* für den Verzicht bei unbefriedigender Leistung und *Voice* für Korrektur und Erhaltung steht. Zwischen diesen beiden Mechanismen gibt es eine Art Nullsummenspiel: *Crudely put, a stronger "outlet" for Voice reduces pressure on the Exit option and can lead to more sophisticated processes of self-correction. By contrast, the closure of Exit leads to demands for enhanced Voice* (Weiler 1991, 2411).

197 Auf Anweisung des französischen Staatspräsidenten Charles de Gaulle boykottierte die französische Regierung die Sitzungen des Ministerrats, womit der politische Entscheidungsfindungsprozess de facto lahmgelegt und die damalige Europäische Gemeinschaft in eine tiefe Krise gestürzt wurde. Mit der „Politik des leeren Stuhls" wurden vonseiten Frankreichs gegen die bevorstehende Einführung der qualifizierten Mehrheit als Abstimmungsprinzip im Rat protestiert.

scheidungen, beginnend im Jahre 1963 bis in die 1970er Jahre hinein, bei. In einer Serie von Grundsatzentscheidungen entwickelte der Europäische Gerichtshof in seinen Gründungsjahren vier Doktrinen, welche die Beziehung zwischen Gemeinschaftsrecht und mitgliedstaatlichem Recht fixierten, der Gemeinschaft föderale Strukturen verliehen und sodann zur Konstitutionalisierung der gemeinschaftlichen Rechtsstruktur geführt haben. Es sind dies die Doktrinen der Direktwirkung, der Vorrangwirkung, der Anwendung der *Implied-Powers*-Lehre und jene der Geltung der Grundrechte. Die beiden ersten Doktrinen, die mit den *leading cases* Van Gend en Loos[198] und Costa v Enel[199] eingeführt wurden, sowie die *Implied-Powers*-Lehre, die mit der Grundsatzentscheidung AETR[200] begründet wurde, werden im folgenden komparativen materiellen Teil ausführlich behandelt, sodass an dieser Stelle nur auf die letztgenannte Doktrin der Grundrechte eingegangen wird.

Die Grundrechte selbst sind nicht ausdrücklicher Bestandteil der Gründungsverträge.[201] Es gibt deswegen in den Verträgen auch keine Bestimmung, welche den Europäischen Gerichtshof zur Kontrolle einer behaupteten Grundrechtsverletzung ermächtigt. Dessen ungeachtet hat der Europäische Gerichtshof seine Linie bereits im Jahre 1969[202] begonnen, indem er urteilte, dass Gemeinschaftsmaßnahmen gegen jegliche Verletzung der Menschenrechte überprüft werden. Als Kriterien werden dabei jene Verfassungstraditionen herangezogen, welche die Mitgliedstaaten gemein haben, ebenso wie die Konvention der Menschenrechte, die alle Mitgliedstaaten ratifiziert haben. Die Judizierung im Bereich der Grundrechte ist auch in Bezug auf die anderen Doktrinen von Bedeutung, weil Gemeinschaftsnormen, die sich implizit aus den Verträgen ergeben, direkt anwendbar sind und dem nationalen Recht vorrangig gegenüberstehen, nicht ohne Grundrechtsprüfung durch den Europäischen Gerichtshof gelten können.

Mit diesen konstitutionalisierenden Entwicklungslinien schaffte der Europäische Gerichtshof in seinen Gründungsjahren bis Mitte der 1970er Jahre einen Ausgleich zu dem oben erwähnten diametralen jedoch genauso starken politischen Prozess. Aber gerade deshalb, weil es zur Abnahme der supranationalen Entscheidungsfindung kam, das Mehrheitsprinzip de facto abgeschafft wurde, der Europäische Rat ebenso wie der COREPER eingeführt wurden, sind politische

---

198 Rs 26/62, EuGH vom 5. Februar 1963, *Van Gend en Loos v Niederländische Finanzverwaltung*, Slg 1963, 3

199 Rs 6/64, EuGH vom 15. Juli 1964, *Costa v. Enel*, Slg 1964, 1253

200 Rs 22/70, EuGH vom 31. März 1971, *Europäische Kommission v Europäischer Rat*, Slg. 1971, 263

201 Erst im Jahre 2000 wurde die Charta der Europäischen Grundrechte beim Rat von Nizza verabschiedet, die jedoch wiederum noch keinen für alle Mitgliedstaaten verbindlichen Vertragsteil darstellt.

202 Rs 29/69, EuGH vom 12. November 1969, *Erich Stauder v Stadt Ulm, Sozialamt*, Slg 1969, 419

Bedingungen geschaffen worden, die es den Mitgliedstaaten erlaubten, den Prozess der Konstitutionalisierung aufzunehmen und zu akzeptieren.

3.1.2.3. Veränderungsphase der Rechtsprechung insbesondere in Bezug auf die Kompetenzen der Gemeinschaft von Anfang/Mitte der 1970er Jahre bis Mitte der 1980er Jahre

Nach der ereignisreichen ersten Periode des Europäischen Gerichtshofs folgt in diesem zweiten Abschnitt eine Phase der Stagnation für die europäische Integration. Politisch gesehen fällt in diese Zeit der Beitritt von Großbritannien, Dänemark und Irland, etwas später jener von Griechenland. Die Ölkrise zeigte, dass keine gemeinsame außenpolitische Linie gefunden werden konnte.

In dieser politisch eher bedeutungslosen Phase konnte der Europäische Gerichtshof – neben anderen[203] – eine ganz besonders hervorzuhebende Veränderung bewirken, wenngleich sie auch weniger Aufmerksamkeit auf sich gezogen hatte als jene Akte, die zur Konstitutionalisierung in der Gründungsphase beitrugen: Die Konkretisierung der Kompetenzverteilung zwischen der Europäischen Union und den Mitgliedstaaten. Dabei ist gerade dieser Bereich für eine föderale Union von großer Bedeutung und deswegen auch häufig Anlass für Konflikte. Sowohl Wissenschaftler als auch politische Organe der Gemeinschaft und der Mitgliedstaaten, aber auch der Europäische Gerichtshof selbst, vertraten in der Gründungsphase noch die Meinung, dass die Aufteilung der Kompetenzen strikt sei und eine gerichtliche Erweiterung (*rationae materia*) nicht ohne weiters vorgenommen werden könne.[204] In dieser zweiten Phase *„the principle of enumerated powers as a constraint on Community material jurisdiction (absent Treaty revision) substantially eroded and in practice virtually disappeared"*.[205] Diese gravierende Veränderung im Bereich der Kompetenzverteilung kann nach Joseph Weiler in vier unterschiedliche Kategorien eingeteilt werden: in jene der Extension, der Absorption, der Inkorporation und jene der Expansion.[206]

Die Extension ist die Veränderung auf dem Gebiet der autonomen gemeinschaftlichen Jurisdiktion, wobei die bedeutendsten Beispiele dazu im Bereich der Grundrechte und in der Ausdehnung der Klagemöglichkeit des Parlaments gegenüber anderen Gemeinschaftsorganen zu finden sind. Für diese Phase besonders herauszustreichen ist der Widerstand des Deutschen Bundesverfassungsgerichtshofs zur Rechtsprechung des Europäischen Gerichtshofs hinsichtlich der Grund-

---

[203] Besonders hervorzuheben wäre etwa Rs 294/83, EuGH vom 23. April 1986, *Parti écologiste „Les Verts" v Europäisches Parlament*, Slg 1986, 1339, bei welcher der Europäische Gerichtshof die Europäischen Verträge als Verfassungsurkunde der Europäischen Gemeinschaft bezeichnet.
[204] Weiler 1991, 2433 f
[205] Weiler 1991, 2434 f
[206] Weiler 1991, 2437 ff

rechtsprechung, insbesondere mit seinem „*Solange I*" Beschluss.[207] Er judizierte in diesem Beschluss vom 29. Mai 1974, dass das sekundäre Gemeinschaftsrecht solange unter nationaler Kontrolle bleibe, bis es zu einem ausformulierten Grundrechtskatalog in der europäischen Rechtsordnung kommt. Der Beschluss wurde als äußerst kritisch und integrationsfeindlich gesehen, doch nahm das deutsche Höchstgericht seine Jurisdiktion mit seinem „*Vielleicht-Beschluss*"[208] fünf Jahre später teilweise wieder zurück und hat sie inzwischen mit seinem „*Solange II*" Beschluss[209] gänzlich aufgegeben.[210]

Die Absorption ist eine tiefere Form der Veränderung und betrifft die Gemeinschaftsgesetzgebung in Bereichen in denen klare Kompetenzen vorgegeben sind, jedoch die Gemeinschaftsorgane in diesen Bereichen, mit jenen der mitgliedstaatlichen Jurisdiktion außerhalb expliziter Gemeinschaftskompetenzen zusammenstoßen. Beispielsweise kann dazu der Fall *Casagrande*[211] angeführt werden, bei welchem es um einen italienischen Schüler in München, der eine Ausbildungsförderung beantragte, ging: „*Die Bildungspolitik gehört zwar als solche nicht zu den Materien, die der Vertrag der Zuständigkeit der Gemeinschaftsorgane unterworfen hat. Daraus folgt aber nicht, dass die Ausübung der der Gemeinschaft übertragenen Befugnisse irgendwie eingeschränkt wäre, wenn sie sich auf* [nationale, Anm. d. Verf.] *Maßnahmen auswirken kann, die zur Durchführung etwa der Bildungspolitik ergriffen worden sind*".[212] Der Europäische Gerichtshof stellte somit klar, dass, wenn nationale Maßnahmen in Bereichen, in welchen die Gemeinschaft keine Kompetenzen hat, mit diesem Recht in Konflikt geraten, die entsprechenden nationalen Maßnahmen vom Gemeinschaftsrecht absorbiert und ihm untergeordnet werden. Es war somit ein nationales Ausbildungsgesetz, das mit einer gemeinschaftsrechtlichen Grundfreiheit zusammenstieß, und deshalb weichen musste. Zu beachten ist, dass diese Rechtsprechungslinie nicht automatisch zur Ausweitung der gemeinschaftsrechtlichen Legislativkompetenz bezüglich Bildungspolitik führte.

Die nächste Kategorie ist jene der Inkorporation, wobei dieser Terminus aus der historischen Verfassungsgeschichte der Vereinigten Staaten von Amerika und konkret aus dem Prozess um die Grundrechtethematik entlehnt ist. Die Inkorporation in Bezug auf die Europäische Union bringt in zweifacher Weise *judicial activism* mit sich: Durch die Judizierung der Höherrangigkeit sowie durch

---

[207] BVerfGE 37, 271 ff

[208] BVerfGE 52, 202 ff

[209] BVerfGE 73, 339 ff

[210] ausführlich dazu siehe Kapitel 4.4.1.

[211] Rs 9/74, EuGH vom 3. Juli 1974, *Donato Casagrande v Landeshauptstadt München*, Slg 1974, 773

[212] Rz 6 in der Rs 9/74, EuGH vom 3. Juli 1974, *Donato Casagrande v Landeshauptstadt München*, Slg 1974, 773

die Anwendung bei mitgliedstaatlichen Akten. Somit besteht die Inkorporation aus einer Kombination der ersten beiden Kategorien.
Die Expansion ist die radikalste Kategorie im Bereich der Veränderung durch Gerichtsbarkeit und bezieht sich auf Fälle, in welchen die ursprüngliche Gemeinschaftsgesetzgebung gerichtliche Schranken „bricht".[213] So kann beispielsweise die expansive Anwendung der *Implied-Powers*-Theorie die Konsequenz nach sich ziehen, dass die Gesetze auf eine Art und Weise ausverhandelt werden, wie es nicht vom Vertrag her abgeleitet werden kann.

Zusammenfassend ist für diese Phase der Rechtsprechungstätigkeit des Europäischen Gerichtshofs festzuhalten, dass die Zahl der Urteile bereits anstieg, der *judicial activsm* grundsätzlich aber zur Ruhe kam. Mit der Konkretisierung der Kompetenzverteilung zwischen der Gemeinschaft und den Mitgliedstaaten konnte jedoch ein weiterer Schritt im Rahmen des Konstitutionalisierungsprozesses gesetzt werden, der bei den Mitgliedstaaten – insbesondere bei Deutschland – auf Widerstand gestoßen ist, schließlich aber akzeptiert wurde.

3.1.2.4. Jüngste Rechtsprechungstendenzen

Mitte der 1980er Jahre konnte vonseiten der politischen Integration wieder ein Erfolg verbucht werden: Die Einheitliche Europäische Akte wurde beschlossen und das Ziel, einen gemeinsamen Markt zu schaffen, wurde festgelegt. Mit dem Vertrag von Maastricht konnte dieser Gemeinsame Markt realisiert werden. Gleichzeitig wurden mit Maastricht die Kriterien für die einheitliche Europäische Währung, den Euro, der am 1. Jänner 2002 in fast allen damaligen Mitgliedstaaten auch als Papiergeld eingeführt wurde, geschaffen. Mit dem Vertrag von Maastricht wurde die Europäische Union zu einer politischen Union, die über die wirtschaftliche hinausging. Weitere wesentliche Vertragsänderungen, wie der Vertrag von Amsterdam oder der Vertrag von Nizza folgten 1998 und 2000, wobei der Vertrag von Nizza als Misserfolg gewertet wird. Durch den Vertrag von Nizza erfuhr der Europäische Gerichtshof das erste Mal seit seiner Gründung eine große Reform, die vor allem als Vorbereitung zur Aufnahme neuer Mitgliedstaaten zu sehen ist, damit er auch bei der erhöhten Anzahl von 27 Richtern arbeitsfähig bleibt.[214]
Seit Mitte der 1980er Jahre hat sich die Anzahl der Mitgliedstaaten von damals noch neun auf inzwischen 27 erhöht. Der Entscheidungsfindungsprozess bei den

---

[213] Weiler 1991, 2442
[214] Ausführlich dazu: *Azizi, Josef*. Die Institutionenreform in der EU aus der Sicht der Gerichtsbarkeit, in: *Hummer*, Waldemar (Hrsg). Paradigmenwechsel im Europarecht zur Jahrtausendwende, Wien 2004, 181-230.

ursprünglich sechs Mitgliedstaaten war schwierig genug, mit derzeit 27 Mitgliedstaaten wurde er nicht einfacher.[215]

In der Literatur gibt es noch keine aussagekräftige den gesamten Zeitraum der letzten zehn Jahre umfassende Forschung, auf welche Art und Weise der Europäische Gerichtshof seine Rechtsprechungslinie – also mehr im Bereich *judicial activism* oder *judicial restraint* – geführt hätte. Ulrich Haltern konstatiert die Aktivitäten des Europäischen Gerichtshofs gesamtgesehen wie folgt: *„The court has rarely lost sight of the aim of integration in its interpretation of European Law. It is generally perceived to have pursued a vigorous policy of integration over the years, to have taken on the task of giving flesh to the bare bones of the treaty, and to have given special weight to the enhancement of the EC law's effectiveness and integration into Member States legal systems".*[216]

Eine für den Konstitutionalisierungsprozess jedoch bereits jetzt erkennbare Rechtsprechungslinie hat der Europäische Gerichtshof mit den Urteilen *Francovich,*[217] *Brasserie du Pêcheur/Factortame*[218] und *Köbler*[219] geschaffen: Die Staatshaftung. Im Rahmen der Staatshaftung haben die Bürger gegenüber ihren eigenen Mitgliedstaaten bei Nichtumsetzung von Richtlinien, Primärrecht oder fehlender gerichtlicher Entscheidung Anspruch auf Schadenersatz. Grundsätzlich lässt sich bereits erkennen, dass sich die vom Europäischen Gerichtshof zu judizierenden Sachbereiche von wirtschaftlichen Belangen hin zu *„delicate societal issues"*[220] ausgedehnt haben. So beispielsweise haben Umweltschutz, Rechte der Immigranten und Sozialrechtsschutz bereits eine Rolle gespielt. Da diese Belange häufig von öffentlichem Interesse sind, hat somit der Europäische Gerichtshof eine neue mediale Aufmerksamkeit erhalten. *„The days when it could benefit from the ‚benign neglect' of governments and the general public now seem to be gone. ... The very development of judicial politics thus renders the ECJ's position much more difficult than in the past, as it can no longer shield itself behind the 'mask' of law".*[221]

---

[215] Als ein Beispiel kann etwa der Gipfel von Brüssel unter der deutschen Ratspräsidentschaft Ende Juni 2007 angeführt werden, bei welchem es zu einem heftigen Ringen um einen Kompromiss mit Polen für den EU-Reformvertrag kam.

[216] Haltern 2004, 387

[217] Rs C-6 und C-9/90, EuGH vom 19. November 1991, *Andrea Francovich u. a. gegen Italienische Republik*, Slg 1991, I-5357

[218] Rs C-46 und C-48/93, EuGH vom 5. März 1996, *Brasserie du Pêcheur v Bundesrepublik Deutschland und The Queen v Secretary of State of Transport ex parte: Facortame Ldt. u.a*, Slg 1996, I-1029

[219] Rs C-224/01, EuGH vom 30. September 2003, *Gerhard Köbler v Republik Österreich*, Slg 2003, I-10239

[220] Dehousse 1998, 169

[221] Dehousse 1998, 169 und 172

Zusammenfassend für die geschichtliche Darstellung der Entwicklung des Europäischen Gerichtshofs ist festzuhalten, dass das Höchstgericht der Europäischen Union sich von einem internationalen Gerichtshof hin zu einem bedeutenden supranationalen Organ entwickelte, was zu Beginn kaum vorhersehbar war. Dabei hat er die Integration, im konkreten die rechtliche Integration, wesentlich mitgestaltet. Durch die *leading cases*, die er vor allem in seinen frühen Entwicklungsjahren judizierte, legte er den Grundstein dazu, dass die Verträge heute als Verfassung der Europäischen Union angesehen werden. Auf die Zeit des *judicial activism* folgte eine Zeit des *judicial restraint*. Gerade in den letzten Jahren ist zu beobachten, dass die zu behandelnden Rechtsfälle vom vornehmlich wirtschaftlichen Bereich in sensiblere Bereiche wie jene des Umweltrechts oder des Sozialrechtsschutzes reichen. Damit verbunden ist auch eine erhöhte mediale Aufmerksamkeit, sodass im Vergleich zu den Gründungsjahren sein *benign neglect* nicht mehr auf diese Weise gegeben ist.

3.2. Vereinigte Staaten von Amerika

3.2.1. Verfassungsgebung und Einsetzung

Das Zustandekommen der amerikanischen Verfassung ist allgemein bekannt, sodass an dieser Stelle nur auf einige der wichtigsten Eckpunkte im Zusammenhang mit der Judikative zu verweisen ist: Mit der Unabhängigkeitserklärung vom 4. Juli 1776 erklärten sich die 13 Kolonien für freie und unabhängige Staaten, womit sich auch die Notwendigkeit ergab, eine neue staatliche Ordnung zu schaffen. Diese wurde einerseits durch Gliedstaatenverfassungen, andererseits durch die 1777 beschlossenen und 1781 in Kraft getretenen Konföderationsartikel (*Articles of Confederation*) organisiert. Die Konföderationsartikel bauten einen Staatenbund auf, bei dem im Kongress Einstimmigkeit zur Verfassungsänderung notwendig war. Nicht erfasst waren jedoch wichtige Gebiete wie etwa der zwischenstaatliche Handel, die Steuererhebung und die Gerichtsbarkeit. Bereits sechs Jahre nach dem Inkrafttreten der Konföderationsartikel – 1787 – kam es nach Aufforderung des Kongresses zu Beratungen über die Revision dieser Konföderationsartikel im Konvent von Philadelphia. Das Ergebnis dieses Konvents, der vom Mai bis September tagte, war jedoch keine Revision, sondern der Entwurf einer neuen Verfassung, die einen Bundesstaat gründen sollte. Im Gegensatz zu den *Articles of Confederation* und den einzelstaatlichen Verfassungen wurde die Judikative nun das erste Mal als eigenständige und gleichberechtigte Dritte Gewalt nach dem Gewaltenteilungsprinzip eingeführt.[222]

[222] Bis dahin galt die Gerichtsbarkeit als ein Zweig der Exekutive, wobei die mangelnde Profilierung der Judikative in dieser Zeit vor allem in der fehlenden Vertrauensbasis bei der Bevölkerung

Bezüglich der Judikative ist aus den Beratungen der verfassungsgebenden Versammlung hervorzuheben, dass es nach der Klärung der Stellung der Judikative nur in zwei Fällen größere Debatten zu der Dritten Gewalt gab. Es konnte kaum Einigkeit erzielt werden erstens über die Abgrenzung der Judikative gegenüber den anderen Gewalten, besonders bei der Kompetenz der *revisionary power*, und zweitens über die Festlegung des Wahlmodus der Richter.[223] Mit Hilfe der Theorie der *checks and balances* konnte schließlich dogmatisch sauber die so umkämpfte Institution der *judicial review* begründet werden: Die Aufgabe der drei Gewalten im Staat sei es, sich gegenseitig zu beschränken und nur deshalb kann der Judikative das Recht eingeräumt werden, als letzte Instanz zur Entscheidung über die, von einem Parlament verabschiedeten Gesetze, zu fungieren.
Nach der Ratifizierung der Verfassung – sie galt mit der Annahme durch neun Staatenkonvente 1788 als ratifiziert – wurde 1789 vom ersten Kongress auf Grundlage des Art III § 1 US-Verfassung das Gesetz mit dem Namen *Judicial Act*, auf dessen Grundlage der Supreme Court zunächst in New York[224] institutionalisiert wurde, erlassen. Es gab dabei im Kongress wenig Diskussion über die Einsetzung des Obersten Gerichtshofs selbst, jedoch wurde über eine Reduzierung der Zahl der Richter debattiert.[225] Die erste offizielle Sitzung des U. S. Supreme Court fand am 2. Februar 1790 statt und blieb abgesehen von einer Kleiderdebatte ebenso wie die Ära des ersten *Chief Justice* John Jay[226] im Vergleich zur späteren Entwicklung relativ bedeutungslos.
Die Judikative, als dritte Gewalt, wurde noch von Hamilton[227] in *The Federalists* *„beyond comparison the weakest of the three departments of power“* bezeich-

lag, welche die Richter zuerst in Abhängigkeit der Krone stehend und schließlich als Verbündete der Geldgeber betrachtete.

[223] vgl ausführlich zu diesen Debatten, die auch die unklare Vorstellung der Delegierten von den Aufgaben und der Rolle der Judikative widerspiegeln: *Maaßen, Bernd.* Der U. S. Supreme Court im gewaltenteilenden amerikanischen Regierungssystem (1787-1972), Frankfurt am Main 1977, 31 ff.

[224] Der U. S. Supreme Court wechselte später zu über mehr als zehn verschiedenen Plätzen, die Richter trafen sich sogar „ ... , *according to some sources, in two taverns as well*“ (Witt 1989, 777). Seit 1935 befindet sich der Sitz des Supreme Court in der Nähe des Kapitols in Washington D.C., wobei Schwartz das neue Gebäude des U. S. Supreme Court wie folgt beschreibt: *„For the first time in history the court had a home of its own – a magnificent Marble Palace symbolizing its role as the ultimate embodiment of Equal Justice under Law – the motto inscribed on the frieze above the front entrance.“* (Schwartz 1993, 223)

[225] Schwartz 1993, 14

[226] Es ist in der amerikanischen Literatur üblich, die Phasen der Rechtsprechung des Supreme Court und das Gericht selbst nach ihren *Chief Justice* zu benennen (beispielsweise Marshall Court 1801-1836, Warren Court 1953-1969, ...). Eine Liste aller amtierenden *Chief Justices* seit Gründung des U. S. Supreme Court ist u. a. unter folgender Homepage abrufbar: *http://www.supremecourtus.gov/about/about.html*

[227] Alexander Hamilton war einer der Mitbegründer des Philadelphia Konvents, wobei er als Föderalist eine starke Zentralgewalt und die enge Bindung der ursprünglich 13 Einzelstaaten an den neugegründeten Bund befürwortete.

net.[228] Wie unbedeutend der U. S. Supreme Court in der damaligen Wahrnehmung war, bezeugt auch die Tatsache, dass beim Aufbau der neuen Hauptstadt Washington D.C. das Höchstgericht nicht berücksichtigt und ihm somit zu Beginn kein eigener Sitz zugedacht wurde: *„When the seat of government was moved to Washington [1800], the high bench crept into an undignified commmittee room in the Capitol beneath the House Chamber"*.[229] Bei seiner Errichtung war noch nicht vorauszusehen, welche bedeutende Rolle ihm später zukommen sollte.

3.2.2. Entfaltung seiner Tätigkeit

3.2.2.1. Allgemeines

Karl Löwenstein, dessen Werk, obgleich schon vor 50 Jahren verfasst, heute noch im deutschsprachigen Raum als Standardwerk auf dem Gebiet des amerikanischen Verfassungsrechts angesehen wird, bezeichnet den U. S. Supreme Court wie folgt: *„Kein anderes Tribunal der heutigen Staatenwelt kommt ihm an Macht, Einfluss und Ansehen gleich. In der politischen Geschichte der Vereinigten Staaten nimmt er, ..., die Schlüsselstellung unter den eingesetzten Gewaltenträgern ein"*.[230]
Nach dem ursprünglichen Konzept sollte der U. S. Supreme Court eigentlich nur als ein reines Rechtsmittelgericht konzipiert sein und nicht als ein Verfassungsgericht fungieren. Insbesondere fehlte ihm dazu die für ein Verfassungsgericht als wesentlich angesehene Kompetenz der Normenkontrolle. Durch seine Funktion als Rechtsmittelgericht war die Arbeitslast zu Beginn seiner Existenz gering. In der ersten Zeit nach der Konstituierung des Höchstgerichts gab es für die Höchstrichter praktisch nichts zu tun[231] und die erste Entscheidung wurde im dritten Jahr seiner Schaffenszeit im Februar 1793[232] gefällt. Die Zahl der Fälle stieg stetig an; so gab es beispielsweise im Jahre 1945 1460 Entscheidungen, 1960 immerhin 2313, 2002 sogar 8255. Den Höhepunkte erreichte der U. S. Supreme Court 2005 mit 8521 Entscheidungen.[233]

Auch im Rahmen des U. S. Supreme Court wird eine Dreiteilung in seiner mehr als 200jährigen Wirkungstätigkeit vorgenommen. Dies vor allem deshalb, weil gerade zu den gewählten Zeitpunkten erhebliche Einschnitte in der Rechtsprechung des U. S. Supreme Court stattgefunden haben. Zur Verdeutlichung der

---

[228] The Federalists No. 78
[229] Schwartz 1993, 16
[230] Löwenstein 1959, 400
[231] Schwartz 1993, 24
[232] 2 U. S. (2 Dall.) 419 (1793) *Chisholm v Georgia*
[233] *Chief Justice's Year Reports on the Federal Judiciary.* Für weitere Informationen zur Rechtsprechungsstatistik ist auf die Homepage des U. S. Supreme Court zu verweisen: http://www.supremecourtus.gov/publicinfo/year-end/year-endreports.html

wesentlichen, wenngleich auch nicht immer in der heutigen Form gegebenen und unumstrittenen, Rolle des amerikanischen Höchstgerichts sollte der folgende, knapp gehaltene, historische Überblick dienen.[234]

3.2.2.2. Anfänge bis zum Ende des Bürgerkriegs (traditionelle Ära von 1789 bis 1865)

Unmittelbar nach seiner Gründung herrschte am U. S. Supreme Court eine sehr zurückhaltende Sichtweise hinsichtlich der Stellung der Judikative gegenüber der Legislative, sodass der Gerichtshof eine dem Gewaltenteilungsprinzip zugeschnittene Stellung einnahm. Dass der Oberste Gerichtshof zu einer bedeutenden Institution der Vereinigten Staaten von Amerika werden würde, war bei seiner Einsetzung nicht vorhersehbar. Das Amt des Höchstrichters war anfangs keineswegs besonders begehrt, noch angesehen. Elder Witt charakterisiert den U. S. Supreme Court zur damaligen Zeit noch wie folgt: „*The court operated as a family firm, not a federal institution. The justices ... lived together in a boarding house. After their dinners togehter, they often, over wine, discussed and resolved the case brought before them*".[235]
Im Jahre 1801 begann die Amtszeit von *Chief Justice* John Marshall, der heute noch als einer der bedeutendsten Höchstrichter angesehen wird. Ohne seine Rechtsprechung wäre die historische Verfassungsentwicklung in dieser Form nicht möglich gewesen. Die wohl wichtigste Grundsatzentscheidung in der amerikanischen Geschichte war *Marbury v Madison,*[236] bei welcher der Schwerpunkt der verfassungsrechtlichen Kontroverse in der Begründung des richterlichen Prüfungsrechts lag, das in der damaligen Zeit nicht anerkannt war. Das Urteil wird im folgenden komparativen materiellen Teil noch ausführlich behandelt,[237] sodass an dieser Stelle nicht weiter darauf eingegangen wird.
Der U. S. Supreme Court judizierte in dieser Periode noch weiters zum Verhältnis von Bund und Gliedstaaten, mit welchen er die *Implied-Powers*-Lehre einführte. Vor allem aber auch die Handelsklausel – besser bekannt als *Interstate Commerce Clause* – und die Kompetenzen des Kongresses bildeten weitere Eckpfeiler dieser Epoche. Allgemein ausgedrückt waren die 34 Jahre, in welchen John Marshall *Chief Justice* am U. S. Supreme Court war, die wichtigste historische Phase für die Ausgestaltung der Verfassung, die unzweifelhaft als eine der höchst aktivisti-

---

[234] Einen umfassenden, jedoch recht überschaubaren Überblick gibt *Schwartz, Bernhard.* A History of the Supreme Court, New York 1993. Als das umfangreichste Standardwerk zur Geschichte des U. S. Supreme Court gilt *Katz, Stanely/William Wiecek* (Hrsg). History of the Supreme Court of the United States. The Oliver Wendell Holmes Devise, New York in neun Bänden von 1971-1993.
[235] Witt 1989, 8
[236] 5 U. S. (1 Cranch) 137 (1803)
[237] siehe Kapitel 4.2.2.1.

schen Phasen des U. S. Supreme Court bezeichnet werden kann. Alexis de Tocqueville, welcher in den letzten Jahren der Marshall Ära durch die Vereinigten Staaten von Amerika reiste, charakterisierte den U. S. Supreme Court der damaligen Zeit wie folgt:

> *„The pace, the prosperity, and the very existence of the Union are vested in the hands of the seven Federal judges. Without them the Constitution would be a dead letter: the executive appeals to them for assistance against the encroachments of the legislative power; the legislature demands their protection against the assaults of the executive; they defend the Union from the disobedience of the states, the states from the exaggerated claims of the Union, the public interest against private interests, and the conservative spirit of stability against the fickleness of the democracy. Their power is enormous, ... ".*[238]

Von seinem Nachfolger, Roger Taney, der von 1836 bis 1864 als *Chief Justice* fungierte, erwarteten viele Beobachter, dass sich der Aktivismus des Gerichts nun gegen den Bund und zu Gunsten der Staaten richten würde. Hingegen setzten die Richter des Taney Court die bundesstaatliche Linie der Zeit Marshalls fort. Es wurde die Struktur, die John Marshall geschaffen hatte, als Basis für die eigene Jurisprudenz genutzt, und es wurden nur, als zeitgemäß angesehene, Modifizierungen vorgenommen. Jedoch sorgte Taney mit der Entscheidung *Dred Scott v Sandford*[239] für einen erheblichen Ansehensverlust des Höchstgerichts. Die Entscheidung fiel bereits am Vorabend der Sezession von sieben Staaten des unteren Südens (Dezember 1860 bis Mai 1861). Die größte Staatskrise seit Bestehen der Vereinigten Staaten von Amerika wurde durch die umstrittene Frage der Sklaverei ausgelöst, die vom hauptsächlich von der Baumwollwirtschaft lebenden Süden befürwortet und vom industrialisierten Norden strikt abgelehnt wurde. Die Frage der Sklaverei blieb dementsprechend auf Bundesebene umstritten. Den juristischen Höhepunkt dieser Kontroverse stellte der oben genannte Fall *Dred Scott v Sandford* dar, in dem es um die Rechtsstellung des Sklaven Dred Scott ging. Dem Sklaven wurde eine Rechtsstellung als Bürger vom Höchstgericht abgesprochen und die Klage zurückgewiesen. Somit erhielten die Südstaaten unerwartete Unterstützung durch den U. S. Supreme Court, der damit indirekt der Sklaverei eine verfassungsrechtliche Verankerung gab. *Chief Justice* Taney hat sich dabei im Urteil dazu hinreißen lassen, nicht zu entscheiden, was Recht ist, sondern was er als gerecht empfinden hatte.[240] *Dred Scott v Sandford* führte schließlich sogar soweit, dass von mehreren Seiten überlegt wurde, die Jurisprudenz des Höchst-

---

[238] Alexander de Tocqueville zit nach Savage 2004, 17
[239] 60 US (19 How.) 393 (1857)
[240] Schwarzt spricht von einer ergebnisorientieren Jurisprudenz Taneys. (Schwartz 1993, 122 f)

gerichts zu ignorieren, und die Entscheidung gilt im Nachhinein als Katalysator für den folgenden Bürgerkrieg.[241]
Die größte Staatskrise der Vereinigten Staaten von Amerika konnte nicht mehr mit friedlichen Mitteln gelöst werden und führte schließlich zu dem vier Jahre dauernden Sezessionskrieg.
Bernhard Schwartz merkte zu dieser Entwicklungsphase des U. S. Supreme Court Folgendes an:

> *„Yet if our law broke down in the face of the nation's most serious crisis that was not so much the fault of the law itself. The men of the day expected too much of both the law and the courts. In particular the power and prestige that had been held up under Marshall and continued under Taney, had led to this great expectations. And the Justices themselves had succumbed to the lure of seeking to save the country from the bench, losing sight of the limitations inherent in judicial power."*[242]

3.2.2.3. Zeit der Rekonstruktion bis zur Wirtschaftskrise Ende der 1920er Jahre

Die Zeit des Wiederaufbaus des niedergeworfenen und weitgehend verwüsteten Südens, die von 1866 bis gegen Ende der 1870er Jahre dauerte, gehört ebenfalls zu den unerfreulichen Kapiteln der amerikanischen Geschichte; umständliche Gesetze, Rachejustiz, Korruption, Demagogie und Wahlbetrug verzögerten die Wiederherstellung der Union. In der Zeit der Rekonstruktion konnte in wirtschaftlicher Hinsicht ein starker Aufschwung verzeichnet werden, neue Industriezentren entstanden und der Wachstumsprozess wurde enorm beschleunigt. In der Verfassungsentwicklung war der zweite Abschnitt weit weniger dramatisch und auch von geringerer Bedeutung als der erste und der dritte. Wesentlich für diese Phase sind vor allem wichtige inhaltliche Einschnitte in die Gerichtsbarkeit und die Ausweitung des richterlichen Prüfungsrechts auf wirtschaftliche Gesetze.
Anders als in der traditionellen Phase wäre es nun zuviel, die gesamte Zeit durchgehend in die Amtsperioden der jeweiligen *Chief Justices* einzuteilen. Vielmehr ergibt sich eine sinnvolle Zweiteilung in die Zeit bis etwa 1895 und in die Zeit nach 1895 bis zur Wirtschaftskrise.[243]
Der erste Abschnitt, beginnend mit dem Ende des Sezessionskriegs und dem Anfang der Rekonstruktion, war zunächst inhaltlich von einer Schwächephase des Gerichts gekennzeichnet. Dies vor allem aufgrund der oben dargestellten *Dred*

---

[241] Stoevesandt 1999, 175; Schwartz 1993, 125
[242] Schwartz 1993, 126
[243] Stoevesandt 1999, 177

Scott Jurisprudenz und weiterer stark kritisierter Entscheidungen unmittelbar nach dem Sezessionskrieg. Dabei ging es vor allem um die neu geschaffenen Amendments 13 bis 15 – Abschaffung der Sklaverei, Sicherung des Status als Bürger für die Sklaven und Einführung des Wahlrechts.
Der U. S. Supreme Court hat sich jedoch bereits in der Rekonstruktionsphase im, damals von radikalen Republikanern dominierten, Kongress wenig Freunde gemacht. Dies führte dazu, dass Teile der so genannten Rekonstruktionsmaßnahmen zur Überprüfung durch das Gericht gelangten und damit die Existenz des Gerichts auf dem Spiel stand. Die Situation war gerade deswegen so problematisch, weil die gegen den Süden gerichteten Rekonstruktionsvorschriften nicht nur gegen das Veto des Präsidenten erlassen wurden, sondern auch evident nur schwer mit diversen Vorschriften der Verfassung in Einklang zu bringen waren. Unter normalen Umständen schien somit die Vermutung naheliegend, dass der U. S. Supreme Court, sobald er eine Chance dazu sehen würde, verschiedene dieser legislativen Maßnahmen für verfassungswidrig erklären würde. Den Richtern, die sich der Lage bewusst waren, gelang es beispielsweise, zwei prekäre Klagen – *Mississippi v Johnson*[244] und *Georgia v Stanton*,[245] in denen die Staaten Mississippi und Georgia versuchten, erst dem Präsidenten und dann seinen Untergebenen die Durchsetzung der Rekonstruktionsmaßnahmen zu verbieten – bereits im Rahmen der Zulässigkeit scheitern zu lassen, sodass sie nicht gezwungen waren, sich materiellrechtlich mit der Problematik auseinanderzusetzen.[246]
Im wirtschaftlichen Bereich wurde die Handelsklauselrechtsprechung,[247] wie sie bereits in der ersten Periode begonnen hat, derart weiterentwickelt, dass es Präzedenzfälle gab, um praktisch jedes Ergebnis begründen zu können, das das Gericht als richtig ansah. Deswegen schien gerade in dieser Zeit die Achtung von Präzedenzfällen bedeutungslos, und das einzig sichere Element in der Handelsklauselrechtsprechung war jenes der Unvorhersehbarkeit. Es gab wegen der immer wieder kehrenden Meinungsänderungen so gut wie keine brauchbaren Präzedenzfälle. Es folgte somit eine Uneinheitlichkeit der Rechtsprechung, welche weder inhaltlich zum Verhältnis von Bund und Ländern, noch dogmatisch, noch methodisch eine klare Linie erkennen lässt.[248]
Die Rechtsprechung ab 1895, welche den zweiten Abschnitt der betrachteten Phase bildet, ist vor allem durch den Laissez-faire-Gedanken im Wirtschaftsbereich gekennzeichnet, sodass der U. S. Supreme Court im späten neunzehnten und frühen zwanzigsten Jahrhundert Wirtschaftsregulierungen zum Teil scheinbar nach Belieben und ohne dogmatische Grundlage für verfassungswidrig erklärte. Ab

---

[244] 71 U. S. (4 Wall.) 475 (1866)
[245] 73 U. S. (6 Wall) 50 (1867)
[246] Stoevesandt 1999, 181
[247] Die Rechtsprechung zur Handelsrechtsklausel war mit Abstand der wichtigste Bereich in der verfassungsrechtlichen Rechtsprechung des U. S. Supreme Court nach dem Sezessionskrieg.
[248] Stoevesandt 1999, 248

Anfang des 20. Jahrhunderts begann der U. S. Supreme Court, mit einigen ersten wichtigen Entscheidungen im Bereich der Bürgerrechte,[249] bereits den Grundstein für die Zeit nach der Laissez-faire-Phase zu legen.

3.2.2.4. Zeit des New Deals und Aufkommen des modernen Verwaltungs- und Regulierungsstaats

In diese Zeit fällt die Sozialrevolution der Vereinigten Staaten von Amerika, auf deren Grundlage das Staatsrecht und die Staatspolitik von heute aufgebaut sind. Eine der größten Industriemächte wandte sich von der Beherrschung ihrer Wirtschaftsstruktur durch den Laissez-faire Privatkapitalismus ab. Grund dafür war die Weltwirtschaftskrise 1929-1933, welche den Vereinigten Staaten ein vorläufiges Ende der Prosperität bereitete. Zur Überwindung der Krise leitete Präsident Franklin Roosevelt die Politik des New Deal ein, die Fortschritte in der Sozialgesetzgebung enthielt und erstmals staatliche Eingriffe in das Wirtschaftsleben vorsah. Der U. S. Supreme Court hob jedoch zahlreiche neu erlassene Gesetze, die die Kompetenzen des Bundes zu Lasten der Mitgliedstaaten gestärkt hätten, wegen Verfassungswidrigkeit auf,[250] sodass viele der regulatorischen Reformen zu scheitern drohten. Als Reaktion darauf begann Franklin Roosevelt 1937 den *court-packing plan*, der ihm die Ernennung zusätzlicher Richter ermöglicht hätte, zu entwickeln: Für jeden Richter über 70 Jahre sollte ein weiterer Richter ernannt werden. Der mittels dieser Drohung einsetzende „Meinungsumschwung“ in der Richterschaft wurde mit der Berufung auf die *general-welfare* Klausel begründet. Nach 1937 wurde der U. S. Supreme Court neben der zahlreichen Rechtsprechung zur Handelsrechtsklausel und der bereits begonnenen Rechtsprechung zu den Bürgerrechten auch auf anderen Gebieten aktivistisch tätig, und das richterliche Selbstverständnis änderte sich grundlegend. Die Richter machten deutlich, dass sie sich eher als Ersatzlegislative oder als „ständig tagender Verfassungskonvent“ sähen, denn als Judikative.[251] Brugger bezeichnet den U. S. Supreme Court in der Folgezeit des New Deals als liberales, demokratisches Bollwerk „aktivistischer“ Richter.[252] Dahingehend ist speziell die Amtszeit von *Chief Justice* Earl Warren (1953-1969), die als die einzige mit jener von John Marshall verglichen werden kann,[253] hervorzuheben. Dabei stand gleich zu Beginn der Warren-Ära die einstimmig ergangene Entscheidung *Brown v Board of Education*,[254] welche in den

---

[249] Beispielsweise 262 U. S. 390 (1923) *Meyer v Nebraska*; 268 U. S. 510 (1925) *Pierce v Society of Sisters*

[250] Beispielsweise 298 U. S. 238 (1936) *Carter v. Cartes Coal Co*; 295 U. S. 330 (1935) *Railroad Retirement Board v Alton R. Co.*

[251] Stoevesandt 1999, 329

[252] Brugger 1987a, 52

[253] Schwartz 1993, 263

[254] 347 U. S. 483 (1954)

Vereinigten Staaten von Amerika eine Kontroverse auslöste, wie sie seit dem Sezessionskrieg nicht mehr existierte. Mit *Brown v Board of Education* erklärte das Höchstgericht die Rassentrennung im amerikanischen Schulsystem für verfassungswidrig. Im Süden kam es darauf hin zu einem offenen Aufruhr, sodass Präsident Eisenhower die Anordnung des Gerichts nur mit Hilfe der Bundesarmee (!) durchsetzen konnte.

Dem Abbau rechtlicher Rassenschranken folgte in den 1960er Jahren eine Ausdehnung der verfassungsrechtlichen Gleichheitserfordernisse über die schwarze Bevölkerung hinaus auf andere politisch und sozial benachteiligte Gruppen. Vor allem auch eine primäre Ausrichtung hin zu einem effektiven Grundrechtsschutz für alle Bevölkerungsschichten ist kennzeichnend für diese jüngste Phase der U. S. Supreme Court Rechtsprechung, wobei dem Gerichtshof auch in diesem Bereich eine Überschreitung seiner Kompetenzen hin zu einer dritten Legislativkammer vorgeworfen wird.[255]

Mit Warren Burger, der 1969 die Nachfolge von Earl Warren angetreten hat, schien sich eine dramatische Wendung hin zu einer konservativeren Haltung im Höchstgericht anzukündigen, jedoch lässt sich bereits aus historischer Perspektive die Rechtsprechungslinie des Burger Court bis Mitte der 1980er Jahre kaum auf einen einheitlichen Nenner bringen. Kommentatoren sprechen von einem Zick-Zack-Kurs, selbst von einem Chaos und Durcheinander ist die Rede.[256] In diese Zeit fällt auch eine der umstrittensten Entscheidungen des U. S. Supreme Court, welche frühere aktivistische Entscheidungen an interpretatorischer Kühnheit noch übertraf: *Roe v Wade*.[257] In diesem Fall, der eine Abtreibungsfrage entschied, befand das Höchstgericht mit 7:2 Stimmen, dass ein Recht auf freie Wahl der Abtreibung in der Freiheitsklausel des 14. Amendment – Recht auf Privatsphäre – verankert sei, weil diese Klausel implizit ein Recht auf Schutz der Privatsphäre enthielte, wozu auch die Wahl einer Abtreibung zähle. Diese politisch und wissenschaftlich aufs heftigste kritisierte Entscheidung konnte sich weder auf die Tradition des amerikanischen Volks, den spezifischen Text der Verfassung, den Konsens der Bürger noch auf das Argument der politischen und sozialen Hilfslosigkeit der schwangeren Frauen stützen: Diese könnten sich im politischen Prozess – anders als ungeborene Kinder – selbst zur Wehr setzen und stellen quantitativ auch keine Minderheit dar. Deshalb stellt diese Entscheidung verfassungsinterpretatorisch einen kühnen Vorstoß dar, der nur dann zu rechtfertigen ist, wenn man der Verfassung ein Recht auf unbehinderte Wahl aller fundamentalen Lebensstilentscheidungen unterstellt.[258]

---

[255] Stoevesandt 1999, 463
[256] Brugger 1987, 54
[257] 410 U. S. 113 (1973)
[258] Brugger 1987, 55

Mit dem konservativ orientierten *Chief Justice* William Rehnquist (1986-2005) scheint die reaktionäre Zeit vorläufig vorbei zu sein: Er hat mit einigen Bereichen sicherlich „die liberalen Spitzen der Entscheidungen" seiner Vorgänger abgeschnitten.[259]

An dieser Stelle ist resümierend kurz festzuhalten, dass der U. S. Supreme Court zu Beginn seiner Jurisdiktion weit von seiner bisherigen Stellung entfernt war und durchaus auch Zeiten einer sehr schwachen Stellung hatte. Dies vor allem in politischen Krisen, wie dem Sezessionskrieg. Nichtsdestoweniger konnte er mit seinen Grundsatzentscheidungen der amerikanischen Verfassung vielfach erst konkrete Inhalte verleihen.

[259] Stoevesandt 1999, 467

4. Vergleich anhand ausgewählter Aspekte

Die folgende komparative Analyse wird in zwei Teilen erfolgen: Zum einen werden beide Institutionen per se, zum anderen einige ausgewählte konstitutionalisierende Entscheidungen in der Rechtsprechung der beiden Höchstgerichte verglichen. Im Rahmen des ersten Teils wird auf die von Cappelletti und Golay hingewiesene rechtliche Integration durch ein Höchstgericht im Bereich Gerichtsverfahren, im zweiten Teil auf die rechtliche Integration durch höchstgerichtliche Rechtsprechung in Verfassungsfragen rekurriert.[260] Die Reihenfolge, zuerst auf die Institution per se und dann auf die Verfassungsrechtsprechung einzugehen, wird deswegen als sinnvoll erachtet, weil somit die Institutionen und Gerichtsverfahren an sich vorgestellt werden können, bevor in eine tiefere, wenngleich auch für die rechtliche Integration bedeutendere Materie eingedrungen wird. Der von Cappelletti und Golay angeführte weitere Einwirkungsbereich der Verfassungsrechtsprechung in die rechtliche Integration ist jener der Grundrechte. Diese werden im Kapitel über das Zusammenwirken der Gemeinschaft beziehungsweise der föderalen Union mit den Mitgliedstaaten einbezogen. Von einem eigenen Kapitel wird jedoch aufgrund des sich ergebenden Umfangs eines ausführlichen Vergleichs der Grundrechtsproblematik beider Entitäten im Rahmen dieser Arbeit Abstand genommen.[261]

4.1. Die Institution per se

Nachstehend werden beide Gerichtshöfe in einigen ausgewählten, im formellen Bereich liegenden, Kapitel einer komparativen Analyse unterzogen. Zuerst werden konkret die Gerichtsverfassungen der Europäischen Union und der Vereinigten Staaten von Amerika vorgestellt; unter Gerichtsverfassung werden jene Bestimmungen verstanden, welche die grundlegenden Normen bezüglich Organisation, Zusammensetzung, Form der Willensbildung und Kompetenzbestimmungen beinhalten. Neben Aufbau, Organisation, Willensbildung und Kompetenz innerhalb der Gerichtshöfe ist der Auslegungs- und Interpretationsspielraum ein wichtiger Bestandteil der integrativen Wirkung eines obersten Höchstgerichts, denn der richterliche Gestaltungsspielraum zeigt sich besonders deutlich in den Auslegungs- und Interpretationsmethoden einer Rechtsordnung, wobei der Grad dieses Spielraums mit der Unbestimmtheit der auszulegenden

[260] vgl Kapitel 2.2.3.

[261] Weiterführende Literatur diesbezüglich sind für die Vereinigten Staaten von Amerika etwa sehr ausführlich *Schefer, Markus*. Konkretisierung von Grundrechten durch den U.S.-Supreme Court, Berlin 1997 und *Brugger, Winfried*. Grundrechte und Verfassungsgerichtsbarkeit in den Vereinigten Staaten von Amerika, Tübingen 1987b; für die Europäische Union ebenfalls sehr ausführlich *Rengeling, Hans-Werner*. Grundrechte in der Europäischen Union, Köln 2004 und *Winkler, Roland*. Die Grundrechte der Europäischen Union, Wien 2006.

Vorschriften steigt. Das Fehlen klarer Formulierungen in den Texten und ein hohes Abstraktionsniveau der Regelungen erhöhen die Einflussmöglichkeiten eines Höchstgerichts, weil ihm in diesen Fällen unterschiedliche Interpretationsmöglichkeiten zur Definition der Tatbestandsmerkmale zur Verfügung stehen.

4.1.1. Aufbau, Organisation und Zusammensetzung

Im Rahmen dieses Kapitels wird zuerst auf den Aufbau, die Organisation und die Zusammensetzung der Höchstgerichte eingegangen. Anschließend wird die Gerichtsorganisation, an dessen Spitze die beiden Vergleichsobjekte stehen, dargestellt, um einen Überblick über den Aufbau der europäischen beziehungsweise amerikanischen Gerichtsbarkeit zu geben.

4.1.1.1. Aufbau, Organisation und Zusammensetzung des Europäischen Gerichtshofs

Die grundlegenden primärrechtlichen Bestimmungen des Europäischen Gerichtshofs finden sich in den Art 220 – 245 EGV. Darüber hinaus besteht für den Gerichtshof eine dem jeweiligen Gemeinschaftsgründungsvertrag in Protokollform angeschlossene Satzung mit näheren Bestimmungen über die Richter, Generalanwälte und Verfahrensmodalitäten.[262] Damit zeichnet sich die Satzung auch durch Primärrechtsqualität aus, wobei sie jedoch im Vergleich zur allgemeinen Vertragsrevision in einem vereinfachten Änderungsverfahren novelliert werden kann.[263]

Der *Europäische Gerichtshof* mit Sitz in Luxemburg setzt sich gem Art 221 EGV aus je einem auf sechs Jahre ernannten unabhängigen und unparteiischen Richter pro Mitgliedstaat zusammen; somit ergibt sich eine derzeitige Gerichtsbesetzung von 27 Richtern. An der Spitze des Gerichtshofs steht ein Präsident, der von den Richtern aus deren Mitte für die Dauer von drei Jahren gewählt wird. Der Präsident leitet die rechtssprechende Tätigkeit und die Verwaltung des Gerichtshofs; er führt den Vorsitz in den Sitzungen und bei den Beratungen.[264] Sowohl die Wiederwahl als Richter als auch jene als Präsident des Europäischen Gerichtshofs ist zulässig.[265] [266]

---

[262] Protokoll über die Satzung des Gerichtshofs der Europäischen Gemeinschaft von 10. März 2001, Abl 2001 C 80, 53 mit allfälligen Änderungen

[263] Art 48 EUV

[264] Art 8 VerfO-EuGH

[265] Art 223 Abs 3 und 4 EGV

[266] Auch eine mehrmalige Wiederwahl ist möglich. So etwa im Falle des österreichischen Richters Peter Jann, der nach einer zwölfjährigen Periode 2006 im Alter von 71 Jahren wiederum auf sechs

Art 223 Abs 1 EGV normiert bestimmte Anforderungen an die Qualifikation der Richter: In Frage kommen nur Persönlichkeiten, die jede Gewähr für Unabhängigkeit bieten und in ihrem Staat die für die höchsten richterlichen Ämter erforderlichen Voraussetzungen erfüllen oder Juristen von anerkannter hervorragender Befähigung sind. In der Geschichte des Europäischen Gerichtshofs wurden Vertreter aus den Bereichen Justiz, Anwaltschaft, Verwaltung, Regierung und Wissenschaft zu annähernd gleichen Teilen von den Mitgliedstaaten entsandt. Der Bevölkerung sind die Richter jedoch kaum bis gar nicht bekannt.

Der Grundsatz „ein Mitgliedstaat, ein Richter" soll sicherstellen, dass im höchsten Gemeinschaftsgericht die Rechtssysteme aller Mitgliedstaaten repräsentiert werden. Einerseits soll dadurch primär eine harmonische Entwicklung der Rechtsprechung gewährleistet werden, andererseits scheint die Besetzung des Gerichtshofs mit jeweils einem Richter pro Mitgliedstaat, der mit dem Recht seines Entsendestaats besonders vertraut ist, auch dadurch geboten, weil das europäische Recht aus zahlreichen Bestimmungen der Mitgliedstaaten übernommen wurde, wie zum Beispiel Art 6 Abs 2 EUV und Art 288 Abs 2 EGV zeigen. Geboten ist es auch weiters deswegen, weil gerade Vorlagefragen nur bei entsprechendem Verständnis des nationalen Rechts sachgerecht beantwortet werden können.[267] Die Entsendung eines Richters pro Mitgliedstaat soll seinem Telos nach auch dazu beitragen, durch den Gedanken der Repräsentation die Akzeptanz der Rechtsprechung in den Mitgliedstaaten zu erhöhen.[268]
Die Richter genießen absolute Immunität, die hinsichtlich ihrer in amtlicher Eigenschaft vorgenommenen Handlungen auch nach Abschluss der Amtstätigkeit fortdauert.[269] Die Immunität sollte ebenso wie die zugebilligte Indemnität die Unabhängigkeit der Richter garantieren. Seines Amts enthoben werden kann ein Richter nicht durch einen Mitgliedstaat, sondern nur durch einstimmiges Votum der übrigen Mitglieder des Gerichts.[270] Eine erhöhte Garantie der Unabhängigkeit ist auch dadurch gewährleistet, dass die Urteile des Europäischen Gerichtshofs von allen Richtern unterschrieben werden, abweichende Meinungen und das Abstimmungsergebnis werden nicht veröffentlicht, sodass es für die Mitgliedstaaten nicht ersichtlich ist, wie die einzelnen Richter entschieden haben.
Gemeinsam bilden die Richter den Spruchkörper des Gerichtshofs. Dieser tagt gem Art 221 Abs 2 EGV iVm Art 16 EuGH-Satzung verpflichtend nach dem

---

Jahre bestellt worden ist. Ebenso wurde der derzeitige Präsident des Europäischen Gerichtshofs Vassilios Skouris nach 2003 im Jahre 2006 als Präsident wiedergewählt.

[267] Obwexer 2002, 254

[268] Streinz/Leible (2001), 5

[269] Art 3 Abs 1 und 2 sowie Art 6 EuGH Satzung

[270] Art 6 EuGH Satzung

„Prinzip der Kammerentscheidung“[271] in aus drei oder fünf Richtern bestehenden Kammern[272] [273] oder in der aus 13 Richtern bestehenden „Großen Kammer“, sodass auch mit 27 Richtern oder einer noch höheren Richterzahl die Möglichkeit besteht, effiziente Entscheidungen in einem „relativ kleinen“ Gremium zu fällen.
Die „Große Kammer“ ist aus der Praxis des Europäischen Gerichtshofs entstanden, Rechtssachen nicht nur an Kammern und an das Plenum zu verweisen, sondern von der Bestimmung Gebrauch zu machen, nach der Entscheidungen des Plenums auch bei einer geringeren Besetzung gültig sind.[274] [275] Getagt wird in der „Großen Kammer“, wenn dies entweder ein am Verfahren beteiligter Mitgliedstaat oder ein am Verfahren beteiligtes Gemeinschaftsorgan beantragt oder wenn der Gerichtshof die Sache an die „Große Kammer“ verweist, weil die Schwierigkeit oder die Bedeutung der Rechtssache oder besondere Umstände diese Verweisung erfordern.[276]
Das Plenum befasst sich nunmehr allein mit Streitigkeiten mit „verfassungs- und quasiverfassungsrechtlichem Charakter“ oder mit solchen, die der Wahrung der Kohärenz der Rechtsprechung des Europäischen Gerichtshofs dienen.[277] Eine Entscheidung im Plenum findet nur in den von der Satzung vorgesehenen Fällen gem Art 16 Abs 4 und Abs 5 EuGH-Satzung statt: Etwa in Rechtssachen von außergewöhnlicher Bedeutung, sofern der Europäische Gerichtshof nach Anhörung des Generalanwalts entscheidet, die Rechtssache an das Plenum zu verweisen. Dazu bei Entscheidungen über die Amtsenthebung des Bürgerbeauftragten, von Mitgliedern der Kommission und des Rechnungshofs nach Art 195 Abs 2 EGV, Art 213 Abs 2 EGV, Art 216 EGV, Art 247 Abs 7 EGV, sowie in den Fällen nach Art 107d Abs 2 EAGV, Art 126 Abs 2 EAGV, Art 129 EAGV und Art 160b Abs 7 EAGV.

---

[271] Bis zum Vertrag von Nizza tagte der Spruchkörper des Europäischen Gerichtshofs nach dem „Prinzip der Plenarentscheidung“.

[272] Seit dem Beitritt von Bulgarien und Rumänien (1. Jänner 2007) gibt es insgesamt vier Kammern mit fünf Richtern und vier Kammern mit drei Richtern. Dabei gehören zwei Kammern mit fünf Richtern gesamt sechs und zwei Kammern mit fünf Richtern gesamt sieben Richter und zwei Kammern mit drei Richtern gesamt fünf und zwei Kammern mit drei Richtern gesamt sechs Richter an, die sich nach Maßgabe der einschlägigen Bestimmungen der Verfahrensordnung abwechseln.

[273] Es besteht auch die Möglichkeit, eine Kammer aus sieben Richtern bestehend zu bilden, doch hat der Europäische Gerichtshof davon nicht Gebrauch gemacht (Fischer/Köck/Karollus 2002, Rz 1121).

[274] Schima 2004, 127

[275] Art 17 Abs 4 EuGH-Satzung legt derzeit eine Mindestanzahl von 15 Richtern für eine gültige Plenumsentscheidung fest. Für eine gültige Entscheidung in der „Großen Kammer“ haben mindestens neun Richter gem Art 17 Abs 3 EuGH-Satzung anwesend zu sein.

[276] Art 16 Abs 3 EuGH-Satzung, Art 44 § 3 VerfO-EuGH

[277] Streinz/Leible 2001, 7

Tagt der Europäische Gerichtshof nicht in der „Großen Kammer“ oder im Plenum wird die Rechtssache in einer Kammer mit drei oder fünf Richtern behandelt.[278] In die Kammern mit drei Richtern werden Rechtssachen, die unter Anwendung der bestehenden Rechtsprechung behandelt werden können oder die rein technische Detailfragen aufwerfen, verwiesen. Eine Verweisung in die Kammern mit fünf Richtern kann hingegen auch bei neuen und mitunter sogar grundsätzlichen Fragen erfolgen, wenn deren Lösung nicht besonders schwierig, strittig oder innovativ erscheint.[279]

Die Richter werden gem Art 222 EGV von acht Generalanwälten unterstützt; sie sind bezüglich Unabhängigkeit, Immunität und Indemnität sowie dem protokollarischen Rang den Richtern gleichgestellt.[280] Sie sind jedoch nicht Mitglieder des Spruchkörpers des Gerichtshofs und nehmen auch nicht an den Urteilsberatungen und Abstimmungen teil. Ihre Hauptaufgabe liegt in der Erstellung von begründeten Schlussanträgen. Diese können jedoch entfallen, sollte keine neue Rechtsfrage vorliegen und der Europäische Gerichtshof beschließen, ohne Schlussantrag des Generalanwalts zu entscheiden.[281] Die Schlussanträge sind als eine Art Rechtsgutachten beziehungsweise, als für die Richter nicht bindende, Entscheidungsvorschläge, anzusehen, die in der amtlichen Sammlung der Entscheidung veröffentlicht werden. Die Generalanwälte sind in der Funktion eines *„amicus curiae“*.[282] Maßstab für die Beurteilung der Generalanwälte ist deren Auffassung vom Gemeinschaftsrecht, nicht ein Partei- oder Organinteresse. Zu ihrer Tätigkeit zählt die Aufarbeitung der bereits vorhandenen Judikate zu einer Causa, ebenso wie eine umfassende rechtsvergleichende Analyse der Rechtslagen in den verschiedenen Mitgliedstaaten. Lord Slynn, welcher im Zeitraum von 1981 bis 1988 Generalanwalt und von 1988 bis 1992 Richter am Europäischen Gerichtshof war, beurteilt die Arbeit der Generalanwälte wie folgt:

> *„As an Advocate General, one always hoped that the function had some utility; as a judge I now know that it is very valuable in this kind of court to have a detailed first-round assessment on which the judge can work. The research, the analysis of fact and law, the direction indicated by the Advocate General – even if not followed – are of considerable help.“*[283]

Im Folgenden soll nun in einem Exkurs auf weitere, dem Europäischen Gerichtssystem zugehörige, Gerichte – das Gericht erster Instanz und die gerichtlichen

[278] Art 44 § 3 VerfO-EuGH
[279] Edward 1995, 552 zit nach Schima 2004, 128
[280] Art 223 EGV, Art 6 VerfO-EuGH
[281] Art 20 Abs 5 EuGH-Satzung
[282] Fischer/Köck/Karollus 2002, Rz 1119
[283] Slynn 1992, 157 f zit nach Arnull 1999, 8

Kammern – hingewiesen werden, um ein vollständiges Bild der europäischen Gerichtsbarkeit zu schaffen. Es wird jedoch nur deswegen in einem Exkurs auf diese Gerichte eingegangen, weil sie am stattgefundenen Integrationsprozess der rund ersten 40 Jahre nicht beteiligt waren.

Organisatorisch wurde dem Europäischen Gerichtshof das *Gericht erster Instanz* „beigeordnet",[284] das seine Arbeit im November 1989 aufnahm, um den Europäischen Gerichtshof zu entlasten. Obwohl das Gericht erster Instanz nicht als selbstständiges Organ der Europäischen Gemeinschaft eingesetzt wurde, ist es dennoch eigenständig, organisatorisch vom Europäischen Gerichtshof getrennt, und hat eine eigene Verfahrensordnung (VerfO-EGI).[285] Er besteht ebenso aus je einem Richter pro Mitgliedstaat, wird jedoch nicht von Generalanwälten unterstützt. Mit dem Gericht erster Instanz wurde somit erstmals ein zweigliedriger Instanzenzug geschaffen, wobei sich die erste Instanz mit der intensiven Tatsachenprüfung auseinandersetzt, die zweite Instanz, die nur durch ein auf Rechtsfragen beschränktes Rechtsmittel anzurufen ist, kann sich verstärkt der einheitlichen Auslegung und Fortbildung des Gemeinschaftsrechts widmen. Dem Telos nach erfüllt das Gericht erster Instanz vor allem die Funktion eines „europäischen Verwaltungsgerichts".[286] Mit dem Inkrafttreten des Vertrags von Nizza wurde das Gericht erster Instanz in gleicher Weise wie der Europäische Gerichtshof ein eigenständiges Rechtsprechungsorgan. Zudem kommt es zu einer schwerpunktmäßigen Verschiebung der Gemeinschaftsrechtsprechung hin zum Gericht erster Instanz.

Mit der letzten Gerichtsreform wurde dem europäischen Gerichtssystem mit Art 225a EGV eine dritte Ebene hinzugefügt: jene der *gerichtlichen Kammern.*[287] Diese sind für Entscheidungen im ersten Rechtszug über bestimmte Kategorien von Klagen zuständig, welche in besonderen Sachgebieten erhoben werden. Die Implementierung des Vertrags von Nizza hat vor allem bei der Errichtung der gerichtlichen Kammern – gemessen am relativ kurzen Zeitraum seit dem Inkrafttreten des Vertrags von Nizza – bereits große Fortschritte erzielt.[288] Das Gericht

[284] Die Formulierung „beigeordnet" wurde mit dem Vertrag von Nizza eliminiert; das Gericht erster Instanz wird jedoch nach wie vor im EG-Vertrag im Abschnitt „Gerichtshof" geregelt; die einschlägigen Bestimmungen finden sich in Art 224 ff EGV.
[285] Verfahrensordnung des Gerichts erster Instanz vom 2. Mai 1991, Abl 1991 L 136, 1 mit allfälligen Änderungen
[286] Lipp 1997, 403
[287] Diese Kammern sind keinesfalls mit den oben beschriebenen Kammern beim Europäischen Gerichtshof selbst zu verwechseln.
[288] Ausführlicher dazu *Hauser, Astrid.* Rolle und Bedeutung des Europäischen Gerichtshofs und des Gerichts erster Instanz vor dem Hintergrund des Vertrags von Nizza und der darauf folgenden Implementierung, Diplomarbeit, Salzburg 2004.

für den öffentlichen Dienst[289] wurde eingerichtet und ein Gemeinschaftspatentgericht soll spätestens bis zum Jahre 2010 geschaffen werden.[290] Weiters ist seit längerem die Errichtung einer gerichtlichen Kammer für Beschwerden gegen Entscheidungen des Harmonisierungsamtes für den Binnenmarkt (Gemeinschaftsmarkengericht) geplant.[291]
Durch die Errichtung dieser gerichtlichen Kammern geht die bisherige Zuständigkeit des Gerichts erster Instanz im ersten Rechtszug auf sie über. Dem Gericht erster Instanz werden die gerichtlichen Kammern beigeordnet, die somit in institutioneller und organisatorischer Hinsicht Teil des Organs „Gerichtshof" sind. Die Rechtsstellung der Mitglieder der gerichtlichen Kammern ist somit jener der Mitglieder des Gerichts erster Instanz angeglichen. Auch die Verfahrensordnung des Gerichts erster Instanz, mit Ausnahme der Bestimmungen über den Einzelrichter, ist, solange die gerichtlichen Kammern keine eigene Verfahrensordnung besitzen, mit anzuwenden. Das Gericht für den öffentlichen Dienst setzt sich gem Art 2 des Anhangs der EuGH-Satzung aus sieben Richtern zusammen, wobei der Rat auf Antrag des Europäischen Gerichtshofs die Zahl mit qualifiziertem Mehrheitsbeschluss erhöhen kann. Die Amtsdauer beträgt sechs Jahre, die Wiederernennung eines ausscheidenden Richters ist zulässig.
Grundsätzlich tagt das Gericht für den öffentlichen Dienst in Kammern mit drei Richtern; das Gericht kann jedoch in bestimmten, in der Verfahrensordnung festgelegten, Fällen als Plenum, als Kammer mit fünf Richtern oder als Einzelrichter tagen, wie es in Art 4 Abs 2 des Anhanges der EuGH-Satzung regelt ist.
Das Verfahren ist grundsätzlich gem Art 7 Abs 1 des Anhanges der EuGH-Satzung jenem nach Titel III der EuGH-Satzung, mit Ausnahme der Art 22 und 23 der EuGH-Satzung, gleich. Sollte es erforderlich sein, so kann es durch eine eigene Verfahrensordnung der gerichtlichen Kammern selbst ergänzt werden. Schließlich regelt Art 9 des Anhanges der EuGH-Satzung, dass das Gericht erster Instanz gegen folgende Entscheidungen als erste Rechtsmittelinstanz angerufen werden kann: Gegen Entscheidungen, die über einen Teil des Streitgegenstandes ergangen sind oder gegen Entscheidungen, die einen Zwischenstreit beenden, der eine Einrede der Unzuständigkeit oder Unzulässigkeit zum Gegenstand hat.

Das Gerichtssystem auf europäischer Ebene besteht somit seit dem Inkrafttreten des Vertrags von Nizza aus drei Ebenen, wobei jedoch keine der Ebenen bereits einen Zugang auf mitgliedstaatlicher Ebene – im Sinne dessen, dass ein europäisches Gericht für europarechtliche Streitfragen in jedem Mitgliedstaat institutionalisiert wäre – gewährleistet. Das europäische Recht wird von den mitgliedstaat-

[289] Beschluss des Rates vom 2. November 2004 zur Errichtung des Gerichts für den öffentlichen Dienst der Europäischen Union, Abl 2004 L 333, 7 vom 9. November 2004
[290] KOM 2003, 828 endg.
[291] Schweitzer/Hummer/Obwexer (2007), 156

lichen Organen direkt angewendet, wobei es jedoch nur im Rahmen des Vorabentscheidungsverfahrens zu einer Vorlage vor dem Europäischen Gerichtshof kommt.[292]

4.1.1.2. Aufbau, Organisation und Zusammensetzung des U. S. Supreme Court

Der U. S. Supreme Court ist das oberste Bundesgericht der Vereinigten Staaten von Amerika, dessen verfassungsrechtliche Grundlagen Art III § 1 US-Verfassung wiedergibt. Aber selbst für die, nicht zuletzt wegen ihrer Kürze bekannte, amerikanische Verfassung sind Hinweise auf die Stellung oder die Aufgabe der Judikative ausgesprochen dürftig. Nur die Institution des Supreme Court selbst ist garantiert. So liegt beispielsweise die Errichtung weiterer unterinstanzlicher Gerichte im Ermessen des Kongresses, sodass im weiten Umfang die Gerichtsverfassung in den Kompetenzbereich dieses Organs fällt.

In der US-Verfassung ist der Supreme Court somit das einzige Bundesgericht, dessen Bestand verfassungsrechtlich garantiert ist. Das Gericht besteht aus einer von der Verfassung nicht vorgeschriebenen Anzahl von Richtern, sodass diese mehrfach geändert worden ist: Zunächst beschloss der Kongress eine Anzahl von sechs Richtern, 1863 kam es zu einer Erweiterung auf zehn, 1869 wurde sie gesetzlich mit neun festgeschrieben. Bei dieser gewissermaßen sakrosankt gewordenen Zahl ist es auch geblieben. Es wird zwar allgemein anerkannt, dass die Zahl der Richter viel zu niedrig ist, aber die politischen Parteien konnten sich noch nicht auf eine angemessene Ausdehnung der Zahl der Richter einigen.[293]
An der Spitze des Richterkollegiums steht ein *Chief Justice* (Präsident), der von acht gleichrangigen *Associate Justices* (Beisitzer) unterstützt wird. Sowohl der *Chief Justice* als auch die *Associate Justices* werden vom Präsidenten mit Zustimmung des Senats auf Lebenszeit (*tenure*) ernannt. Ihre Ernennung darf *„during good Behaviour“*[294] nicht zurückgenommen werden. Dies bedeutet, dass Höchstrichter nur wegen schwerwiegender Vergehen und Verbrechen aus ihrem Amt entlassen werden können, wobei es einer Zweidrittelmehrheit des Senates aufgrund einer Anklage des Repräsentantenhauses bedarf. Das Verfahren zur Amtsenthebung ist – ebenso wie etwa beim Präsidenten – das *Impeachment* Verfahren, welches nur bei *high crimes* und *misdemeanours* – worunter nach dem Gesetz oder *Common Law* strafbare Handlungen oder ein sonstiges, mit der Würde des Richters unvereinbares Verhalten verstanden wird – eingeleitet werden

[292] Zu den einzelnen Verfahrensarten und Kompetenzbestimmungen ausführlich in Kapitel 4.1.2.
[293] Parker 1963, 44
[294] Art III § 1 US-Verfassung

kann.[295] Im Laufe der Geschichte des U. S. Supreme Court gab es nur wenige *Impeachment* Verfahren, wobei sich die meisten Richter dem Verfahren durch ihr freiwilliges Ausscheiden entzogen. Besonders erwähnenswert ist jenes gegen *Justice* Samuel Chase 1804 eingeleitete *Impeachment* Verfahren, weil es den ersten und einzigen Versuch des Kongresses darstellt, sich eines politisch missfallenen Richters durch *Impeachment* zu entledigen. Der Fall ereignete sich während der Präsidentschaft Jeffersons, dessen Anhänger mit offenem Zynismus zum Ausdruck brachten, dass das *Impeachment* Verfahren nichts anderes als ein Mittel des Kongresses sein sollte, die betreffende Stelle neu zu besetzen. Chases Freispruch durch den Senat, infolge einer Spaltung der Mehrheit, stellte ein für allemal klar, dass die richterliche Unabhängigkeit auch und gerade dem Kongress gegenüber nicht zum Spielball der Politik gemacht werden dürfe.[296]
Eine Befähigungsvoraussetzung für die Ernennung zum Höchstrichter fehlt in der Verfassung oder anderen gesetzlichen Bestimmungen. Die Wahl der Richter ist bestimmt durch den politischen Willen des jeweiligen Präsidenten, die Entscheidungen des Gerichts in seinem Sinne zu beeinflussen. Sie ist nicht nur als Ausgangspunkt für das jeweilige Verhältnis des Gerichts zum Gewaltenteilungsprinzip zu sehen, sondern gerade in den letzten Jahren[297] zu einem politischen Ereignis geworden, das in dieser Form nur schwer mit besonderen Kontrollfunktionen, welche ein Höchstgericht ausüben soll, vereinbar scheint.[298] Die besondere Bedeutung der Richterernennung wird vor allem deutlich, wenn man den extremen Einfluss mancher Richter auf ganze Rechtsprechungslinien betrachtet, was vor allem auf die Ernennung auf Lebenszeit zurückzuführen ist. Das meist zitierte Beispiel in diesem Zusammenhang ist die Ernennung des *Chief Justice* John Marshall 1801, welcher in den gut 34 Jahren seiner Amtszeit wie kein anderer vor oder nach ihm die Position des Supreme Court im System der Gewaltenteilung bestimmt hat.[299] Neben diesem Einfluss auf ganze Rechtsprechungslinien prägen Richter anhand ihrer Jurisdiktion zu wichtigen sozialen und ethnischen Fragen auch das öffentliche Leben bis zu einem bestimmten Grad mit. Laurence Tribe untersuchte in seinem Werk *„God Save This Honorable Court“* die Nominierungen zum U. S. Supreme Court im Zeitraum von 1789 bis 1984 und stellte fest, dass die Supreme Court Richter einen erheblichen Einfluss

[295] Löwenstein 1959, 415
[296] Löwenstein 1959, 415
[297] Hinzuweisen wäre dabei etwa auf die im Oktober 2005 erfolgte Nominierung Harriet Miers, welche als enge Vertraute und Rechtsberaterin von Georg W. Bush gilt. Diese Nominierung stieß auf starke Ablehnung, zumal Harriet Miers keinerlei richterliche Erfahrung aufweisen konnte. Mit dem Tod von *Chief Justice* William Rehnquist sowie dem Ausscheiden der moderat-konservativen Sandra Day O'Connor bot sich für Georg Bush die zuletzt seltene Chance, zwei Posten neu zu besetzen und damit das Gremium auf lange Sicht im Sinne seiner Politik zu beeinflussen.
[298] Stoevesandt 1999, 25
[299] Stoevesandt 1999, 25 f

auf das amerikanische Leben ausübten: „*Those who are chosen to sit on the Supreme Court of the United States do more than fix its course as an institution: they exert a powerful, if often unseen and rarely understood, impact on nearly every aspect of our lives.*“[300]
Historisch gesehen wurde bei der Ernennung der Richter zum Höchstgericht informell auf regionale und ethnische Repräsentation geachtet. Regionale Aspekte wurden bei der Auswahl der Richter miteinbezogen, um die Akzeptanz der Rechtsprechung leichter gewährleisten zu können. Die regionale Repräsentation lässt sich auf das *circuit riding*, bei dem die Höchstrichter mit regionalen Richtern gemeinsam die Berufungsinstanz ad hoc stellten, zurückführen. Obgleich dieses System aufgegeben wurde, versuchte man weiterhin, die Zusammensetzung des Höchstgerichts derart zu gestalten, dass alle wichtigen Regionen des Landes im Höchstgericht repräsentiert sind. Heute fließen vor allem auch ethnische und religiöse Überlegungen mit ein.
In Art III § 1 US-Verfassung ist noch festgehalten, dass das Gehalt für alle Bundesrichter nicht verringert werden darf, um die Unabhängigkeit der Richter zu sichern.

Gemeinsam bilden die neun Richter den Spruchkörper des U. S. Supreme Court. Der U. S. Supreme Court tagt nicht ständig, sondern in Sitzungsperioden, welche grundsätzlich von Oktober bis Mai dauern, aber durch die Geschäftslast bedingt, auch bis Juni gehen können. Die Mindestanzahl der an einem Fall beteiligten Richter (*quorum*) ist sechs, doch wird in der Regel die volle Zahl von neun Richtern erreicht. Eine Ausnahme stellt jener Sonderfall dar, bei welchem ein Richter sich wegen einer vorherigen Beteiligung an der Causa, etwa als *Attorney General* oder *Solicitor General* in den Vorinstanzen, für befangen erklärt. Ist die Stimmenanzahl der abstimmenden Richter gleich, so kann eine neue Verhandlung angeordnet werden. Kommt es im Falle einer Revision zu einer solchen gleichmäßig geteilten Entscheidung, so bleibt das Urteil der Vorinstanzen aufrecht.[301]
Die Richter am U. S. Supreme Court werden durch *Law Clerks* unterstützt. Bei den *Law Clerks* handelt es sich um Assistenten eines Richters, wobei jeder Richter das Recht hat, bis zu drei eigene Assistenten zu beschäftigen. Ihre Hauptaufgaben bestehen im Verfassen von Memoranden sowie im Suchen von Präzedenzfällen und Hintergrundmaterial. Eine große Einflussnahme auf die Entscheidungsfindung wird ihnen jedoch abgesprochen.[302]

[300] Tribe 1985, 1 zit nach Pilny 1993, 84
[301] Löwenstein 1959, 401
[302] Rohde/Spaeth 1976, 62

Die Bundesgerichtsbarkeit der Vereinigten Staaten[303] besteht insgesamt aus drei Ebenen, wobei nur der U. S. Supreme Court als Höchstgericht verfassungsrechtlich institutionell verankert ist. Der Kongress hat, beginnend mit dem oben genannten ersten *Judiciary Act* 1789, ein inzwischen mehrere Male geändertes Gerichtssystem errichtet, wobei Einzelheiten Titel 28 U. S. C.[304] zu entnehmen sind; derzeit besteht die Bundesgerichtsbarkeit aus 97 erstinstanzlichen *District Courts*[305] und 13 zweitinstanzlichen *Courts of Appeal.*[306] [307] Die *District Courts*, deren konkrete Zuständigkeit in Titel 28 U. S. C. §§ 1331 bis 1359 geregelt ist, sind mit je einem bis zu 18 Richtern besetzt, wobei die Richter grundsätzlich als Einzelrichter fungieren. Die Intention zur Errichtung der *District Courts* lag darin, dass jeder Staat mindestens ein Gericht der ersten Instanz haben sollte, das den Bürgern verhältnismäßig leicht zugänglich ist. Eine Spezialisierung der *District Courts* – etwa in Straf- und Zivilgerichte – gibt es jedoch nicht. Das Amt eines Richters am *District Court* ist wegen seiner Rolle in der Öffentlichkeit sehr begehrt und bildet oft ein Sprungbrett für eine höhere Dienstlaufbahn.[308] An jedem *District Court* ist neben dem Richter noch das übliche Gerichtspersonal, vor allem aber der *United States Marshall* als Vollstreckungsbeamter, beschäftigt. Nur diese erste Instanz ist als eigentlicher *„trial court"* mit der Tatsachenermittlung beauftragt, vernimmt Zeugen und erhebt andere Beweise. Alle anderen Instanzen sind mit der Berufung oder Revision betraut.[309]

Die *Courts of Appeal* gibt es in ihrer Bezeichnung erst seit 1948 und in ihrer heutigen Form seit 1911,[310] sodass ihnen erst ab diesem Zeitpunkt jegliche erstinstanzliche Zuständigkeit entzogen wurde, und sie sich ausschließlich Berufungsfragen widmen können. Sie sind im Gegensatz zur ersten Instanz als Kollegialgerichte konzipiert und bestehen aus je drei bis neun Richter. Die Verhandlung selbst hat vor mindestens zwei Richtern stattzufinden, im Regelfall setzen sie sich aus drei Richtern zusammen; manche Fälle werden vom Plenum (*en*

---

[303] Eine graphische Darstellung der Bundesgerichtsbarkeit ist im Anhang wiedergegeben.

[304] Der United States Code (U. S. C.) wird von der Regierung der Vereinigten Staaten veröffentlicht und ist insgesamt in 50 *titles* eingeteilt, wobei diese wiederum eine Untergliederung in *chapters* und *sections* aufweisen.

[305] Schubert 2000, 145

[306] Schubert 2000, 159

[307] ausführliche Informationen zur Bundesgerichtsbarkeit unter: http://www.uscourts.gov

[308] Löwenstein 1959, 398

[309] Löwenstein 1959, 398

[310] Die *Courts of Appeals* gingen aus den *Circuit Courts of Appeals* hervor. Diese setzten sich aus einem vom U. S. Supreme Court bestimmten Richter sowie Richtern des zuständigen *Circuit Court* zusammen. Sie übten ihre Funktion im Reisen aus (*on circuit*) und trafen sich je nach Bedarf. Behandelt wurden sowohl erstinstanzliche Fälle wie auch ein Teil der Berufungen. Mit der Zeit erwies sich das System als unhaltbar, weil die Geschäftslast des U. S. Supreme Court eine Abstellung seiner wenigen Richter nicht mehr zuließ und auch die Verteilung der erstinstanzlichen Zuständigkeit unter zwei Gerichte zu Schwierigkeiten führte. (Löwenstein 1959, 398)

banc) entschieden. Jeder Staat gehört zu einem Mittelgerichtsbezirk,[311] und die Territorien der Vereinigten Staaten sind gleichfalls einem derselben zugewiesen. Einige dieser mittelinstanzlichen Gerichte genießen ein, dem Obersten Gerichtshof kaum nachstehendes Ansehen, besonders diejenigen in New York und Washington.[312]

Alle oben genannten Gerichte gelten als ordentliche Bundesgerichte, und weil sie direkt bzw. indirekt von der Verfassung eingesetzt werden, bezeichnet man sie auch als *constitutional courts.*[313] Zur Bundesgerichtsbarkeit zählen darüber hinaus auch noch die *legislative courts* sowie die *special courts.* Die Rechtsgrundlage der *legislative courts* beruht nicht auf der Verfassung, sondern auf einem Kongressbeschluss. Bei ihrer Einrichtung hat der Kongress völlig freie Wahl, sodass er ihre materielle Zuständigkeit und ihr Verfahren bestimmen kann. Vor allem im Rahmen des Verfahrens, ob gegen ihre Entscheidung eine Berufung an die ordentlichen Gerichte oder den obersten Gerichtshof zulässig ist.[314] Die Richter besitzen weder eine lebenslängliche Anstellung, noch sind sie gegen eine Herabsetzung ihres Gehalts geschützt.[315] Zu diesen *legislative courts* zählen unter anderem der *Court of Claims*, bei welchem Ansprüche gegen den Fiskus festgestellt werden, der *Tax Court of the United States,* dem verwaltungsgerichtliche Entscheidungen in Steuerfragen obliegen und der *Court of Military Appeals*, welcher für die Überprüfung kriegsgerichtlicher Urteile zuständig ist.[316]

Die Sondergerichte – *special courts* – werden zur Erledigung spezieller gerichtlicher Aufgaben eingerichtet. Sie stehen den ordentlichen *constitutional courts* in keiner Weise nach; ihre Richter werden ebenso vom Präsidenten mit der Zustimmung des Senats auf Lebenszeit ernannt. Als ein Beispiel für ein Sondergericht kann der *Emergency Court of Appeal* genannt werden, wobei dieser jedoch nur zeitlich beschränkt im Jahre 1941 eingerichtet worden ist. Seine Besonderheit bestand darin, dass er in ausschließlicher Zuständigkeit über die Anordnungen der Preiskontrollbehörden zu entscheiden und sie aufzuheben hatte, falls sie gesetzwidrig oder willkürlich waren. In letzter Instanz entschied dann der Oberste Gerichtshof. Somit waren die an sich zuständigen bundesstaatlichen Gerichte im Interesse der Rechtsvereinheitlichung ausgeschaltet, und es war ihnen überdies verboten, die Anordnungen der Preiskontrollbehörden durch einstweilige Verfügungen – so genannte *injunctions* – zu verhindern. Ohne diese Spezialregelung

---

[311] Eine grafische Darstellung der Mittelgerichtsbezirke ist zu finden unter: http://www.uscourts.gov/images/CircuitMap.pdf

[312] Löwenstein 1959, 399

[313] Diese Bezeichnung wird seit der von *Chief Justice* John Marshall verfassten Entscheidung 26 U. S. (1 Pet) 511 (1828) *American Insurance Company v 356 Bales of Cotton* verwendet.

[314] vgl etwa 279 U. S. 438 (1929) *Ex parte Bakelite Corporation*

[315] vgl etwa 141 U. S. 174 (1891) *McAllister v United States* sowie 289 U. S. 553 (1933) *Williams v United States*

[316] Für eine ausführliche Darstellung vgl etwa bei Löwenstein 1954, 404 ff; Schubert 2000, 145 f

wären in der Durchführung der Preiskontrollen anarchische Zustände eingetreten.[317] Der U. S. Supreme Court hielt eine solche Regelung in *Lockerty v Phillips*[318] einstimmig für gut, wobei sogar das Recht der Überprüfung der Verfassungsmäßigkeit solcher Anordnungen in *Yakus v United States*[319] beschränkt wurde. Löwenstein merkt zu den *special courts* an, dass diese Art der Sondergerichte niemals eine große Rolle gespielt hat.[320]
Die einzelnen Bundesgerichte stellten in der Geschichte der Vereinigten Staaten gewissermaßen autonome Einheiten, die ihren Aufgaben in völliger Isolierung voneinander nachgingen – außer wo der Instanzenzug sie hierarchisch zusammenführte – dar. Ein Gesetz aus dem Jahre 1922 brachte eine bessere Verwaltungskoordinierung und Vereinheitlichung der Geschäftsführung mit sich. Damit wurde dem *Chief Justice* des U. S. Supreme Court ein Teil der in Europa dem Justizministerium obliegenden Organisationsaufgaben zugewiesen, wobei er als Leiter der gesamten Bundesjustiz fungiert. Weiters ist noch erwähnenswert, dass die *Federal Judicial Conference* geschaffen wurde. Zusammengesetzt aus dem *Chief Justice* des U. S. Supreme Court und den *Chief Justices* aller *Courts of Appeals,* aus Beamten des *Department of Justice* und Mitgliedern der Justizausschüsse des Kongresses nimmt sie sich vor allem der gleichmäßigen Zuteilung der Richter nach Maßgabe der, bei den einzelnen Gerichten bestehenden, Geschäftslast an und macht im Allgemeinen Vorschläge zur Verbesserung der Justizgebarung. Vom Kongress wurde weiters noch das *Office* der *United States Courts* errichtet, das sich der technischen Bedürfnisse der Bundesgerichte annimmt und auch die Justizstatistiken führt, die dem *Chief Justice* eine Beurteilung der Geschäftslast der einzelnen Gerichte ermöglichen. Diese Funktionen waren herkömmliche Aufgaben des Justizministeriums.[321] Das Justizministerium wurde in den Vereinigten Staaten von Amerika im Jahre 1870 gegründet und hat sich seither, trotz seines verhältnismäßig kleinen Beamtenstabs, zu einem der wichtigsten *Departments* entwickelt. An seiner Spitze steht der *Attorney General,* welcher der hauptsächliche Rechtsberater des Präsidenten ist. Das Justizministerium überwacht die Durchführung der bundesstaatlichen Gesetze sowie die Vollstreckung der bundesgerichtlichen Urteile. Somit wurde eine über 100 Jahre lang währende Lücke geschlossen, weil die Bundesgerichte an sich keine Möglichkeit hatten, ein bundesgerichtliches Urteil gegen eine unwillige Partei durchzusetzen. Der jedem Bundesgericht beigeordnete *United States Marshall* ist, neben seiner Aufgabe als Zustellungsbeamter, im Wesentlichen auf den Vollzug der Gerichtsurteile in Strafsachen beschränkt. Während die unter der Staatenzuständigkeit Verdächtigen oder von Staatengerichten Verurteilten nur aufgrund eines Auslieferungsver-

[317] Löwenstein 1959, 407
[318] 319 U. S. 182 (1942)
[319] 321 U. S. 414 (1944)
[320] Löwenstein 1954, 407
[321] Löwenstein 1959, 407 f

fahrens dem sie beanspruchenden Staat überstellt werden können, kann ein unter den Bundesgesetzen Verfolgter vom *U. S. Marshall* in jedem Staat, gegebenenfalls mit Hilfe der lokalen Polizeibehörden, festgenommen werden. Darüber hinaus müssen sich aber die Bundesgerichte zur Urteilsvollstreckung auf die Exekutivgewalt berufen, wofür das *Department of Justice* zuständig ist.[322] Zu den weiteren Aufgaben des *Department of Justice* gehört auch die Vertretung der Vereinigten Staaten von Amerika vor den Gerichten: dabei werden die Juristen meist vom *Solicitor General* und seinen Beamten ausgesucht. Dem *Attorney General* sind die Bundesstaatsanwälte, die bei jedem *District Court* fungieren, untergeordnet, ihm verantwortlich und erhalten von ihm ihre Weisungen. Von der Energie und Erfahrung des *Attorney General* und seinen Beamten hängt die Durchführung der Gesetze und der Gehorsam gegenüber den Urteilen der Bundesgerichte im weitem Maße ab. In besonders gelagerten Fällen, vor allem wenn Einzelstaaten nicht die Urteile vollziehen wollen, ist es letztendlich der Präsident, der die Urteilserzwingung durchführen muss.[323]

Neben der Bundesgerichtsbarkeit besteht im Sinne eines dualistischen Systems eine eigene, nicht immer ganz einheitliche, Gliedstaatengerichtsbarkeit, an deren Spitze als oberste Instanz zumeist ein *State Supreme Court* steht.[324] Sie sind institutionell unabhängig von den Bundesgerichten und nicht in der Bundesverfassung geregelt. Stark vereinfacht[325] lässt sich der Aufbau der Gliedstaatengerichtsbarkeit als vierstufig bezeichnen, wobei sich auf der ersten Ebene Gerichte mit speziellen – entweder rechtsspezifischen oder auf Bagatellsachen beschränkte – Zuständigkeiten finden. Über diesen stehen Gerichte mit allgemeiner oder unbeschränkter Zuständigkeit, die auch als – oft letztinstanzliche – Berufungsgerichte für die erstgenannten Spruchkörper fungieren. Auf der dritten Stufe stehen untere Rechtsmittelgerichte. Erst die vierte und letzte Instanz bilden die Landesverfassungsgerichte.[326]
Somit besteht in den Vereinigten Staaten von Amerika ein paralleles Gerichtssystem von gliedstaatlichen und bundesstaatlichen Gerichten. Grundsätzlich ist es Sache der einzelstaatlichen Gerichte, staatliches Recht anzuwenden, während Bundesgerichte über Fragen des Bundesrechts zu entscheiden haben. Je nach

---

[322] Löwenstein 1959, 408 f
[323] Löwenstein 1959, 409
[324] Die Bezeichnung der Gerichte in den Gliedstaaten ist nicht einheitlich. Denn so handelt es sich beispielsweise bei einer Entscheidung des Supreme Court in New York nicht um ein höchstgerichtliches Urteil, sondern um eine erstinstanzliche Entscheidung, weil der Terminus *supreme* sich nicht auf den Instanzenzug, sondern auf die umfassende Zuständigkeit bezieht und soviel wie *Court of general jurisdiction* bedeutet. (vgl Blumenwitz 1998, 30 mit weiteren Hinweisen)
[325] Für eine ausführliche Darstellung vgl etwa *Marks*, *Thomas/John Cooper*. State Constitutional Law, Minnesota 1988.
[326] Brugger 1993, 13 f

Rechtsmaterie wird ein Rechtsstreit der staatlichen oder der bundesstaatlichen Jurisdiktion unterstellt.

4.1.1.3. Vergleich des Aufbaus, der Organisation und der Zusammensetzung beider Höchstgerichte

Auf den ersten Blick erscheinen beide Gerichtssysteme völlig unterschiedlich zu sein und scheinen keinerlei Gemeinsamkeiten aufzuweisen. In Europa wird das Gemeinschaftsrecht von den mitgliedstaatlichen Organen vollzogen, einen direkten Instanzenzug im Wege eines Rechtsmittelverfahrens hin zum Europäischen Gerichtshof gibt es nicht.[327]
In den Vereinigten Staaten von Amerika liegt hingegen ein ausdifferenziertes dreigliedriges System der Bundesgerichtsbarkeit vor, bei welchem die *District Courts* bereits erstinstanzlich in einem Mitgliedstaat Bundesrecht anwenden und im Instanzenzug bis zum U. S. Supreme Court gelangen können. Die bundesstaatlichen Gerichte handeln somit neben den staatlichen.
In der Europäischen Union liegt ein derart ausdifferenziertes Gerichtssystem bisher nicht vor. Doch sind durch den Vertrag von Nizza erste Schritte hin zu einer Gliederung des europäischen Gerichtssystems bereits erkennbar. Mit der Einführung der spezialisierten Kammern wird es in einigen wenigen Bereichen bereits drei Instanzen geben. Dies ist ein erster Schritt hin zu einem mehrgliedrigen System, wenngleich es noch sehr lange nicht dieselbe ausdifferenzierte Gerichtsbarkeit wie in den Vereinigten Staaten von Amerika ist.

Bei näherer Betrachtung sind einzelne Parallelen erkennbar: Im Rahmen der Richterernennung spielen ähnliche Beweggründe eine Rolle: Der Grundsatz „ein Mitgliedstaat, ein Richter“ soll sicherstellen, dass am höchsten Gemeinschaftsgericht die Rechtssysteme aller Mitgliedstaaten repräsentiert werden. Im Telos soll die Entsendung eines Richters pro Mitgliedstaat dazu beitragen, durch den Gedanken der Repräsentation die Akzeptanz der Urteile bei den Mitgliedstaaten zu erhöhen. Von denselben Überlegungen ging man auch bei der Besetzung des U. S. Supreme Court zu Beginn seiner Tätigkeit aus, indem man sich informell einigte, dass regionale Aspekte bei der Ernennung mitberücksichtigt würden. So wurde versucht, Richter aus den verschiedenen Distrikten zu ernennen, um die Akzeptanz der Rechtsprechung zu erhöhen. Traditionelle Normen einer regionalen und ethnischen Repräsentation beim Supreme Court sind heute noch verankert.
Am U. S. Supreme Court sind vergleichsweise wenig Richter – eine Anzahl von neun Richtern ist derzeit gesetzlich festgelegt – tätig. Bedenkt man jedoch, dass die 27 Richter am Europäischen Gerichtshof gemeinsam nur im Rahmen von Plenarentscheidungen, welche die große Ausnahme bilden, tätig werden und im Re-

---

[327] Zur Möglichkeit des Vorabentscheidungsverfahrens gleich in Kapitel 4.1.2.

gelfall in Kammern zu drei, fünf oder in der „Großen Kammer“ zu 13 Richtern tagen, ist dieser Unterschied nicht ausschlaggebend. Beide Institutionen entscheiden in einem möglichst effizienten Gremium. Ein großer Unterschied liegt in der Amtszeit der Richter, wobei ein Richter am Europäischen Gerichtshof zunächst auf sechs Jahre mit der Möglichkeit der Wiederwahl bestellt, ein Richter am U. S. Supreme Court aber auf Lebenszeit ernannt wird. Die Qualifikation der Richter wird im Europäischen Gemeinschaftsvertrag durch bestimmte Anforderungen geregelt, während die amerikanische Verfassung diesbezüglich keine Regelungen vorsieht, sodass – wie das jüngste Beispiel von Harriet Miers zeigte – jemand, der keinerlei richterliche Erfahrung nachweisen kann, aus rein politischen Gründen zum Höchstrichter vorgeschlagen wird. Die Intention, auf diese Weise die höchstgerichtliche Rechtsprechung längerfristig zu beeinflussen, hat sich in der Europäischen Union bis zum jetzigen Zeitpunkt nicht entwickelt.
Die Institution der Generalanwälte gibt es in den Vereinigten Staaten von Amerika nicht, wobei jedoch auf ähnliche Weise zur Unterstützung der Richter *Law Clerks* am U. S. Supreme Court angestellt sind.

4.1.2. Kompetenzen als Grenzen der Rechtsprechungstätigkeit: Zuständigkeit, Verfahrensarten und -voraussetzungen

Die Rechtsprechungskompetenz eines Höchstgerichts zeigt seine Möglichkeit, auf die Integration Einfluss zu nehmen, weist jedoch auch auf die Grenzen der richterlichen Gewalt hin.[328] Die Grenzen können unter anderem darin gesehen werden, dass ein Höchstgericht als eine neutrale richterliche Instanz keine Befugnis zur direkten Gestaltung des politischen Lebens hat – es kann im Regelfall nur auf Antrag einer Streitpartei tätig werden.

Im Rahmen der Kompetenzen werden in der Literatur zu den beiden Höchstgerichten verschiedene Zugänge gewählt. So wird etwa beim Europäischen Gerichtshof ein sehr starkes Gewicht auf die verschiedenen Verfahrensarten gelegt, beim U. S. Supreme Court stehen nicht die Verfahrensarten per se im Vordergrund, sondern vor allem jenes Verfahren, nach welchem 90 Prozent der Fälle beim Höchstgericht durchgeführt werden: das *certiorari*-Verfahren. Deshalb wird der Aufbau der folgenden zwei Kapitel in der Gewichtung dementsprechend abweichen.

[328] vgl etwa Sander 1998, 52

4.1.2.1. Kompetenzen des Europäischen Gerichtshofs

Innerhalb der Europäischen Union gilt das Prinzip der *obligatorischen und umfassenden* Gerichtsbarkeit,[329] wobei diese Gerichtsbarkeit, dem, seine Tätigkeit ständig ausübenden, Europäischen Gerichtshof sowie dem Gericht erster Instanz obliegt. Sie haben die Aufgabe, die Wahrung des Rechts bei der Auslegung und Anwendung des EGV sowie – in beschränktem Umfang – des EUV zu sichern.[330] Der Europäische Gerichtshof unterliegt bei seiner Nachprüfungsbefugnis von Rechtsfragen keinen Beschränkungen und besitzt das *Auslegungsmonopol* für das Gemeinschaftsrecht, die erste Säule. Der Gerichtshof kann jedoch nur im Rahmen seiner Verfahrensarten tätig werden, wodurch diese Verfahrensarten gleichzeitig auch eine Begrenzung seiner Machtfülle darstellen.

Die Kompetenzen des Europäischen Gerichtshofs, deren Ausdehnung vor allem aus der Erweiterung und Vertiefung der vergemeinschafteten Politikfelder durch Vertragsrevisionen resultieren, sind in Art 46 EUV geregelt. Demnach ist der Gerichtshof für die vergemeinschafteten Politiken in der ersten Säule, für die Polizeiliche und Justizielle Zusammenarbeit in Strafsachen in der dritten Säule, für die Regelungen über die verstärkte Zusammenarbeit sowie für die Schlussbestimmungen des EUV zuständig. Keine Kompetenz kommt dem Europäischen Gerichtshof in der zweiten Säule, der Gemeinsamen Außen- und Sicherheitspolitik, zu.
Die Verfahren vor dem Europäischen Gerichtshof können sowohl in verfassungsrechtliche als auch in verwaltungsrechtliche eingeteilt werden,[331] sodass der Europäische Gerichtshof sowohl als oberstes Verfassungs- als auch Verwaltungsgericht bezeichnet werden kann. Zu seinen verfassungsrechtlichen Agenden zählen Streitigkeiten zwischen den Mitgliedstaaten, Streitigkeiten zwischen einem Mitgliedstaat und einem supranationalen Organ sowie Streitigkeiten zwischen den supranationalen Organen selbst. Die verwaltungsrechtlichen Agenden lassen sich in Streitigkeiten zwischen supranationalen Organen und natürlichen oder juristischen Personen und in Streitigkeiten zwischen den supranationalen Organen und ihren Bediensteten unterscheiden.[332]
Die Klagslegitimation[333] vor dem Europäischen Gerichtshof lässt sich wiederum in eine aktive und in eine passive Klagsberechtigung unterteilen. Dabei muss bei der aktiven zwischen einer privilegierten und einer nicht privilegierten unterschieden werden. Mit der privilegierten Klagslegitimation ist gemeint, dass Maß-

[329] vgl Fischer/Köck/Karollus 2002, Rz 1361
[330] Art 220 EGV und Art 46 EUV
[331] Diese Art der Kategorisierung ist auf die Person des Klägers zurückzuführen.
[332] Fischer/Köck/Karollus 2002, Rz 1368
[333] Die Klagslegitimation bringt zum Ausdruck, ob eine Partei vor einem Gericht als Kläger zugelassen ist beziehungsweise vor einem Gericht geklagt werden kann.

nahmen bereits bei Vorliegen einer bloß objektiven Gemeinschaftsrechtsverletzung bekämpft werden können, sodass ein spezifisches Rechtsschutzinteresse oder individuelle Betroffenheit nicht erforderlich sind. Generell gilt jedoch, dass eine Partei, wenn sie vor dem Europäischen Gerichtshof klagen will, unmittelbar und individuell betroffen sein und das Verfahren im persönlichen Interesse liegen muss.

Die Hauptverfahrensarten[334] vor dem Europäischen Gerichtshof sind das Vertragsverletzungsverfahren, die Nichtigkeitsklage, die Untätigkeitsklage und das Vorabentscheidungsverfahren, wobei dem Vorabentscheidungsverfahren die bedeutendste Rolle innerhalb der Verfahrensarten zukommt; auf dieses Verfahren wird deswegen auch ausführlicher eingegangen. Daneben ist der Europäische Gerichtshof als Rechtsmittelinstanz bei einem, auf Rechtsfragen beschränktem, Rechtsmittel gegen Entscheidungen des Europäischen Gerichts erster Instanz zuständig.

Das *Vertragsverletzungsverfahren*, geregelt in den Art 226 ff EGV, ist als objektives Rechtsschutzverfahren konzipiert und dient dazu, die Gemeinschaftskonformität mitgliedstaatlichen Handelns zu gewährleisten. Einseitige nationale Ausgleichs- und Abwehrmaßnahmen bei Missachtung gemeinschaftlicher Vorschriften durch einen anderen Mitgliedstaat können durch den Gerichtshof für unzulässig erklärt werden. Das Verfahren kann von der Kommission[335] oder einem anderen Mitgliedstaat eingeleitet werden. Als Vertragsverletzung kommen sowohl ein Verstoß durch nationale Exekutivbehörden, als auch durch nationale Parlamente und innerstaatliche Gerichte in Betracht.[336] Obwohl der Vertragstext von „Verpflichtungen aus diesem Vertrag" spricht, wendet der Gerichtshof entgegen dem Wortlaut sowohl das Primär- als auch das Sekundärrecht als Prüfungsmaßstab an.[337]
Die Gemeinschaftsrechtsverletzung kann nicht nur aus einem aktiven mitgliedstaatlichen Tun, sondern auch aus einem mitgliedstaatlichen Unterlassen resultieren, wobei der bedeutendste Fall einer Vertragsverletzung durch Unterlassen in der Nichtumsetzung einer Richtlinie innerhalb der dafür vorgesehenen Frist besteht.[338]
Die *Nichtigkeitsklage*, geregelt in Art 230 f EGV, zielt auf die Nichtigkeitserklärung von verbindlichen Rechtshandlungen ab, wobei je nach Erlass des

---

[334] Besonders anschaulich in *Hackenberg/Stix-Hackl*. Handbuch zum Verfahren vor dem Europäischen Gerichtshof, Wien 2005, Band 1, 37 ff.
[335] Die Kommission kann somit ihrer in Art 211 EGV festgelegten Aufgabe als „Hüterin der Verträge" gerecht werden.
[336] Karpenstein/Karpenstein in Grabitz/Hilf (14. EL Oktober 1999), Art 226 Rz 18 ff
[337] Karpenstein/Karpenstein in Grabitz/Hilf (14. EL Oktober 1999), Art 226 Rz 14
[338] Fischer/Köck/Karollus 2002, Rz 1373

Rechtsaktes der Rat, das Europäische Parlament, die Kommission, die Europäische Zentralbank oder – bei gemeinsamem Erlass – Organe auch verbunden geklagt werden können. Die Nichtigkeitsklage kann von jedem Mitgliedstaat, dem Rat, der Kommission, dem Europäischen Parlament, dem Rechnungshof, der Europäischen Zentralbank oder von natürlichen beziehungsweise juristischen Personen erhoben werden. Die beiden letztgenannten können nur dann Klage erheben, wenn sie ein eigenes Rechtsschutzinteresse nachweisen können. Die Nichtigkeitsklage ist gegen alle Handlungen, die dazu bestimmt sind, Rechtswirkungen zu erzeugen, ohne Unterschied ihrer Rechtsnatur oder Form zulässig. Nichtigkeitsgründe sind nach Art 230 Abs 2 EGV Unzuständigkeit, Verletzung wesentlicher Formvorschriften, Verletzung des EGV oder einer bei seiner Durchführung anzuwendenden Rechtsnormen und Ermessensmissbrauch. Kommt es zur Nichtigkeitserklärung einer Rechtsnorm, so wirkt dies grundsätzlich erga omnes – gegen alle – und ex tunc – rückwirkend.[339]

Die *Untätigkeitsklage*, geregelt in Art 232 EGV, zielt auf die Feststellung der pflichtwidrigen Untätigkeit eines Gemeinschaftsorgans ab. Die Mitgliedstaaten, die Gemeinschaftsorgane[340] sowie natürliche und juristische Personen können ein Nichthandeln des Europäischen Parlaments, des Rats, der Kommission sowie der Europäischen Zentralbank rügen. Die Europäische Zentralbank kann die Untätigkeit jedoch nur „in ihrem Zuständigkeitsbereich", natürliche und juristische Personen nur bei „individuellem Bezug" bekämpfen. Das Klagebegehren besteht in der Feststellung des Gerichtshofs, dass das Unterlassen eines Beschlusses durch ein Gemeinschaftsorgan gegen das Gemeinschaftsrecht verstößt. Voraussetzung ist allerdings, dass es sich um Maßnahmen handelt, deren „*Tragweite sich hinreichend bestimmen lassen, sodass sie konkretisiert werden und Gegenstand eines Vollzugs im Sinne von Art 233 EGV sein können*".[341] Wenn es zu einem stattgebenden Urteil des Gerichtshofs kommt, kann er feststellen, dass es zu einer Vertragsverletzung seitens des beklagten Organs gekommen ist, er kann das betroffene Organ jedoch weder zum Erlass des unterlassenen Rechtsakts verurteilen, noch den betreffenden Rechtsakt selbst erlassen. Eine positive Handlungspflicht des beklagten Organs ergibt sich aus Art 233 EGV, wobei nach der Rechtsprechung des Europäischen Gerichtshofs die entsprechende Maßnahme innerhalb einer angemessenen Frist ergriffen werden muss.

---

[339] Fischer/Köck/Karollus 2002, Rz 1409
[340] Nicht jedoch der Wirtschafts- und Sozialausschuss sowie der Ausschuss der Regionen.
[341] Rs 13/83, EuGH vom 22. Mai 1985, *Parlament v Rat*, Slg 1985, 1513, Rz 34

Das *Vorabentscheidungsverfahren*, geregelt in Art 234 EGV,[342] ist das wichtigste und häufigste Verfahren vor dem Europäischen Gerichtshof. Beim Verfahren nach Art 234 EGV wird über die Auslegung und Gültigkeit des Gemeinschaftsrechts in Rechtsstreitigkeiten, die von nationalen Gerichten vorgelegt werden, judiziert. Dabei wird vom Europäischen Gerichtshof nur über die gestellte Rechtsfrage hinsichtlich der Anwendbarkeit des Gemeinschaftsrechts geurteilt, nicht aber über den nationalen Rechtsstreit selbst.

Die Funktion und die Bedeutung des Verfahrens wird noch deutlicher, wenn bedacht wird, dass das Gemeinschaftsrecht über weite Strecken von den zuständigen Behörden der Mitgliedstaaten einschließlich der nationalen Gerichte vollzogen wird, und diese somit im Sinne eines *dedoublement fonctionnel* tätig werden.[343] Der dezentralisierte beziehungsweise nationale Vollzug birgt die Gefahr eines divergierenden oder konfligierenden Verständnisses der gemeinschaftsrechtlichen Normen in sich. Somit ist das Vorabentscheidungsverfahren besonders für die einheitliche Auslegung und Anwendung des Gemeinschaftsrechts von essenzieller Bedeutung. Es gewährleistet, dass *„das vom Vertrag geschaffene Recht wirklich gemeinsames Recht bleibt. Er* [Art 234 EGV, Anm. d. Verf] *soll gewährleisten, dass dieses Recht in allen Mitgliedstaaten der Gemeinschaft immer die gleiche Wirkung hat. Auf diese Weise soll er* [Art 234 EGV, Anm. d. Verf] *unterschiedliche Auslegungen des Gemeinschaftsrechts verhindern, das die nationalen Gerichte anzuwenden haben* [...]".[344] Darüber hinaus ergänzt das Vorabentscheidungsverfahren den Rechtsschutz für Individuen, denen der Weg über direkte Klagen – Vertragsverletzungsverfahren, Nichtigkeitsklage, Untätigkeitsklage – nur im eingeschränkten Ausmaß zugänglich ist, wobei jedoch die Einschränkung besteht, dass die Entscheidung über die Vorlage an den Europäischen Gerichtshof beim nationalen Richter bleibt.[345] Die Frage der Vorlagepflicht ist relativ unproblematisch zu beantworten: Vorlage*berechtigt* sind alle Gerichte der Mitgliedstaaten, zu denen auch streitentscheidende Stellen außerhalb der staatlichen Gerichtsbarkeit gehören.[346] Vorlage*pflichtig* sind all jene Gerichte, deren Entscheidungen nicht mehr mit Rechtsmitteln innerstaatlichen Rechts bekämpft werden können. Ausnahmsweise sind die Gerichte von ihrer Vorlagepflicht be-

---

[342] Neben dieser grundlegenden Vorschrift bestehen in Art 68 EGV Sonderregelungen für das Vorabentscheidungsverfahren im Bereich Visa, Asyl, Einwanderung und andere Politiken betreffend den freien Personenverkehr und in Art 35 Abs 1 EUV eine Sonderkompetenz für den Bereich der PJZS.

[343] Fischer/Köck/Karollus 2002, Rz 1425

[344] *Rheinmühlen-Düsseldorf v Einführ- und Vorratsstelle für Getreide und Futtermittel* (Rs 166/73, EuGH vom 16. Jänner 1974, Slg 1974, 33)

[345] Craig/de Burca 2002, 453

[346] Eine Ausnahme dazu normiert Art 68 Abs 1 EGV: In den Bereichen Visa, Asyl, Einwanderung und andere Politiken betreffend den freien Personenverkehr ist die Vorlagemöglichkeit unterinstanzlicher Gerichte ausgeschlossen.

freit, wenn bereits eine ausreichend gesicherte Rechtsprechung besteht,[347] oder – nach der *Acte-clair* Doktrin – wenn *„keinerlei Raum für vernünftigen Zweifel an der Gültigkeit oder der Auslegung des einschlägigen Gemeinschaftsrechts bestehen könne"*.[348] Mag diese Ausnahme auf den ersten Blick sehr großzügig erscheinen, so legt der Europäische Gerichtshof einen sehr strengen Maßstab an das Kriterium der Offenkundigkeit an. Um von einer Vorlage absehen zu können, muss das nationale Gericht davon überzeugt sein, dass auch für die Gerichte der übrigen Mitgliedstaaten sowie den Gerichtshof ebensolche Gewissheit hinsichtlich der Auslegung bestünde.[349]
Der Europäische Gerichtshof hat nicht die Möglichkeit, eine Vorlage durch ein nationales Gericht zu erzwingen. Dies verdeutlicht, dass der Europäische Gerichtshof stark auf die Mitwirkung der nationalen Gerichte angewiesen ist.

Gegenstand des Verfahrens können sowohl Auslegungs- als auch Gültigkeitsfragen sein. Von der Auslegungskompetenz erfasst sind das gesamte geschriebene und ungeschriebene Primärrecht sowie das gesamte Sekundärrecht. Gültigkeitsfragen können sich hingegen nur auf die Gültigkeit von Handlungen gemeinschaftlicher Organe beziehen und betreffen somit immer nur das Sekundärrecht.[350]

Die Rechtswirkungen des Vorabentscheidungsverfahrens sind mannigfaltig.[351] Zum einen bindet das Urteil im Ausgangsverfahren das vorlegende nationale Gericht und alle anderen Gerichte, die mit diesem Rechtsstreit, wenngleich auch in anderen Instanzen, beschäftigt sind (*erga-partes-Wirkung*). Sie haben das Urteil ihrer eigenen Entscheidung zu Grunde zu legen. Für alle anderen Gerichte ist ein Vorabentscheidungsverfahren dann verbindlich (*erga-omnes-Wirkung*), wenn es eine Ungültigkeitserklärung eines Gemeinschaftsrechtsakts beinhaltet. De facto erlangen die Auslegungsurteile des Europäischen Gerichtshofs Präjudizwirkung,[352] da sich die Instanzgerichte im Regelfall an den höherinstanzlichen

---

[347] vgl Rs 28-30/62, EuGH vom 27. März 1963, *Da Costa & Schaake NV, Jacob MeijerNV, Hoechst-Holland NV v Niederländische Finanzverwaltung*, Slg 1963, 31 sowie Rs 283/81, EuGH vom 6. Oktober 1982, *Srl C.I.L.F.I.T. und Lanificio di Gavardo SpA v Ministero della sanità*, Slg 1981, 3415

[348] Rs 283/81, EuGH vom 6. Oktober 1982, *Srl C.I.L.F.I.T. und Lanificio di Gavardo SpA v Ministero della sanità*, Rz 16

[349] Fischer/Köck/Karollus 2002, Rz 1447

[350] Fischer/Köck/Karollus 2002, Rz 1429 ff

[351] vgl ausführlich *Schima, Bernhard*. Das Vorabentscheidungsverfahren vor dem EuGH. Unter besonderer Berücksichtigung der Rechtslage in Österreich und Deutschland, Wien 2004, 96 ff.

[352] vgl ausführlich etwa bei *Pietrek, André*. Verbindlichkeit von Vorabentscheidungen nach Art 177 EWGV: Rechtswirkungen im Ausgangsverfahren und als Präjudiz im Lichte von Rechtsvergleichung und Rechtsprechung, Frankfurt am Main 1989; ebenso *Koopmans, Thijmen*. Stare decisis in European Law, in: *O'Keeffe*, David/Henry *Schermers*. Essays in European Law and Inte-

Urteilen orientieren; ihre eigenen Entscheidungen könnten sonst im Rechtsmittelweg aufgehoben werden. Folgt ein nationales Gericht nicht der Rechtsprechung des Europäischen Gerichtshofs, so verfügt dieser über keine Sanktionsmittel. Dies unterstreicht nochmals die Bedeutung des Verhaltens der nationalen Gerichte für den Integrationsprozess.
Im Rahmen des Vorabentscheidungsverfahrens ist besonders hervorzuheben, dass es von den mitgliedstaatlichen Gerichten genutzt werden muss, denn ansonsten kommt es nicht zur Anwendung, und der Europäische Gerichtshof kann nicht zur Auslegung der Gemeinschaftsverträge Stellung nehmen. Gerade Gerichte der unteren Instanzen waren in der Vergangenheit sehr vorlagefreudig, Höchstgerichte eher zurückhaltend. Länderspezifisch betrachtet, legte beispielsweise das französische Verfassungsgericht kaum vor.[353] Ein Grund wird mitunter darin gesehen, dass Höchstgerichte in aller Regel selbst letztentscheidend sind und sich deshalb nicht unterordnen wollen.

Die Verfahrensarten selbst sind, wie bereits oben angedeutet, unterschiedlich verteilt. So nimmt das Vorabentscheidungsverfahren mit 45 Prozent den höchsten Anteil aller Verfahren vor dem Europäischen Gerichtshof ein, das Vertragsverletzungsverfahren mit 28 Prozent und die Nichtigkeitsklage mit 14 Prozent folgen. Rechtsmittelverfahren kommen nur noch auf 10 Prozent, die übrigen Klagen – wie unter anderem die Untätigkeitsklage – haben nur noch einen Anteil von 3 Prozent.[354]

Im Rahmen dieser Verfahrensarten lässt sich auch der Umkehrschluss ziehen, welche Kompetenzen dem Europäischen Gerichtshof nicht zustehen: Er hat keine Kompetenz, mitgliedstaatliche Urteile im Zuge eines Rechtsmittelverfahrens aufzuheben, ebenso wenig steht ihm die Kompetenz zu, die Nichtigkeit von gemeinschaftsrechtswidrigen mitgliedstaatlichem Recht festzustellen. Das Fehlen dieser Rechtsprechungsmöglichkeiten hindert jedoch nicht daran, dem Europäischen Gerichtshof die Eigenschaften eines höchsten Verfassungs- und Verwaltungsgerichtshofs zuzusprechen.[355] Die Rechtswege sind jedoch formal nicht eindeutig ausdifferenziert, insbesondere die verfassungs- und die verwaltungsgerichtliche Kontrolle sind ineinander verschlungen und erstrecken sich über praktisch jedes Rechtsgebiet.[356]

---

gration. To Mark the Silver Jubilee of the Europa Institute 1957-1982, Leiden 1982, 11-27; ebenso Arnull, Anthony. The European Union and its Court of Justice, Oxford 2006, 625 ff.

[353] Eine genaue Auflistung ist u.a. den Jahresberichten des Europäischen Gerichtshofs zu entnehmen. Abrufbar unter: http://curia.eu.int/de/instit/presentationfr/index.htm

[354] Hakenberg/Stix-Hackl 2005, 37

[355] vgl etwa Höreth 2005, 154

[356] Shapiro/Stone Sweet 1994, 412

Das Verfahren vor dem Europäischen Gerichtshof selbst kann ohne Rücksicht auf die jeweilige Verfahrensart in mehrere Abschnitte geteilt werden: In das schriftliche Verfahren, die mündliche Verhandlung, den Schlussantrag des Generalanwalts – sollte dieser beteiligt sein – sowie die Beratung und Verkündung des Urteils. Zudem gibt es im Rahmen der Vertragsverletzungsklage und der Untätigkeitsklage vor dem eigentlichen Verfahren zumeist ein Vorverfahren unter der Befassung der Kommission, um damit den Streitparteien die Möglichkeit einer gütlichen Streitbeilegung zu eröffnen. Dieses Vorverfahren schließt in der Regel mit einer, von der Kommission zu erlassenden, Stellungnahme ab, die eine Klagevoraussetzung darstellt.[357]
In den Verfahren vor dem Europäischen Gerichtshof gelten die Prinzipien der Schriftlichkeit, der Öffentlichkeit – ausgenommen im Rahmen der Beratungen – der Unmittelbarkeit, der Beweisaufnahme und des Vertretungszwangs.
Das Hauptverfahren, dessen genaue Bestimmungen in Art 43 ff der VerfO-EuGH geregelt sind, beginnt mit dem schriftlichen Verfahren, das formal vom Kanzler des Europäischen Gerichtshofs überwacht und geleitet wird. Der Kläger bringt die Klageschrift ein, woraufhin der Beklagte unter Einhaltung der Klagefrist eine Klageerwiderung einzureichen hat, andernfalls treten Säumnisfolgen ein. Sowohl die Klageschrift als auch die Klagebeantwortung kann durch eine Erwiderung des Klägers und eine Gegenerwiderung des Beklagten ergänzt werden. Nach Eingang der Gegenerwiderung bestimmt der Präsident des Europäischen Gerichtshofs den Termin zur Abgabe des Vorberichts, der vom Berichterstatter der jeweiligen Rechtssache erstellt wird. Aufgrund dieses Vorberichts kann der Europäische Gerichtshof die weitere Vorgehensweise im Verfahrensablauf einschätzen. Der Vorbericht ist nicht öffentlich, die weiteren prozeduralen Entscheidungen trifft der Europäische Gerichtshof im Plenum nach Anhörung des Generalanwalts selbst. Dementsprechend wird in dieser Sitzung über eine Verweisung an eine Kammer oder über die Behandlung der Rechtssache im Plenum entschieden. Wenn auf eine eigene Beweisaufnahme verzichtet wird, geht die Rechtssache sofort in eine mündliche Verhandlung über.
Die mündliche Verhandlung selbst ist obligatorisch und grundsätzlich öffentlich. Nach dem Bericht des Berichterstatters und den Plädoyers der Streitparteien wird die Verhandlung unterbrochen und der Generalanwalt hat in einer eigenen Sitzung die Möglichkeit, seinen Schlussantrag zu stellen. An der darauf folgenden geheimen Beratung nimmt der Generalanwalt nicht teil. Das Urteil wird dann wieder in einer öffentlichen Sitzung verkündet.[358]
Die Urteile des Europäischen Gerichtshofs wirken grundsätzlich nur *inter pares* für den konkreten Streitfall. Gegen sie ist kein Rechtsmittel zulässig, sodass das

---

[357] Hummer/Simma/Vedder 1999, 9

[358] Hummer/Simma/Vedder 1999, 10 ff; sehr ausführlich bei *Hackenberg, Waltraud/Christine Stix-Hackl*. Handbuch zum Verfahren vor dem Europäischen Gerichtshof, Wien 2005.

Urteil mit dem Tag seiner Verkündung rechtskräftig wird. Für die Vollstreckung der Urteile verweist Art 244 auf Art 256 EGV und Art 159 EAGV auf Art 164 EAGV, nach dem die Zwangsvollstreckung in den Mitgliedstaaten nach den jeweiligen zivilprozessualen Vorschriften desjenigen Staats erfolgt, in dessen Hoheitsgebiet sie stattfindet. Da nur Urteile vollstreckungsfähig sind, die Zahlungsverpflichtungen auferlegen – wie etwa Schadenersatzurteile, Kostenfestsetzungsbeschlüsse, einstweilige Anordnungen, Urteile, die Geldbußen als Zwangsmaßnahmen verhängen – oder sonstige Leistungsverpflichtungen enthalten, die sich gegen Einzelpersonen oder Unternehmer richten, gibt es eine Reihe von nichtvollsteckungsfähiger Urteile – wie etwa Nichtigkeits- oder Untätigkeitsurteile. Maßnahmen für die Zwangsvollstreckung gegenüber einem Mitgliedstaat sind jedoch ausgeschlossen.

4.1.2.2. Kompetenzen des U. S. Supreme Court

Die Zuständigkeit des Obersten Gerichtshofs, im Rahmen seiner Kompetenzen tätig zu werden, wird entweder originär oder als eine Zuständigkeit als Revisionsgericht begründet.

Die Rechtsprechungskompetenz des Supreme Court wird originär in Art III § 2 Cl 2 US-Verfassung geregelt und gilt nur für die das diplomatische Personal betreffenden Fälle und diejenigen Klagen, in denen ein Staat als Prozesspartei auftritt. Der U. S. Supreme Court nimmt seine originäre Zuständigkeit verhältnismäßig selten in Anspruch.
Titel 28 Kap 81 U. S. C. regelt in § 1251 weitere erstinstanzliche Zuständigkeiten des U. S. Supreme Court. Dabei sind die wichtigsten, dass (a) der U. S. Supreme Court in erster Instanz (*original and exclusive*) über Streitigkeiten zwischen zwei Staaten entscheidet, dass er weiters (*original but not exclusive*) (b 2) alle Streitigkeiten zwischen den Vereinigten Staaten und einem Mitgliedstaat und (b 3) alle Aktionen eines Staats gegenüber einem Bürger eines anderen Staats oder eines Fremden entscheidet. Soweit die ausschließliche Zuständigkeit des Supreme Court reicht, muss er die Fälle behandeln. Dagegen wird das Gericht in den Fällen, in denen auch ein niedrigeres Bundesgericht zuständig ist, in aller Regel nicht als erstinstanzliches Gericht tätig.[359]
In jenen Fällen, in welchen durch Art III § 2 US-Verfassung bundesgerichtliche Zuständigkeit begründet wird, „ist das oberste Bundesgericht Appellationsgericht sowohl hinsichtlich der Rechtsauslegung, als auch hinsichtlich der Beweiswürdigung nach Maßgabe der vom Kongress zu bestimmenden Ausnahmen und Verfahrensregeln".[360] Die bundesgerichtliche Zuständigkeit wird in einem, neun

359 Brugger 1993,15
360 Art III § 2 Cl 2 US-Verfassung

Kategorien aufweisenden, Zuständigkeitskatalog geregelt: Alle Fälle, die nach Recht und Billigkeit (*in law and equity*) unter der Verfassung, den Bundesgesetzen und den von der Union abgeschlossenen Verträgen entstehen. Diese Verfahren stellen naturgemäß die Hauptkategorie dar. Die nächsten beiden Kategorien stellen alle Fälle dar, die entweder das amerikanische diplomatische Personal oder das See- und Schifffahrtsrecht betreffen (*admirality and maritime law*). Kategorie vier und fünf betreffen Streitigkeiten, in denen die Union Prozesspartei ist und Streitigkeiten zwischen zwei oder mehreren Staaten vorliegen. Weiters gehören Streitigkeiten zwischen einem Staat und dem Bürger eines anderen Staats zur Bundesgerichtsbarkeit. Dies gilt nach der Auslegung von Amendment XI aus dem Jahre 1798 nur mehr für den Fall, dass ein Staat einen Prozess gegen den Bürger eines anderen Staats anstrengt, aber nicht mehr für den umgekehrten Fall. Die Hauptquelle für die bundesgerichtliche Zuständigkeit bilden Streitigkeiten zwischen Bürgern verschiedener Staaten, auch als „*diversity of citizenship*" Klausel bekannt. Die letzten beiden Kategorien, die heute kaum noch Bedeutung haben, sind Streitigkeiten zwischen Bürgern desselben Staats, die von verschiedenen Staaten gewährte Rechte auf Grundbesitz geltend machen, und Streitigkeiten zwischen einem Staat oder einem seiner Bürger und einem auswärtigen Staat oder dessen Bürger. Dies ist nach dem Amendment XI heute nicht mehr der Fall, wenn ein Staat klagt, und nicht, wenn er geklagt wird. Klagen gegen Gliedstaaten, die von Bürgern anderer Gliedstaaten oder ausländischer Staaten erhoben werden, sind somit weitgehend beschränkt worden.
Die logische Schlussfolgerung dieser Aufzählung ist die stillschweigende, aber unmissverständliche Voraussetzung, dass alle anderen Fälle in die Zuständigkeit der Staaten fallen.

Grundsätzlich gibt es drei Möglichkeiten, wie ein Revisionsverfahren vor den U. S. Supreme Court gebracht werden kann: durch den *direct appeal*, den *appeal* und das *certiorari*-Verfahren.
Direct Appeal bedeutet die Anrufung des U. S. Supreme Court unter Umgehung der Berufungsgerichte.[361] Diese Form ist nur in sehr eingeschränkten Fällen zulässig. Seit der Neufassung im Jahre 1988, in der durch den Erlass des „*judicial improvements and access to justice act*" eine große Reform zur Arbeitsentlastung des U. S. Supreme Court in Kraft getreten ist, ist dieser Weg, den U. S. Supreme Court anzurufen, nur noch für beschränkte Fälle von Drei-Richter-Entscheidungen der *District Courts* nach § 1253 vorgesehen.
Die weitaus zahlreicheren Verfahren sind jene, bei denen das Höchstgericht von der Ebene der Bundesgerichte[362] beziehungsweise der höchsten Gliedstaaten-

---

[361] vgl 28 U. S. C. § 1252 f

[362] Eine Klage kann grundsätzlich auf zwei verschiedene Arten vor ein Bundesgericht gebracht werden: *Erstens*, wenn eine Klage von Anfang an vor einem Bundesgericht geltend gemacht wird,

gerichte entweder in Form des *appeal* oder des *certiorari*-Verfahrens angerufen wird. Es steht dem U. S. Supreme Court dabei jedoch frei, in eigener Kompetenz über die Annahme dieser Verfahren zu entscheiden. Vor dem Jahre 1988 hatte der U. S. Supreme Court alle *appeals* zu behandeln, weshalb die als *appeal* bezeichneten Rechtsbehelfe heute an Bedeutung etwas abgenommen haben. Es lohnt sich aber immer noch, die wesentlichen Bestimmungen für die beiden wichtigsten Verfahren im Wortlaut wieder zu geben, wobei der *appeal* in § 1254 für Bundesgerichte und in § 1257 für einzelstaatliche Höchstgerichte geregelt wird:

28 U. S. C. sieht in § 1254 vor, dass Fälle der Berufungsgerichte „may be reviewed by the Supreme Court by the following methods:

1) *By writ of certiorari granted upon the petition of any party to any civil or criminal case, before or after rendition of judgment or degree.*
2) *By certification at any time by a court of appeals of any question of law in any civil or criminal case as to which instructions are desired, and upon such certification the Supreme Court may give binding instructions or require the entire record to be sent up for decision of the entire matter in controversery.*"[363]

28 U. S. C. regelt in § 1257 für die einzelstaatlichen Höchstgerichte:

a) *Final judgments and degrees rendered by the highest court of a State in which a decision could be had, may be reviewed by the Supreme Court by writ of certiorari where the validity of a treaty or statute of the United States is drawn in question or where the validity of a statute of any State is drawn in question on the ground of its being repugnant to the Constitution, treaties, or laws of the United States, or where any title, right, privilege, or immunity is specially set up or claimed under the Constitution or the treaties or statutes of, or any commission held or authority exercised under, the United States.*
b) ...".[364]

Das *certiorari*-Verfahren ist das wichtigste Verfahren vor dem U. S. Supreme Court, weil beinahe 90 Prozent der Fälle auf diese Weise zum U. S. Supreme Court gelangen und dies, obwohl nur ein kleiner Prozentsatz der, mittlerweile über 7000 pro Jahr vorgebrachten, Fälle behandelt wird.[365] Charakteristisch für

weil sie sich auf die Verfassung selbst oder auf ein in einem Bundesgesetz begründetes Recht stützt. *Zweitens*, wenn die Klage vor einem Staatengericht erhoben wurde, und auf Antrag des Beklagten an ein Bundesgericht verwiesen wird.

[363] [Hervorheb. durch Verf.]

[364] [Hervorheb. durch Verf.]

[365] Stoevesandt 1999, 23

das *certiorari*-Verfahren ist, dass ein höheres Gericht das untere anweist, ihm die Akten eines Falls zur Revision zu überstellen. Das *certiorari*-Verfahren wird durch den Antrag einer der Prozessparteien oder auch der Gerichtsvorinstanz in Gang gesetzt. Ihn kann der U. S. Supreme Court dann nach freiem Ermessen einer Revision unterziehen oder aber *a limine*, also ohne inhaltliche Überprüfung, ablehnen (*certiorari denied*). Die Revision ist also bei der überwiegenden Zahl der Fälle kein Recht, sondern ein vom Gericht gewährtes Privileg. Die Zulassung der Revision richtet sich danach, ob die Entscheidung im öffentlichen Interesse ist, aber keinesfalls nach den Parteien oder dem Streitwert. Um revisionswert zu sein, muss dem Fall eine bedeutsame verfassungsrechtliche oder gesetzesauslegende Frage zugrunde liegen, widersprechende Entscheidungen der Mittelinstanzen vorliegen, schwerwiegende Verfahrensfehler der Mittelinstanzen behoben werden, oder es muss in der vorhergehenden Entscheidung eines Staatenobergerichts eine *federal question* von Bedeutung vorliegen. Diese muss dann substanziell für die Entscheidung sein und darf nicht nur behelfsmäßig vorgebracht werden. Das *certiorari*-Verfahren wird vom Obersten Gerichtshof keineswegs als Mittel betrachtet, um Irrtümer der Vorinstanzen zu korrigieren. Alle neun Richter müssen darüber beraten und mindestens vier Richter müssen für die Gewährung des Verfahrens stimmen. Auch bei Bewilligung oder Ablehnung des *certiorari*-Verfahrens haben sich *dissenting opinions* eingebürgert, wobei die Verweigerung an sich nicht bedeutet, dass sich der U. S. Supreme Court mit der Entscheidung der Vorinstanz einverstanden erklärt. Wenn ein *certiorari*-Verfahren zur Entscheidung angenommen wird, findet fast immer eine mündliche Verhandlung statt, die etwa eine Stunde dauert.[366]

Der U. S. Supreme Court wurde somit primär als ein Rechtsmittelgericht konzipiert, und zwar sowohl gegenüber Rechtsstreitigkeiten, die vor den Bundesgerichten eingebracht werden, als auch gegenüber bestimmten Streitigkeiten, die zunächst auf Einzelstaatsebene ausgetragen wurden. Durch die Konzipierung als Rechtsmittelgericht handelt es sich beim U. S. Supreme Court nicht ausschließlich um einen Verfassungsgerichtshof. Es ist deshalb hervorzuheben, dass der U. S. Supreme Court und die übrigen Bundesgerichte, und sogar die einzelstaatlichen Gerichte, verfassungsrechtliche Funktionen ausüben, diese Tätigkeiten aber nur incidenter, im Rahmen von Zivil-, Straf- und Verwaltungsrechtsverfahren erfolgen. Somit gibt es in den Vereinigten Staaten von Amerika keine besondere Institution der Verfassungsgerichtsbarkeit.[367] Doch wurde durch die Einführung des *certiorari*-Verfahrens, das die Annahme von Fällen einschränkt, die Konzentration des Supreme Court auf weitgehend verfassungsrechtliche Fälle herbeigeführt.

[366] Stoevesandt 1999, 23

[367] Im amerikanischen Rechtssystem erfolgt grundsätzlich keine Unterscheidung in privates und öffentliches Recht, wie es etwa für Kontinentaleuropa üblich ist.

Auch die wissenschaftliche Literatur befasst sich vornehmlich mit der Funktion des U. S. Supreme Court als Verfassungsgericht.[368]

Nach Art III § 2 US-Verfassung erstreckt sich die Zuständigkeit der Bundesgerichte generell nur auf die dort näher bezeichneten *cases* und *controversies*, wobei die beiden Begriffe austauschbar sind und Angelegenheiten, die *definite and concrete* sind, bezeichnen. Der U. S. Supreme Court hat von Beginn seiner Tätigkeit an den Standpunkt vertreten, dass, um eine Sache gerichtsfähig zu machen, die Rechtslage zwischen bestimmten Parteien von gegensätzlichem Interesse streitig sein und somit ein „Fall" vorliegen müsse.[369] Somit scheiden Gutachten – so genannte *advisory opinions* – außerhalb eines konkreten Streitfalls aus, auch wenn sie vonseiten der Regierung eingebracht würden. Eine abstrakte Normenkontrolle ist nicht möglich.[370] [371] Seit 1934 gibt es jedoch gem Titel 28 Kap 151 § 2201 U. S. C. sehr wohl die Möglichkeit eines *declaratory judgments,* mit dessen Hilfe die Parteien eine Rechtslage vorab verbindlich klären können. Dies jedoch wiederum nur, wenn die Streitfrage einen *case or controversy* darstellt.[372]
Daraus leitet sich auch ab, wer klagebefugt ist (*standing*). Der Kläger muss tatsächlich von der vermutlichen rechtswidrigen Handlung des Staats in einer Grundrechts- oder grundrechtsähnlichen Position verletzt worden sein, oder eine derartige Verletzung muss wenigstens naheliegen. Weiters hat die Verletzung kausal durch die getätigte Handlung zustande kommen müssen, und die Verletzung kann mit hoher Wahrscheinlichkeit bei einer neuen Urteilsentscheidung behoben werden.
Wenn der Bund selbst als Prozesspartei auftritt, so ist die Aktivlegitimation keine Streitfrage; sie wurde von Anfang an ohne Zweifel angenommen. Die Klage wird namens der Vereinigten Staaten vom *Attorney General* beim *District Court* erhoben[373] und nicht beim Obersten Gerichtshof selbst. Solche Klagen sind überaus häufig und machen einen erheblichen Teil der an den Obersten Gerichtshof gelangenden Prozesse aus. Klagen der Union gegen Staaten kommen in erster und letzter Instanz, wie weiter oben bereits angeführt, direkt zum U. S. Supreme Court. Diese Art von Klage kommt äußerst selten vor, weil versucht wird,

---

[368] vgl unter vielen etwa *Cox, Archibald.* The Role of the Supreme Court in American Government, Oxford 1977.
[369] Löwenstein 1959, 452
[370] Als eine Grundsatzentscheidung zu diesem Bereich ist 219 U. S. 346 (1911) *Muskrat v United States* anzuführen.
[371] Wieser spricht von einer diffusen Normenkontrolle. Obgleich kein eigenes Verfassungsgericht eingerichtet ist, hat das Höchstgericht ein richterliches Prüfungsrecht bezüglich der Verfassungsmäßigkeit einer Rechtsnorm. (Wieser 2005, 121)
[372] vgl 300 U. S. 227 (1937) *Aenta Life Insurance Co v Haworth*; anschaulich bei Hay 1995, 51
[373] vgl Titel 28 Kap 85 §§ 1331 und 1332 U. S. C.

Meinungsverschiedenheiten zwischen dem Bund und den Gliedstaaten auf dem Verhandlungsweg auszuräumen.
Die Passivlegitimation, wenn der Bund selbst geklagt wird, war von Beginn an nicht gegeben. Es wurde der altenglische Grundsatz übernommen, dass der Souverän nicht vor seinen eigenen Gerichten belangt werden könne (*the king can do no wrong*). Der Grundsatz wäre durchbrochen worden, wenn der Kongress im speziellen Fall seine Zustimmung gäbe. Diese Doktrin wurde bereits unter *Chief Justice* John Marshall[374] angewandt und blieb bis gegen Ende 19. Jahrhunderts ständige Rechtsprechung. Danach brachte der Fall *United States v Lee*[375] mit einer 5:4 Mehrheit eine Neuüberprüfung der Rechtslage der *sovereign immunity*: Die Immunität gilt nur dann, wenn die Union ausdrücklich als Regierung auftritt, nicht aber in Fällen, wo ihre Beamten oder Vertreter als Prozessparteien erscheinen. Auf diese Art und Weise würde die gerichtliche Durchsetzung von begründeten Ansprüchen überhaupt unmöglich gemacht werden. Nur in den Fällen, wo die Regierung ausdrücklich als Beklagte benannt wird, bleibt die Immunität aufrechterhalten.[376]

Für die Zulässigkeit einer Klage vor dem U. S. Supreme Court wurden im Laufe der Zeit von den Gerichten – neben der verfassungsrechtlichen Voraussetzung des *cases* und *controversies* sowie der damit abgeleiteten Klagebefugnis *standing* – noch weitere Prämissen entwickelt: Die Klage hat Entscheidungsreife (*ripeness*) aufzuweisen, darf noch nicht erledigt worden sein (*mootness*) und darf auch nicht durch kollusives Zusammenwirken eingebracht worden sein (*collusive cases*). Konkret bedeutet Entscheidungsreife, dass der zur Entscheidung anstehende Fall klar umrissen sein muss. Er muss auf feststellbaren Tatsachen, nicht auf hypothetischen und abstrakten Möglichkeiten beruhen, und einer, richterlichen Entscheidung aufgrund einer die Umstände klärenden und nicht erst weitere Ereignisse abwartenden, Beweiserhebung und -würdigung zugänglich sein. Sollten diese eben genannten Voraussetzungen nicht mehr vorliegen, ist der Fall einer Erledigung (*mootness*) eingetreten. In der Regel muss die Rechtsbeeinträchtigung in allen Prozessstadien vorliegen; sie darf nicht durch eine Änderung des Parteienverhaltens, der Gesetzeslage, durch Zeitablauf oder Ähnliches aufgehoben worden sein. An einem konkreten Rechtsstreit mit antagonistischer Interessenlage fehlt es, wenn die Parteien die Klage einverständlich erhoben haben und das Interesse an der Klage sowie die Verfügung über die Klage in der Hand einer Partei liegt. Sollte nur eine dieser Voraussetzungen fehlen beziehungsweise gegeben sein, so kann

[374] vgl vor allem 33 U. S. (8 Pet.) 436, (1834) *United States v Clarke*
[375] 106 U. S. 196 (1882)
[376] Löwenstein 1959, 455

der U. S. Supreme Court die Klage wegen mangelnder Zulässigkeitsvoraussetzung zurückweisen.[377]

Im Rahmen der Zuständigkeiten lehnt es der U. S. Supreme Court ab, *political questions* zu entscheiden. Darunter sind nicht generell Fälle zu verstehen, die auf das politische System bezogen oder politisch bedeutsam und für das Gemeinwesen folgenreich sind. Mit solchen politischen Fragen – etwa in Bezug auf Wahlrechte, Rassentrennung oder Abtreibung, um nur einige zu nennen – ist das Gericht immer wieder konfrontiert, ohne seine Entscheidungskompetenz zu verneinen. Vielmehr ist die Doktrin der *political questions* in einem engeren Sinne zu verstehen und umreißt solche Fälle, in denen der U. S. Supreme Court aus verfassungsrechtlichen, funktionellen oder pragmatischen Gründen keine Entscheidung trifft und die Verantwortung für die Streitentscheidung den beiden anderen Zweigen der Staatsgewalt – dem Kongress beziehungsweise dem Präsidenten – zuweist.[378] Zur Verdeutlichung der *political questions* lassen sich etwa folgende Bereiche nennen: die auswärtige Gewalt, die Militärorganisation, der Prozess der Verfassungsänderung, die republikanische Form der Regierung, interne Parteistreitigkeiten und der Mitgliedsstatus im Kongress.[379]

Sollte der U. S. Supreme Court im Rahmen eines Verfahrens, das unter den oben genannten Zulässigkeitsvoraussetzungen geführt worden ist, zu dem Ergebnis kommen, dass ein Verfassungsverstoß vorliegt, so führt dies zur *Nichtanwendung* der betreffenden verfassungswidrigen Norm und – je nach Verfahrensart – zu entsprechenden Korrekturen des angegriffenen staatlichen Handelns. Eine Kompetenz zur Nichtigerklärung steht dem U. S. Supreme Court nicht zu. Da die verfassungsgerichtliche Entscheidung aber im Rahmen des, für das *Common Law* charakteristischen, Prinzips von *stare decisis* als Präjudiz für weitere Gerichtsentscheidungen dient, kommt die Nichtanwendung der Norm in ihrer praktischen Wirkung einer Nichtigerklärung in aller Regel gleich.[380]

Der U. S. Supreme Court hat neben seiner Funktion als Höchstgericht auch Aufgaben im Rahmen der obersten Verwaltungsgerichtstätigkeit wahrzunehmen. Wenn Akte der Bundesverwaltung überprüft werden, liegt das Schwergewicht der Rechtsprechung auf dem Schutz verfahrensrechtlicher Garantien (*procedural safeguards*), während die materielle Richtigkeit der Anordnung der Verwaltung im Allgemeinen nur mit größter Zurückhaltung überprüft wird.[381]

---

377 Brugger 1993, 17 f sowie Stoevesandt 1999, 64 ff

378 vgl die Leitentscheidung diesbezüglich 369 U. S. 186 (1962) *Baker v Carr*

379 Brugger 1993, 21

380 Brugger 1987b, 21

381 Haller 1972, 296

Durch das dualistische System der Gerichtsbarkeit in den Vereinigten Staaten von Amerika[382] gibt es folgelogisch im Rahmen der Kompetenzverteilung das Problem der konkurrierenden Gerichtsbarkeit. Diese Situation wird in der Verfassung selbst allerdings mit Stillschweigen übergangen, kann deshalb nicht direkt erschlossen werden, als dass die ausschließliche Zuständigkeit des Bundes nur in ganz wenigen Fällen bestimmt ist. Innerhalb der bundesstaatlichen Zuständigkeit bezieht sich die ausschließliche Zuständigkeit gem Art III § 2 Cl 1 und Cl 2 US-Verfassung auf Klagen – wie oben bereits erwähnt –, die das diplomatische Personal betreffen, auf solche, in denen die Union Prozesspartei ist, auf Streitigkeiten zwischen den Staaten, auf Klagen, in welchen ein auswärtiger Staat Prozesspartei ist sowie auf See- und Schifffahrtsrechtsfragen. Aber sogar auf dem Gebiet der See- und Schifffahrtsrechtsfragen besteht seit der Entscheidung *Taylor v Carryl*[383] eine eigene Gliedstaatengerichtsbarkeit, wenn die Rechtsfrage auf *Common Law* beruht. Somit verfügen die Staaten auf allen anderen, von der Verfassung dem Bund zugesprochenen, Gebieten über eine konkurrierende Gerichtsbarkeit.[384]

4.1.2.3. Vergleich der Kompetenzen beider Höchstgerichte

Der Europäische Gerichtshof ist das höchste Verfassungs- und Verwaltungsgericht der Europäischen Union, der U. S. Supreme Court aufgrund der, im amerikanischen Recht nicht vorhandenen, Trennung zwischen öffentlichem Recht und Privatrecht das höchste Gericht für die Zivil-, Straf- und Verwaltungsgerichtsbarkeit. Grundsätzlich können beide Gerichte nur aufgrund eines Parteienantrags eine Entscheidung herbeiführen. Der Europäische Gerichtshof wird in den meisten Fällen im Rahmen des Vorabentscheidungsverfahrens tätig; in erster und letzter Instanz im Rahmen des Vertragsverletzungs-, Nichtigkeits- und Untätigkeitsverfahrens. Als Rechtsmittelinstanz wird er nur bei Rechtsmitteln gegen Entscheidungen des Europäischen Gerichts erster Instanz angerufen. Im Gegensatz dazu wird der U. S. Supreme Court in erster und letzter Instanz in den wenigsten Fällen tätig; sein Schwerpunkt liegt in der Tätigkeit als Rechtsmittelgericht.

Ein grundlegender Unterschied bei den Verfahrensarten lässt sich in dem für das *Common Law* Rechtssystem typischen *certiorari*-Verfahrens erkennen, bei welchem die Partei im Zuge des Berufungsverfahrens eine Entscheidung des U. S. Supreme Court begehren kann. Dem U. S. Supreme Court steht es jedoch völlig frei zu entscheiden, ob ein Verfahren eingeleitet wird oder nicht. Diese Wahlmög-

---

[382] Bereits im Kapitel 4.1.1.2. wurde auf das dualistische System der Gerichtsbarkeit näher eingegangen.
[383] 61 U. S. (20 How.) 583 (1857)
[384] Löwenstein 1959, 459

lichkeit hinsichtlich der Annahme oder Ablehnung einer Causa steht dem Europäischen Gerichtshof auf diese Weise nicht zu; er muss jedes Verfahren annehmen.
In der Europäischen Union kann im Vergleich zu den Vereinigten Staaten von Amerika vonseiten natürlicher oder juristischer Personen der Europäische Gerichtshof nur unter sehr eingeschränkten Voraussetzungen angerufen werden. Die Partei kann beispielsweise im Vorfeld eines möglichen Vorabentscheidungsverfahrens ein solches bei einem nationalstaatlichen Gericht lediglich anregen. Den Vorabentscheidungsantrag selbst stellt immer das Gericht. Ein Parteienantrag natürlicher oder juristischer Personen ist im Rahmen der Nichtigkeits- und der Untätigkeitsklage vorgesehen. Dabei werden aber nicht natürliche Personen geklagt, sondern der Klageweg bei Betroffenheit gegenüber nichtigen Akten der Europäischen Union beziehungsweise gegenüber einer Untätigkeit der Europäischen Organe beschritten.
Wesentlich ist weiters, dass der U. S. Supreme Court keinerlei abstrakte Normenkontrolle kennt. Nur bei einem berechtigten Rechtsschutzinteresse kann eine Zuständigkeit des amerikanischen Höchstgerichts begründet werden. Die abstrakte Normenkontrolle ist zwar am Europäischen Gerichtshof möglich, die Anzahl der Verfahren jedoch äußerst gering.
Beide Höchstgerichte entscheiden über Streitigkeiten zwischen Mitgliedstaaten sowie zwischen einem Mitgliedstaat und der Union beziehungsweise dem Bund. Es wird jedoch versucht, diese Konflikte im Vorfeld zu lösen. Als Folge kommt es nur in äußerst seltenen Fällen zu einer Entscheidung im Rahmen dieser Verfahrensart.
Ähnlichkeiten sind im Rahmen des Vorabentscheidungsverfahrens mit der Möglichkeit des *appeals* in den Vereinigten Staaten von Amerika zu erkennen. Ein Vorabentscheidungsverfahren kann von einem unterinstanzlichen Gericht und muss von einem letztinstanzlichen Gericht eingeleitet werden, wenn Zweifel an der Auslegung einer europäischen Norm bestehen. Der Europäische Gerichtshof entscheidet jedoch nie in der Sache selbst, sondern legt nur die Norm aus. In den Vereinigten Staaten von Amerika können grundsätzlich sowohl bundesstaatliche Berufungsgerichte als auch staatliche Höchstgerichte den U. S. Supreme Court anrufen, wenn „*instructions are desired*" beziehungsweise die Gültigkeit einer bundesstaatlichen Norm oder auch staatlichen Norm unter der Verfassung angezweifelt werden.
Ein Unterschied besteht jedoch darin, dass der U. S. Supreme Court unter Umständen sogar Entscheidungen niedriger föderaler Gerichte aufheben kann. In der Europäischen Union ist dies nicht möglich. Der Europäische Gerichtshof kann zwar Akte der Gemeinschaftsinstitutionen, die gegen die Verträge verstoßen, für nichtig erklären, aber keine Berufungen gegen mitgliedstaatliche Urteile erheben. Dem Europäischen Gerichtshof steht es weiters nicht zu, die Nichtigkeit von gemeinschaftsrechtswidrigem mitgliedstaatlichen Recht festzustellen.

4.1.3. Richterliche Auslegungsmethodik und Rechtsfortbildung: Einwirkungsmöglichkeiten auf die Integration

Wie oben kurz angedeutet, zeigt sich der richterliche Gestaltungsspielraum besonders deutlich anhand der in einer Rechtsordnung bestehenden Auslegungs- und Interpretationsmethoden. Fehlen klare Formulierungen, so kann der Gerichtshof mit Hilfe der unterschiedlichen, ihm zur Verfügung stehenden, Interpretationsmöglichkeiten zur Definition der Tatbestandsmerkmale in einem weiteren Spielraum agieren.
Grundsätzlich sind seit Friedrich Carl von Savigny[385] die folgenden vier gängigen Auslegungsmethoden von Recht anerkannt: Erstens die grammatikalische Auslegung, die sich am Wortlaut der Rechtsnorm orientiert, zweitens die systematische Methode, welche sich am Kontext und dem systematischen Zusammenhang der Norm im Gesetzestext orientiert, drittens die historische Methode, die auf den Willen des Gesetzgebers abstellt, sowie viertens und letztens die teleologische Auslegung, welche auf den Sinn und Zweck einer Vorschrift Bezug nimmt.[386]
Es ist evident, dass es nicht möglich und auch nicht Ziel der vorliegenden Untersuchung ist, an dieser Stelle umfassend auf die Problematik der richterlichen Auslegungsmethodik einzugehen. Eine solche Betrachtung würde sowohl für den europäischen als auch für amerikanischen Diskurs leicht mehrere hundert Seiten füllen, ohne auch nur im Ansatz alle rechtsphilosophischen Gedanken konkretisiert zu haben.[387] Zweck der folgenden Darstellung ist es, einen Überblick über die grundlegenden Auslegungsmethoden der beiden Höchstgerichte zu bieten und schließlich in einem Vergleich diesbezügliche Gemeinsamkeiten beziehungsweise Differenzen aufzuzeigen.

4.1.3.1. Richterliche Auslegungsmethodik und Rechtsfortbildung am Europäischen Gerichtshof

Besonders der Vertrag zur Gründung der Europäischen Gemeinschaften weist aufgrund der Regelung der gesamten Wirtschaftsabläufe in der Gemeinschaft ei-

[385] Friedrich Carl von Savigny war deutscher Rechtsgelehrter und Begründer der Historischen Rechtsschule (1779-1861).
[386] Fischer/Köck/Karollus 2002, Rz 1365
[387] vgl etwa die sehr zahlreichen Literaturhinweise bei *Fischer, Peter/Heribert Köck/Margit Karollus*. Europarecht. Recht der EU/EG, des Europarates und der wichtigsten anderen europäischen Organisationen, Wien 2002, 669 beziehungsweise ebenfalls mit zahlreichen Literaturhinweisen bei *Stoevesandt, Martin*. Aktivismus und Zurückhaltung im United States Supreme Court, Berlin 1999, FN 118.

nen hohen Abstraktionsgrad auf. Somit konnten auf den Europäischen Gerichtshof viele Interpretationsfragen von großer politischer Bedeutung zukommen.[388]
Nach der zentralen Norm des Art 220 EGV besteht die Aufgabe des Gerichtshofs darin, die „*Wahrung des Rechts bei der Auslegung und Anwendung des Vertrags*“ zu sichern.

Dem Europäischen Gerichtshof haben sich zu Beginn seiner Rechtsprechungstätigkeit folgende Möglichkeiten geboten: Zum einen die Möglichkeit einen Blick auf die Auslegung der nationalen Verfassungsgerichte zu werfen, zum anderen die Möglichkeit die Interpretation völkerrechtlicher Verträge anzuwenden. Nach Rudolf Bernhardt kreiste die Diskussion über die Auslegung des Gemeinschaftsrechts im Wesentlichen um die Frage, ob eher die Prinzipien der Verfassungsauslegung oder die Regeln für die Auslegung völkerrechtlicher Verträge oder aber, die von beiden Bereichen unterscheidbaren, für das Gemeinschaftsrecht spezifischen, Auslegungsregeln anwendbar seien.[389]
Der Europäische Gerichtshof hat sich im Laufe seiner Entwicklung schließlich vor allem mit den vier oben genannten klassischen Auslegungsmethoden auseinandergesetzt:
Gem Art 314 EGV ist das Gemeinschaftsrecht in allen Amtssprachen[390] verbindlich, sodass die wörtliche Auslegung zahlreiche Schwierigkeiten mit sich bringt. Denn eine in einem Vertragstext einwandfreie Passage, kann in einer anderen Sprache durchaus problematisch erscheinen. Der Europäische Gerichtshof versucht deshalb, durch den Vergleich der verschiedenen Fassungen den objektiven Wortsinn zu erschließen. Damit ist er häufig zum Ergebnis gekommen, dass bestimmte Begriffe nicht nach dem Verständnis einer bestimmten Amtssprache, sondern gemeinschaftsrechtlich – autonom – auszulegen sind.[391]
Die historische Interpretation bleibt bei der Auslegung des Europäischen Gerichtshofs meistens außen vor. Der Europäische Gerichtshof hat zwar hervorgehoben, dass er sich auch bei Klarheit des Texts nicht mit einer wörtlichen Auslegung begnügen könne, sondern gegebenenfalls mit Hilfe der historischen Interpretation nach dem Parteiwillen außerhalb des Texts suchen müsse.[392] So hielt er etwa in einer Entscheidung aus dem Jahre 1960 fest, dass es notwendig sei festzustellen, ob das Ergebnis einer wörtlichen Auslegung „*durch andere Gesichtspunkte, insbesondere den gemeinsamen Willen der Vertragsschließenden*

[388] Sander 1998, 39
[389] Bernhardt 1981, 18
[390] Derzeit verfügt die Europäische Union über 23 authentische Sprachen (vgl Art 48 EG bzw Art 225 EAG sowie die folgenden Beitrittsverträge).
[391] Beispielsweise in der Rs 373/00, EuGH vom 27. Februar 2003, *Adolf Truley v Bestattung Wien GmbH*, Slg 2003, I, 1931, wo es darum ging den Begriff „*im Allgemeininteresse liegende Aufgaben*“ zu definieren.
[392] Schlochauer 1966, 448

und die ratio legis, bestätigt wird.“[393] Der Wille der Parteien zur Zeit des Vertragsabschlusses war jedoch auf ein dynamisches Gemeinschaftsrecht gerichtet. Sie konnten in ihren damaligen Beschlüssen die Entwicklungen, welche das Gemeinschaftsrecht nehmen würde, in ihrer Tragweite noch gar nicht voraussehen. Darüber hinaus ist das Wesen des Integrationsprozesses gerade darauf angelegt, sich immer weiter vom ursprünglichen Willen der Parteien zu entfernen. Ein weiterer Aspekt, welcher die Anwendung der historischen Interpretation für den Europäischen Gerichtshof nahezu unmöglich macht, ist darin zu sehen, dass der Legislativprozess vor allem die Entstehung der Verträge nicht lückenlos dokumentiert ist. Mangels Zugänglichkeit ist deswegen der interpretative Rückgriff auf den Willen des historischen Gesetzgebers vielfach ausgeschlossen.[394]
Der Gerichtshof verwendet zumeist eine Mischung der systematischen und teleologischen Auslegungsmethode, die auch als teleologisch-funktionale Auslegungsmethode bezeichnet wird. Die Auslegung stellt auf den „*Geist, Aufbau und Wortlaut einer Vorschrift*“ ebenso wie auf das „*System und das Ziel des Vertrags*“ ab.[395] Es wird folglich sowohl der systematische Zusammenhang als auch die *ratio legis* berücksichtigt.
Den Schwerpunkt bildet jedoch die teleologische Auslegungsmethode in der Sonderform des aus dem Französischen entlehnten Grundsatzes des *effet utile*. Bei dieser speziellen Methodik bilden der „*Zweck*“ und die „*Ziele des Vertrags*“ [396] sowie das „*Prinzip der Sicherung der Funktionsfähigkeit der Gemeinschaft*“[397] den Ausgangspunkt der Überlegungen. Die wesentliche Rolle spielen dafür die praktische Wirksamkeit, die nützlichen Wirkungen und die größtmögliche Effektivität der Vorschriften. Das heißt, dass jede Norm so auszulegen ist, damit sie auch jene nützliche Wirkung voll entfalten kann, um deretwillen sie erlassen worden ist.[398] Eingeflossen ist die Idee des *effet utile* etwa in die Rechtsprechung zum Vorrang des Gemeinschaftsrechts[399] und zur unmittelbaren Anwendbarkeit von Richtlinien.[400]
Für die Auslegung von Kompetenzfragen orientiert sich der Europäische Gerichtshof neben dem Prinzip des *effet utile*, das auf jegliche Vorschriften an-

---

[393] Rs 6/60, EuGH vom 16. Dezember 1960, *Humblet v Belgian State* Slg 1960, 1165
[394] Fischer/Köck/Karollus 2002, Rz 1366
[395] Der Europäische Gerichtshof nahm zu dieser Auslegungsmethode u.a. in der Rs 26/62, EuGH vom 5. Februar 1963, N.V. *Algemene Transport- en Expeditie Onderneming van Gend en Loos v Niederländische Finanzverwaltung*, Slg 1963, 3 und in der Rs 6/72, EuGH vom 21. Februar 1973, *Continental Can v Europäische Kommission*, Slg 1973, 215 ausdrücklich Stellung.
[396] Fischer/Köck/Karollus 2002, Rz 814
[397] Schweitzer/Hummer/Obwexer 2007, Rz 731
[398] Fischer/Köck/Karollus 2002, Rz 814; Streinz 2006, Rz 498
[399] ausführlich dazu siehe Kapitel 4.2.1.2.
[400] ausführlich dazu und zur unmittelbaren Anwendbarkeit des Primärrechts siehe Kapitel 4.2.1.1. und 4.2.1.3.

gewandt wird, zusätzlich auf die Auslegungsregel der *Implied-Powers,*[401] die im Völkerrecht allgemeine Anerkennung gefunden hat. Die *Implied-Powers*-Doktrin geht davon aus, dass völkerrechtliche Verträge oder Gesetze implizit auch Vorschriften beinhalten, ohne die sie nicht zur vernünftigen Anwendung kommen würden. Diese Überlegung beruht auf dem Grundgedanken, dass mit der Festlegung bestimmter Ziele einer internationalen Organisation auch die dafür notwendigen Mittel bejaht werden müssen. Durch die Ermittlung des Sinns, des Ziels und des Zwecks der Vorschrift wird der Rahmen bestimmter Befugnisse namhaft gemacht. Es werden deshalb jedoch keine neuen Ermächtigungsgrundlagen geschaffen, sondern nur bereits existierende Kompetenzen durch Auslegung für die Anwendung ergiebig gemacht.[402]

Der Rahmen der Auslegung wird durch ergänzende Rechtsfortbildung überschritten.[403] Unterschieden wird im Rahmen der Rechtsfortbildung nach dem jeweiligen Maß der Entfernung des Richterrechts vom Wortlaut der Vorschrift. In der Literatur wird dem Europäischen Gerichtshof zum Teil vorgeworfen, dass seine Auslegung der Vertragsvorschriften oft zu weit gehe, er sich einer unzulässigen Rechtsfortbildung schuldig mache und sich vertragswidrig Kompetenzen anmaße.[404] Doch hat der Europäische Gerichtshof – wie andere Gerichte auch – unvollkommene und fehlende Regelungen durch Rechtsfortbildung zu ergänzen. Gerade durch die besondere Natur der gemeinschaftlichen Rechtsordnung – die lückenhaft, vielfach offen formuliert, auf eine fortschreitende Entwicklung der Gemeinschaft angelegt ist, der jedoch zugleich ein historisch gewachsener Bestand gemeinsamer Rechtsüberzeugung fehlt – kommt dieser Aufgabe des Europäischen Gerichtshofs große Bedeutung zu. Es ist für den Europäischen Gerichtshof eine ständige Gratwanderung zwischen einer zulässigen Auslegung der Vorschriften – folglich gesetzesimmanenter oder gesetzesüberschreitender, jedoch rechtsordungsimmanenter Rechtsfortbildung – und einer zu weit gehenden unzulässigen Rechtsprechung. Er hat somit darauf zu achten, dass

---

[401] Der Europäische Gerichtshof bekannte sich bereits 1955 in der Rs 8/55, EuGH vom 29. November 1956, *Federation Charbonniere de Belgique v Hohe Behörde der Europäischen Gemeinschaft für Kohle und Stahl*, Slg 1955/56, 295 zu der Figur der *Implied-Powers*. Ausführlich zur *Implied-Powers*-Doktrin Kapitel 4.3.

[402] Sander 1998, 43

[403] Die Rechtsfortbildung seitens des Europäischen Gerichtshofs wird in der Lehre teilweise bejaht, es wird aber gleichzeitig auch offen gelassen, ob es sich nicht doch um eine Form bloßer Auslegung handeln könnte (Streinz 2001, Rz 495; Fischer/Köck/Karollus 2002, Rz 810). Für letzteres spricht, dass das französische Recht die Unterscheidung zwischen Auslegung und Rechtsfortbildung nicht kennt, und der Europäische Gerichtshof dieser Doktrin folgt. Somit bezeichnet er selbst Fälle eindeutiger Rechtsfortbildung lediglich als Interpretation der Rechtsnorm (Sander 1998, 40).

[404] vgl Hillgruber 1981, 46

er in seinem Spielraum bleibt und nicht über den Weg des Richterrechts zum „Neben- oder Ersatzgesetzgeber" wird.[405]

Die Legitimation zur Rechtsfortbildung bezieht der Europäische Gerichtshof aus seiner Kontrollfunktion nach Art 220 EGV und dem Integrationsauftrag aus Art 1 EUV an die Gemeinschaftsorgane. Im Rahmen seiner Kontrollfunktion obliegt es dem Europäischen Gerichtshof, für die „*Wahrung des Rechts*" zu sorgen. Somit geht die Kontrollfunktion des Europäischen Gerichtshofs über die reine Gesetzesanwendung hinaus und kann zur Rechtsfortbildung durch Richterrecht führen. Zudem hat dem Europäischen Gerichtshof bei der Erfüllung des Integrationsgebots ein breiter Spielraum für die Festlegung und Entwicklung des rechtlichen Rahmens zu bleiben. Insoweit umfasse der Auftrag der „*Wahrung des Rechts*" auch die „*Dynamik des Rechts*".[406]

Mit Hilfe der Rechtsfortbildungsbefugnis greift der Europäische Gerichtshof im Primärrecht auf die Methode der Lückenfüllung zurück. Dabei ist die Feststellung einer im Gesetz vorhandenen Lücke – zu einer bestimmten vom Gesetzgeber nicht gewollten rechtlichen Problematik – Voraussetzung für lückenfüllendes Richterrecht. Diese Lücke wird mit Hilfe Allgemeiner Rechtsgrundsätze geschlossen. Im Rahmen von Lückenschließung kam es zur Entwicklung folgender Grundsätze: dem „*Grundsatz der Rechtssicherheit*",[407] dem „*Grundsatz des rechtlichen Gehörs*"[408] und dem „*Grundsatz der Verhältnismäßigkeit*".[409] Als Rechtfertigung für die Lückenschließung im konkreten Einzelfall dient dem Europäischen Gerichtshof das Rechtsverweigerungsverbot (*déni de justice*). Im Falle seiner Anrufung ist der Europäische Gerichtshof zur Entscheidung verpflichtet.[410] Deshalb fühlen sich die Richter ermächtigt, die Regelungslücken zu schließen, um nicht gegen das Verbot zu verstoßen. Wenn sich der Europäische Gerichtshof der Rechtsfortbildung bedient, agiert er bereits im Rahmen des *judicial activism*.[411]

Obwohl es europarechtlich rechtlich gesehen kein Präjudizienrecht gibt, orientiert sich der Europäische Gerichtshof an seinen eigenen früher ergangenen Entscheidungen. Es wurde in der Folge eine umfangreiche eigenständige Dynamik entwickelt, die sich enorm von der völkerrechtlichen Dynamik unterscheidet.[412]

---

405 Sander 1998, 45

406 Sander 1998, 46 f

407 u.a. Rs 265/78, EuGH vom 5. März 1980, *H. Ferwerda B.V. v Produktschap voor Vee en Vlees*, Slg 1980, 617; in ständiger Rechtsprechung

408 u.a. Rs 85/76, EuGH vom 13. Februar Slg 1979, *Hoffmann-La Roche & Co. AG v Kommission* 461; in ständiger Rechtsprechung

409 u.a. Rs 122/78, EuGH vom 20. Februar 1979, *S.A. Buitoni v Fonds d' Orientation et de Regularisation des Marchés Agricoles* Slg. 1979, 67; in ständiger Rechtsprechung

410 Art 220 EGV

411 vgl Hillgruber 1981, 31 ff

412 Fischer/Köck/Karollus 2002, Rz 1367

Zusammenfassend kann festgehalten werden, dass im Zuge der Auslegung der Rechtsnormen integrative Einwirkungsmöglichkeiten gegeben sind. Im Rahmen der Europäischen Union ist für die teleologisch-funktionale Interpretationsmethode der weitreichendste Anwendungsbereich gegeben. Innerhalb dieser Auslegungsart wendet der Europäische Gerichtshof speziell das Prinzip des *effet utile* und im Rahmen der Kompetenzauslegung die *Implied-Powers*-Doktrin an. Der Europäische Gerichtshof geht im Bereich der Rechtsfortbildung über die Auslegung hinaus, wobei er sich damit im Grenzbereich zwischen Kontrollorgan und Legislative bewegt.

4.1.3.2. Richterliche Auslegungsmethodik und Rechtsfortbildung am U. S. Supreme Court

Wie bereits bei den Ausführungen zur richterlichen Auslegungsmethodik des Europäischen Gerichtshofs angeführt, zeigt sich der richterliche Gestaltungsspielraum besonders deutlich in den Auslegungs- und Interpretationsmethoden einer Rechtsordnung. Wenn klare Formulierungen in der auszulegenden Norm fehlen, steht dem Gerichtshof ein großer Spielraum zur Verfügung. Haller geht sogar soweit, den U. S. Supreme Court als permanenten Verfassungskonvent, als „*Constitutional Convention in continuous session*" zu bezeichnen, weil „*die amerikanische Verfassung nur Richtlinien aufstellt und ihr elastischer, allgemein gehaltener Wortlaut mehrere Interpretationen zulässt*".[413]

Grundsätzlich lässt sich in der amerikanischen Rechtsprechung, bei welcher der U. S. Supreme Court das Auslegungsmonopol besitzt, der an sich klassische Kanon der Gesetzesinterpretation wieder finden, wobei aber in der amerikanischen Literatur immer wieder betont wird, es gäbe keinen Kanon, sondern nur allgemein akzeptierte Methoden:[414] Die grammatikalische, systematische, historische und teleologische Auslegung kommen zur Anwendung. Regelmäßig verbindet der U. S. Supreme Court die Verwendung der historischen Argumentation mit jener des sprachlichen Arguments, wobei die Notwendigkeit eines solchen Vorgehens primär damit begründet wird, dass die Gerichte ihre Zuständigkeit von der Verfassung ableiten: Die Verfassung erhalte ihre Geltungskraft aufgrund eines Mehrheitsbeschlusses der an ihrer Ratifikation Beteiligten; die Funktion des Gerichts sei es daher, diesen Mehrheitsbeschluss zu vollziehen.[415] Es stellt sich im Zusammenhang mit der historischen Auslegung für den U. S. Supreme Court die diffizile Frage, was denn die Ansichten der *framers* – also die *original intents* – genau sind und vor allem, wessen Ansichten über den Gehalt einer Verfassungs-

---

[413] Haller 1972, 12 f

[414] Brugger 1993, 10

[415] Schefer 1997, 161

bestimmung relevant sind. Durch die *Federalist Papers*[416] sind die Entstehungsgeschichte und die Intention der Verfassungsväter sehr gut dokumentiert. Sind es die wenigen, welche die Sprache der einzelnen Bestimmungen prägten, oder gehören dazu auch diejenigen, die das Dokument in Philadelphia unterzeichneten, oder die einige Sitzungen des Verfassungskonvents besuchten, oder umfasst die relevante Personengruppe auch die Abgeordneten der Konvente zur Ratifizierung der Verfassung in den einzelnen Staaten? Je breiter die relevante Gruppe gefasst wird, desto mehr mag sie als repräsentativ für die gesamte Bevölkerung erscheinen, desto heterogener werden aber die Meinungen und umso komplexer wird daher die Aufgabe, die Ansichten auch einigermaßen zuverlässig zu bestimmen.[417] Welche Ansichten tatsächlich für relevant angesehen werden, ist schließlich Einzelfallentscheidung.

Über diese klassischen Ansätze hinaus bedient sich der U. S. Supreme Court einiger ergänzender Methoden. Repräsentative Untersuchungen[418] weisen auf den *„legal process"* und die *„extratextual norms"*, auf *„constitutional theory, judicial precedent, moral, political or social values"*, auf *„doctrinal and prudential analysis"* wie auf *„doctrinal, ethical and prudential arguments"* hin.[419] Legt man jedoch den Begriff der teleologischen Interpretation selbst weit aus, so lassen sich auch einige dieser ergänzenden Kriterien der teleologischen Interpretation zuordnen.[420] Neben diesen Möglichkeiten der Gesetzesinterpretation hat der U. S. Supreme Court auch gerichtliche Dogmatiken entwickelt, welche bei der Auslegung von Bedeutung sein können. Dabei fallen unter Dogmatik alle Lehren, die der U. S. Supreme Court unabhängig von der konkreten Falllösung als verbindliche Arbeitsanleitung ansieht: Dieses Spektrum reicht von der Prämisse der Achtung der Präzedenzfälle über Postulate gerichtlicher Zurückhaltung in Verfassungsfragen bis zu den vom U. S. Supreme Court entwickelten Prüfungsmaßstäben für jeweilige Fallgruppen.[421]

---

[416] Die *Federalist Papers* gelten als die Verteidigungsschrift für den Verfassungsentwurf des Philadelphia Konvents. Dabei handelt es sich um eine ab Oktober 1787 in New York unter dem Pseudonym „Publius" veröffentliche Serie von Zeitschriftenartikeln, die bereits 1788 in Buchform erschien. Primär wurde mit den *Federalist Papers* der Zweck verfolgt, dem Verfassungsentwurf im Bundesstaat New York zur Annahme zu verhelfen. Aufgrund ihrer argumentativen Stärke und der Tatsache, dass die Autoren drei der Verfassungsväter – namentlich Alexander Hamilton, James Madison und John Jay – waren, werden sie heute als Interpretation der Absichten der Verfassungsväter gewertet.

[417] Schefer 1997, 167 f

[418] vgl etwa *Sunstein, Cass.* After the Rights Revolution. Reconceiving the Regulatory State, Chicago 1990; *Fallon, Richard.* A Constructivist Coherence Theory of Constitutional Interpretation, in: Harvard Law Review 1987, 100, 1189-1286; *Murphy et altri.* American Constitutional Interpretation, Mineola 1986; *Bobbitt, Philip.* Constitutional Interpretation, Oxford 1991.

[419] Brugger 1993, 11

[420] Brugger 1993, 11

[421] Brugger 1993, 156

Professor Fallon versucht in seinem Artikel „*A constructivist coherence theory of constitutional interpretation*“[422] die unterschiedlichen Auslegungsmethoden schließlich zusammenzuführen und zu zeigen, dass nicht jede einzeln für sich betrachtet werden sollte, sondern dass es zwischen den einzelnen Auslegungsmethoden Interdependenzen gibt, die es zu nützen gilt. Dieser neue Zugang wird als *constructivist coherence theory* bezeichnet und bietet Möglichkeiten, eine Kohärenz mit unterschiedlichen hierarchischen Mustern zu erreichen.

Welche Auslegungsmethode und in welcher hierarchischen Anordnung sie vom Höchstgericht am besten angewandt werden sollte, ist nicht eindeutig geklärt. Die widerstreitenden Positionen bei dieser Thematik lassen sich im weitesten Sinne in zwei Grundrichtungen aufteilen: Die Interpretivisten, die sich an den Kanon der Auslegungsmethoden gebunden sehen – vergleichbar mit den Positivisten – und die Nichtinterpretivisten, die eine weite teleologische Sichtweise vertreten – vergleichbar mit Anhängern der Naturrechtslehre. Diese übliche, wenngleich angreifbare Unterscheidung lässt sich der Sache, wenn auch nicht der Terminologie nach bis in die Anfänge der Rechtsprechung des U. S. Supreme Court zurückverfolgen.[423]
Die Interpretivisten, zu deren wichtigsten Vertreter *Justice* Hugo Black, Raoul Berger und Robert Bork zählen,[424] gehen grundsätzlich davon aus, dass sich die Gerichtsbarkeit bei der Anwendung des richterlichen Prüfungsrechts auf Bereiche beschränken sollte, welche in der Verfassung textlich oder jedenfalls klar impliziert sind. Somit sind die Richter durch die geschriebene Verfassung in einer spezifischen Weise limitiert. Ihre interpretatorische Kompetenz soll nur soweit reichen, als dass objektive unpolitische Kriterien den Interpretationsvorgang zu leiten vermögen.[425] Folgelogisch liegt der Schwerpunkt bei der textnahen, systematischen und historischen Analyse des Verfassungstexts, wobei die teleologische Auslegungsmethodik, trotz ihrer auch hier nicht zu verkennenden Bedeutung, nur insoweit eine Rolle spielt, als dass mit ihrer Hilfe der im Text zum Ausdruck kommende Wille der Verfassungsväter ergründet werden soll.[426] Ein Teil der Interpretivisten entwickelte einen besonders engen Bezug zur historischen Intention – *original intent* –, sodass die von ihnen vertretene Linie in der Literatur als *originalism* zu finden ist. Zusammenfassend für die Interpretivisten kann festgehalten werden, dass es ihre oberste Prämisse ist, dass der U. S. Supreme Court zwar Hüter der Verfassung sei, sich aber nicht durch die Integration der Wertvorstellungen der Richter praktisch zum Herrscher dieser „aufschwingen“ dürfe.[427]

---

422 Fallon 1987, 1189 ff
423 Brugger 1987b, 345
424 vgl ausführlich Brugger 1987b, 348 ff
425 Brugger 1987b, 347
426 Stoevesandt 1999, 47
427 Stoevesandt 1999, 47

Die Nichtinterpretivisten vertreten im Gegensatz zu den Interpretivisten die Ansicht, dass die Judikative auch diejenigen Prinzipien der Freiheit und Gerechtigkeit gegenüber den anderen beiden Staatsgewalten durchsetzen soll, welche nicht „im Design der Verfassung“ vorzufinden sind.[428] Die positivistischen Vorgaben der Verfassung können durch naturrechtliche Überlegungen, etwa durch die Integration „angeblich“ herrschender Moral-, Sozial- oder Wertvorstellungen ergänzt werden.[429] Während sich somit Interpretivisten weitestgehend um eine Objektivierung der verfassungsrechtlichen Interpretation bemühen, steht bei den Nichtinterpretivisten die zwangsläufig subjektive Anpassung der Verfassung an die jeweiligen sozialen, moralischen und rechtlichen Gegebenheiten im Vordergrund. Wie Bork treffend formuliert, versucht der Nichtinterpretivist die textlichen Vorgaben der Verfassung durch einen „moralischen Imperativ“ zu ergänzen oder notfalls sogar gänzlich zu verändern.[430] Somit steht die zwangsläufig subjektive Anpassung der Verfassung an die jeweiligen sozialen, moralischen und rechtlichen Gegebenheiten im Vordergrund, wobei die Rechtfertigung darin gefunden wird, dass die Verfassungsväter im Hinblick auf das über 200 Jahre alte Dokument nicht notwendigerweise alle relevanten Aspekte der späteren Rechts- und Sozialentwicklung vor Augen haben konnten.[431] Nach Meinung der Nichtinterpretivisten ist die Funktion von Text und Geschichte nur jene, das gegenwärtige Normenverständnis *auf*zuschließen.[432] Mit der Akzeptanz nichtinterpretivistischer substanzieller Deutung der Verfassung durch das Gericht wird deutlich, dass eine Machtumverteilung von der Legislative zur Judikative hin stattfindet. Dabei ist der Ausgangspunkt jeglicher diesbezüglicher Rechtfertigung die Aufgabe der Judikative, dem, von den Verfassungsvätern festgelegten, materiellen Wert der Verfassung – Gerechtigkeit, Gleichheit und Freiheit – zur Durchsetzung zu verhelfen.[433]

Die Sichtweise der Nichtinterpretivisten führt zu einer pragmatischeren und oft auch praktischeren Herangehensweise des Höchstgerichts, sodass es zwangsläufig auch zu einer starken Rechtsfortbildung durch Richterrecht kommt. Die Rechtsfortbildung durch Richterrecht führt in Form von Präjudizienrecht – in den *Common Law* Staaten auch als *stare decisis*[434] Formel bekannt – dazu, dass Urteile wie Gesetze angewendet werden. Die Richter sind somit nicht nur dem Gesetz unterworfen, sondern werden auch durch Präjudizien über die gleiche Rechtsfrage gebunden.

---

428 Grey 1975, 703 zit nach Brugger 1987b, 347
429 Stoevesandt 1999, 49
430 Borg 1990, 131 f
431 Stoevesandt 1999, 49 ff
432 Brugger 1987b, 380
433 Brugger 1987b, 380
434 Etymologisch auf den lateinischen Ausspruch „*stare decisis et non quieta movere*“ – bei einer Entscheidung stehen bleiben – zurückzuführen.

Im Folgenden soll in einem Exkurs näher auf die, für das *Common Law* so charakteristische Form der *stare decisis* Doktrin eingegangen werden:

Das Präjudizienrecht bewirkt, dass Untergerichte, ebenso wie ein Höchstgericht selbst, an bereits ergangene Entscheidungen gebunden sind. Jedoch entfaltet die *stare decisis* Doktrin ihre Wirkung nur im jeweils selbstständigen Jurisdiktionsbereich. Dies bedeutet, dass Bundesgerichte nur durch Entscheidungen höherer Bundesgerichte und weiters Staatsgerichte nur durch Urteile von im staatlichen Instanzenzug folgenden höheren Gerichten, nicht aber durch Entscheidungen der Bundesgerichte und der Obergerichte anderer Staaten gebunden sind. Querverbindungen sind aber dennoch möglich: Soweit die Bundesgerichte das *Common Law* der Gliedstaaten anzuwenden haben, sind sie an die maßgebliche Auslegung durch die Gerichte des betreffenden Bundesstaats gebunden; allerdings kann der U. S. Supreme Court die Verfassungswidrigkeit von Gliedstaatenrecht für die Gerichte des betreffenden Staats verbindlich feststellen. Dies wären so genannte bundesrechtliche Fragen, die im konkreten Fall von den *Federal Courts* entschieden werden.[435]
Der U. S. Supreme Court hält sich zwar zumeist an diese Vorgabe, setzt aber genauso gelegentlich alte Präzedenzfälle außer Kraft (*overruling*). Problematisch wird das Präjudizienrecht, wenn Richter auch an vorherige Entscheidungen gebunden wären, die gegen ausdrückliche Verfassungsprinzipien verstießen. Als Ausweg aus diesem Konflikt hat bereits John Marshall 1807 angemerkt, dass bei einem eindeutigen und schweren Verstoß gegen die Prinzipien und Vorgaben der Verfassung, auf eine Achtung der Präzedenzfälle verzichtet werden muss.[436] Je länger aber eine Kette gefestigter Rechtsprechung existent ist, und je weniger eindeutig der Verstoß ist, desto mehr Gewicht muss den Präzedenzfällen eingeräumt werden.
Im Rahmen der *stare decisis* Doktrin kommt keineswegs dem ganzen Urteil – auch nicht den verschiedenen Urteilselementen im gleichen Umfang – als Rechtsquelle Bedeutung zu, denn die Bindungswirkung geht zunächst nur von den tragenden Urteilsgründen, auch *ratio decidendi* oder *holding* genannt, aus. Die *ratio decidendi* ist dabei jene Regel, ohne welche der Fall nicht entschieden hätte werden können. Als *argumentum e contrario* kommt somit den restlichen Urteilsteilen keine bindende Wirkung zu. Darüber hinaus kann von einem Gericht nur darüber entscheiden werden, was auch tatsächlich vorliegt. Dies eröffnet die Möglichkeit des Distinguierens (*distinguishing*). Da jeder Richter jedes Urteil selbstständig auf seine Präjudizienkraft für den entscheidenden Fall überprüfen kann, kann er auch rechtserhebliche Unterschiede zwischen zwei Fällen aufzeigen. Durch das Unterscheiden von Fällen wird zum einen die Subsumierbarkeit

[435] Blumenwitz 1998, 29
[436] vgl etwa 8 U. S. (4 Cranch) 75, 103 f (1807) *Ex parte Bollman*

von Fällen unter eine Norm begrenzt, zum anderen werden neue Rechtsregeln ermittelt, da die, einen Präzedenzfall distinguierende, Entscheidung selbst wiederum Recht setzt. Das *distinguishing* ist vom *overruling* streng zu unterscheiden. Bei der Möglichkeit des Distinguierens bleibt bereits ergangene Rechtsprechung aufrecht und das *Case Law* wird in einem weiteren Punkt fortentwickelt, beim *overruling* tritt die Präjudizienwirkung einer Entscheidung außer Kraft.
Der U. S. Supreme Court hat durch zahlreiche verfassungsinterpretierende Entscheidungen insbesondere zu der Problematik *„substantive due process"* und den ungeschriebenen Grundrechten, den *„unenumerated rights"*, bahnbrechendes Präjudizienrecht geschaffen, welches in der Lehre, in der Politik und in der Öffentlichkeit generell häufig sehr kontrovers diskutiert wird. Die Grundlage ist nur indirekt aus der Verfassung ableitbar. So etwa beispielsweise das Recht nicht sterilisiert zu werden,[437] das Recht zu heiraten[438] und das Recht, einen Schwangerschaftsabbruch durchzuführen.[439]

Zusammenfassend lässt sich festhalten, dass sich der U. S. Supreme Court grundsätzlich an den klassischen Auslegungsmethoden orientiert, sich in der amerikanischen Literatur jedoch zwei Lager gebildet haben – die Interpretivisten sowie die Nichtinterpretivisten –, welche die Anwendung der einzelnen Auslegungsmethoden des richterlichen Prüfungsrechts ähnlich kontrovers diskutieren, wie in Kontinentaleuropa die Positivisten und die Anhänger der Naturrechtslehre. Wesentlich für das richterliche Prüfungsrecht in den Vereinigten Staaten von Amerika ist das, für das *Common Law* charakteristische, Vorliegen von Präjudizienrecht. Das bedeutet, dass der U. S. Supreme Court bei seiner Entscheidungsfindung nicht nur an die Gesetze, sondern auch an bereits früher ergangene Entscheidungen in einer Rechtssache gebunden ist.

4.1.3.3. Vergleich der richterlichen Auslegungsmethodik und Rechtsfortbildung

Es lässt sich anhand dieses groben Überblicks vergleichend feststellen, dass von beiden Höchstgerichten die sowohl national wie auch international üblichen Auslegungsmethoden nach dem Wortlaut, dem Kontext, dem historischen Willen und dem Telos angewendet werden. Die sprachliche Interpretation wirft aufgrund der zahlreichen Amtssprachen in der Europäischen Union anders geartete Probleme auf als in den Vereinigten Staaten von Amerika, wo die sprachliche Interpretation

[437] 316 U. S. 535 (1942) *Skinner v Oklahoma*
[438] 388 U. S. 1 (1967) *Loving v Virginia*
[439] 410 U. S. 113 (1973) *Roe v Wade* sowie 462 U. S. 416 (1983) *City of Akron v Aktron Center For Reproductive Health*

häufig gemeinsam mit der historischen wieder zu finden ist. Hinsichtlich der historischen Auslegungsmethode ist festzustellen, dass der Europäische Gerichtshof aufgrund der geschichtlichen Gegebenheiten – es sind nur spärlich für interpretative Zwecke geeignete Dokumente vorhanden – kaum Möglichkeiten hat, sich auf die historische Interpretation zu stützen. Ganz im Gegenteil dazu kann der U. S. Supreme Court auf viele historische Unterlagen zurückgreifen, sodass es diesbezüglich das größte Problem ist, die Intention der *framers* zu definieren.
Der Europäische Gerichtshof verwendet zumeist eine Mischung der systematischen und teleologischen Auslegungsmethode, der U. S. Supreme Court wendet in den meisten Entscheidungen ebenso eine Mischung aus den oben aufgezählten Methoden an, wobei es in den Vereinigten Staaten von Amerika keinen wie in Europa als klassisch bezeichneten Kanon der Verfassungsinterpretation gibt. Deswegen wird die teleologische Interpretation häufig durch Moral-, Sozial- oder Wertvorstellungen ergänzt.
Ein de jure sehr wesentlicher Unterschied beider Vergleichsobjekte im Rahmen der Auslegungsmethoden besteht in der Geltung von Präjudizienrecht in den Vereinigten Staaten von Amerika, welches in der Europäischen Union nicht auf diese Weise verankert ist. Nichtsdestotrotz gibt es für ein, nicht auf *Common Law* basierendes Rechtssystem eine äußerst starke Orientierung des Europäischen Gerichtshofs an bereits früher ergangenen Entscheidungen, sodass der Europäische Gerichtshof de facto versucht, eine Entscheidungslinie beizubehalten. Es hat sich somit eine umfangreiche eigenständige Dynamik entwickelt, die nicht von einem, auf völkerrechtlicher Basis gegründeten, Gerichtshof zu erwarten war.

4.1.4. Willensbildung und Urteilsstil

4.1.4.1. Willensbildung und Urteilsstil am Europäischen Gerichtshof

Das Staats-, Rechts- und Europaverständnis der Richter am Europäischen Gerichtshof ist heterogen, durch die Rechts- und Gesellschaftsordnungen ihrer Heimatstaaten, durch deren Geschichte und Kultur sowie durch persönliche Wertvorstellungen geprägt. So sind die Richter zwar unabhängig vom Mitgliedstaat, der sie entsandte, jedoch nicht unabhängig von ihrer mitgliedstaatlichen Prägung. Die einzige Gemeinsamkeit der, aus unterschiedlichen Rechtstraditionen entstammenden, Richter ist die Rechtsordnung der Gemeinschaft. Es hat sich bei den Entscheidungen des Europäischen Gerichtshofs nicht eine einzelne Rechtsordnung durchgesetzt, vielmehr haben die einzelnen Richter den Beitrag ihrer nationalen Rechtsordnung in den Willensbildungsprozess des Gerichtshofs einfließen lassen. Das Ergebnis ist eine durch Rechtsvergleichung, vor allem auch durch die Schlussanträge der Generalanwälte, geförderte Lösung aus den unterschiedlichen Rechtsordnungen der Mitgliedstaaten. Dies ist nach Everling unentbehrlich für die Funktion des Gerichtshofs: Nur wenn alle in der Gemeinschaft

bestehenden Rechtssysteme im Gerichtshof ausreichend repräsentiert sind, könne die Rechtsprechung eine, alle Mitgliedstaaten umfassende, integrierende Wirkung ausüben.[440]
Den Abschluss des Willensbildungsprozesses bildet das Urteil, das in der Praxis grundsätzlich in den Kammern, in Ausnahmefällen im Plenum, gefällt wird. Die Ratio der ungeraden Besetzung der Kammern liegt darin, dass es zu keiner Stimmengleichheit und somit zu keiner Pattstellung bei der Beschlussfassung kommt. Das *Konsensquorum* für Beschlüsse des Europäischen Gerichtshofs liegt grundsätzlich bei der *Mehrheit* der teilnehmenden Richter. Was das *Präsenzquorum* anbelangt, so ist bei einer Entscheidungen durch das Plenum die Anwesenheit von 15 Richtern, durch die Große Kammer von neun Richtern, für Entscheidungen durch Dreier- oder Fünferkammern von drei Richtern notwendig.[441]
Zumeist sind sich die Richter über das Ergebnis der Entscheidung einig, nicht aber über die rechtliche Begründung des Ergebnisses.[442] Folglich fällt die Begründung der Entscheidungen in den Urteilen meist nur sehr knapp aus,[443] wie weiter unten im Rahmen des Urteilsstils noch ausführlich erörtert wird. Aufgrund dieser Kürze kommt den Schlussanträgen der Generalanwälte, mit ihren ausführlichen rechtsvergleichenden Darstellungen und ihren auch häufigen Verweisen auf die wissenschaftliche Literatur, für das Verständnis der Urteile besondere Bedeutung zu. Bezüglich der wissenschaftlichen Literatur ist anzumerken, dass es aus praktischen Gründen kaum möglich ist beziehungsweise war, sich umfassend mit der Literatur aus nun bereits 27 Mitgliedstaaten auseinanderzusetzen.[444]
Darüber hinaus geht der Europäische Gerichtshof nach Everling davon aus, dass es nicht die Sache von Gerichten sei, über den konkreten, auf einen Sachverhalt bezogenen Streitfall hinaus weitere Fragen zu beantworten oder gar Doktrinen zu entwickeln; dies sei die Aufgabe der Wissenschaft.[445]
Welcher Richter welche Meinung vertritt, geht aus den Entscheidungen des Europäischen Gerichtshofs nicht hervor, sodass kein Mitgliedstaat – im Fall, dass der von ihm entsandte Richter mitstimmt – weiß, in welcher Weise der „eigene“ Richter entschieden hat. Dies trägt auch zur Unabhängigkeit der einzelnen Richter bei. Die europäische Rechtsordnung sieht deshalb keine *dissenting* oder *concurring opinion*[446] der Richter vor.

Der Urteilsstil des Europäischen Gerichtshofs ist aufgrund der heterogenen Zusammensetzung des Richterkollegiums nicht einfach einer Rechtsordnung zuzu-

---

[440] Everling 1983, 139
[441] Art 17 Abs 2, Abs 3 sowie Abs 4 EuGH-Satzung
[442] Everling 1983, 155
[443] Everling 1994, 128
[444] Voß 2003, 48
[445] Everling, 2000, 40
[446] Erklärung erfolgt im darauf folgenden Kapitel 4.1.4.2.

ordnen. Der Europäische Gerichtshof kann nicht, wie nationale Gerichte, auf eine gemeinsame Tradition der Mitgliedstaaten zurückgreifen. Und dennoch sind kaum Bereiche derart von Traditionen geprägt, wie die Urteilspraxis und der Urteilsstil.[447] Da sich der Europäische Gerichtshof in Verfahrens- und Formfragen in erster Linie an die französische Rechtsordnung anlehnte,[448] wurde auch der französische Urteilsstil übernommen. Betrachtet man die Urteile französischer Gerichte, so fällt zunächst ihre strenge, disziplinierte Form und apodiktische Kürze auf. Der Urteilstenor steht, in Artikel gegliedert, am Schluss eines knappen Texts, der aus einem einzigen, erst in neuerer Zeit gelegentlich unterteiltem, Satz besteht. Die Entscheidung in der Sache selbst wird folglich am Schluss des Urteils verkündet. Die französischen Gerichte sehen ihre Entscheidung als einfache, zwingende Deduktion aus Rechtssätzen, wobei kein Zweifel an der Richtigkeit ihres Spruchs zu erkennen ist. Erwägungen der materiellen Gerechtigkeit oder rechts- und gesellschaftspolitische Überlegungen, wie sie jedes Gericht anstellt, sind nach außen hin nicht sichtbar. Der Geltungsanspruch, mit welchem die Urteile gesprochen werden, lässt auf ein gefestigtes Verständnis schließen. Dieser Staat braucht die Rechtsgenossen nicht zu überzeugen, er erwartet vom Bürger Gehorsam gegenüber dem, was die Gerichte als Recht formulieren.[449]

Obgleich der Europäische Gerichtshof seinen Urteilsstil weitgehend am französischen Vorbild anlehnt, wirken auch andere Rechtsordnungen mit ein, wobei es Everling als erstaunlich empfindet, in welchem Ausmaß der französische Urteilsstil im Vergleich zur Anfangszeit des Gerichtshofs bereits zurückgedrängt wurde.[450] Vom französischen Vorbild weicht der Europäische Gerichtshof insofern ab, als dass er den Sachverhalt und vor allem auch das Parteienvorbringen relativ ausführlich wiedergibt. Jedoch bleibt die eigentliche sachliche Begründung in der Regel kurz und besteht mehr aus einigen Feststellungen, als aus einer Rechtfertigung des Ergebnisses. Aus Common Law Sicht sind sie nach Arnull sogar *„spectacularly uninformative“*.[451]

Die Entscheidung wird – gleich bleibend wie bei den französischen Urteilen – am Ende des Urteils verkündet. Der Urteilsstil hat sich jedoch über die Jahre hinweg verändert. So waren die Urteile bis 1984 wie folgt aufgebaut: Den Urteilen selbst waren Leitsätze vorangestellt, die vom Kanzler in eigener Verantwortung zu-

---

[447] Everling 1994, 131

[448] Bei der Gründung der Europäischen Gemeinschaft für Kohle und Stahl kam der französischen Rechtsordnung ein besonderer Stellenwert zu. Dies vor allem deshalb, weil die Europäische Gemeinschaft für Kohle und Stahl als Verwaltungsgemeinschaft ausgestaltet war, sodass Verwaltungsrecht und Verwaltungsgerichtsbarkeit im Vordergrund standen. Genau diese Bereiche sind in den sechs Gründungsmitgliedern weitgehend vom französischen Recht beeinflusst. (Everling 1994, 132; Everling 1993, 293)

[449] Everling 1994, 134

[450] Everling 1994, 140

[451] Arnull 2006, 623

sammengestellt wurden. Diese nichtamtlichen, unverbindlichen Leitsätze resümierten die Entscheidungsgründe und gaben so die Hauptaussagen der Urteile in anschaulicher Form wieder. Die Urteile begannen mit dem Tatbestand, in dem der Sachverhalt, der Verfahrensablauf, sowie die von den Parteien und Intervenienten eingereichten Erklärungen zusammengefasst wurden. Daran schlossen sich die Entscheidungsgründe an, die in verbindlicher Form die Rechtsansicht des Europäischen Gerichtshofs wiedergaben und mit dem Urteilstenor endeten. Die Urteile selbst waren durch Randnummern gegliedert und ihnen wurden in unverbindlicher Weise die Schlussanträge des Generalanwalts angefügt. Mit dem Jahre 1985 folgte eine Phase, in der man des öfteren auf die Wiedergabe des Tatbestands verzichtete, und erst ab September 1986 rang sich der Europäische Gerichtshof zu einer einigermaßen konsistenten Veröffentlichungspraxis seiner Urteile durch. Immer häufiger wurden nunmehr den Leitsätzen entweder die Schlussanträge des Generalanwalts oder der Sitzungsbericht unmittelbar nachgestellt. In ersterem Falle kommt nach den Schlussanträgen das Urteil, das wiederum in den Tatbestand, die Entscheidungsgründe und den Tenor gegliedert ist. In letzterem Falle – der sich nunmehr definitiv durchgesetzt hat – schließen nach dem Sitzungsbericht des Berichterstatters die Schlussanträge des Generalanwalts an; danach folgt das Urteil, das noch einmal eine Kurzdarstellung des Sachverhalts enthält und dessen Entscheidungsgründe nicht mehr expressis verbis als solche angeführt werden. Vor der Urteilsformel, dem Tenor, wird noch über die Kosten entschieden. Dem Tenor folgen die Unterschriften der am Verfahren beteiligten Richter und der Verkündungsvermerk. Seit dem Jahre 1994 wird der Sitzungsbericht des Berichterstatters nur mehr in der Verfahrenssprache abgefasst; in der amtlichen Sammlung der Rechtsprechung wird er grundsätzlich nicht mehr veröffentlicht.[452]

In den Urteilen des Europäischen Gerichtshofs werden Urteile anderer, vor allem nationaler, Gerichte, abgesehen von Stellungnahmen vorlegender Gerichte, nicht zitiert. Ebenso wenig wird auf Meinungen in der Literatur hingewiesen.[453] Jedoch ging der Europäische Gerichtshof seit dem Beitritt Großbritanniens immer mehr dazu über, an frühere Urteile anzuknüpfen, sodass in der Literatur bereits von einem Präjudizienrecht gesprochen wird.[454]

Die verschiedenen Einflüsse auf den Urteilsstil führten zur paradoxen Situation, dass die Urteile vor allem von deutscher Seite wegen ihrer apodiktischen Kürze und weiters wegen ihrer dekretartigen Kargheit, welche für die Bürger wenig überzeugend wirke, heftig kritisiert werden.[455] Hingegen übertreffen die Urteile des

---

[452] Hummer/Simma/Vedder 1999, 14 f

[453] Everling 1994, 137 f

[454] vgl beispielsweise auch bei Arnull 1993, 247 und Mackenzie Stuart/Warner 1981, 273 ff

[455] etwa bei Oppermann 1991, 234; Leible 1999, 76 ff; Everling 2000, 40 f; mit weiteren Literaturhinweisen bei Hopt 2002, 598

Europäischen Gerichtshofs jene der französischen und anderer romanischen Gerichte sogar an Argumentationswert.[456]
Mit der Einführung von spezialisierten Kammern durch die Gerichtsreform nach dem Vertrag von Nizza,[457] sollte es auch – wie es in der Literatur unter anderem von Klaus Hopt[458] prognostiziert wird – zu einer Änderung der Urteilsstile kommen. Dies dadurch bedingt, dass sich die Richter intensiver mit einer Rechtsmaterie auseinandersetzen könnten und damit verbunden eine höhere Sachkompetenz erlangen würden. Diese Sachkompetenz würde sich dann nicht nur im Tenor und in einer leitsatzartigen Begründung niederschlagen, sondern auch im Eingehen auf Sachargumente.[459] Dies könnte schließlich dazu führen, dass sich der Urteilsstil des Europäischen Gerichtshofs weg von einer apodiktischen Kürze mit einer eher autoritativen Form hin zu einer argumentativeren Form entwickelt.

4.1.4.2. Willensbildung und Urteilsstil am U. S. Supreme Court

Die am Willensbildungsprozess beteiligten Richter stammen aus derselben Rechtstradition, dem Rechtskreis des *Common Law*. Für diesen Rechtskreis ist es charakteristisch, dass bei der Urteilsveröffentlichung sowohl die Mehrheits- als auch eine oder mehrere Minderheitsmeinungen publik gemacht werden. Ob die Richter einstimmig entscheiden – was eher die Ausnahme darstellt[460] – oder eine Mehrheitsentscheidung gefällt wird, kristallisiert sich bereits in den internen Beratungen heraus. Der *Chief Justice* bestimmt in diesen Beratungen bereits den Referenten, der die Urteilsbegründung – *opinion* – ausarbeitet; es sei denn er gehört selbst der Minderheit an. Dann bestimmt der dienstälteste Richter der Mehrheit sich selbst oder einen anderen als Referenten.[461] Der *Chief Justice* nimmt an der eigenen Urteilsabfassung ebenso teil wie seine Kollegen, wobei sich der *Chief Justice* bei politisch und juristisch wichtigen Entscheidungen oft die Abfassung der Mehrheitsentscheidung vorbehält, da ihr dann ein erhöhtes Gewicht zukommt.[462] Im Prozess der Willensbildung spielen neben den informellen Diskussionen und den schriftlichen Stellungnahmen der Parteien bzw. unbeteiligter Dritter (*amicus curiae*), welche am Ausgang der Verhandlung interessiert sind und mit ihren Argumenten einen der beiden Streitteile unterstützen, auch die von den *Law Clerks* anzufertigenden Memoranden, die untereinander ausgetauscht

---

[456] Everling 1994, 137
[457] ausführlich dazu siehe Kapitel 4.1.1.1.
[458] Hopt 2002, 597 ff
[459] Hopt 2002, 598
[460] Es gab beispielsweise im Jahre 1994 bei nur 86 Entscheidungen insgesamt 200 verschiedene Meinungen, entweder in *concurring* oder in *dissenting* opinions. (vgl mit weiteren Verweisen Stoevesandt 1999, 24)
[461] Hall 2005, 705
[462] Löwenstein 1954, 402

werden, eine wichtige Rolle. Der Prozess der Willensbildung findet seinen endgültigen Abschluss aber erst mit der Verkündung der Entscheidung.
Jedes Urteil repräsentiert primär eine Entscheidung der neun eigenständigen Richter, die häufig auch als *„nine one-man law firms"* bezeichnet werden und erst sekundär eine Entscheidung „des" Supreme Court.[463] Das Spektrum der Gerichtsentscheidungen reicht von einstimmigen Grundsatzentscheidungen bis zu knappen 5:4 Entscheidungen, bei denen sich die Richter gerade noch über ein konkretes Ergebnis, nicht aber mehr über die Auslegung des verfassungsrechtlichen Standards oder die leitenden Gründe einigen konnten. Die Minderheitsmeinungen werden schließlich als *dissenting opinions* veröffentlicht. Wenn ein Richter zwar mit dem Ergebnis der Mehrheitsentscheidung, nicht aber mit ihrer Begründung übereinstimmt, so gibt er ein Sondervotum in Gestalt einer *concurring opinion* ab. Im Extremfall kann eine Entscheidung aus einem kurzen *per curiam*-Abschnitt des Gerichts und neun verschiedenen Begründungen bestehen.[464] Alle Meinungen, die der Mehrheit wie die der Minderheit und die eine von beiden unterstützenden *concurring opinions,* werden vom Gericht amtlich veröffentlicht. Die Veröffentlichung, die jeweils unter dem Namen eines bestimmten Richters ergeht, führt dazu, dass die Juristenwelt ebenso wie die breite Öffentlichkeit sich ein genaues Bild von den einzelnen Richterpersönlichkeiten machen kann. Somit ist die Haltung eines Mitglieds des Supreme Court bald bekannt, und es lässt sich häufig leicht erkennen, welchen Weg ein Höchstrichter eingeschlagen hat. Gewisse Richter werden dem konservativen, andere dem liberalen Flügel zugeordnet, wobei es dazwischen auch eine Gruppe gibt, die sich auf keine Richtung dauerhaft festlegt. Die Richter werden deshalb schon oft zu Lebzeiten einer systematischen Analyse unterworfen, und es werden Biografien über sie verfasst.
Die Minderheitsentscheidungen sind häufig origineller, mutiger, weniger dem Zeitgeist verhaftet als jene der Mehrheit. So ist es in entscheidenden Fällen immer wieder vorgekommen, dass die Minderheit ihrer Zeit voraus war und später zur Gerichtsmehrheit wurde. Viele Juristenpersönlichkeiten am Obersten Gerichtshof, wie etwa Richter Harlan (mit 330 *dissenting opinions*) sind meist zu den *dissenters* zu zählen.[465] Erstaunlich ist, dass zu Beginn der Jurisdiktion des U. S. Supreme Court jeder Richter seine eigene Meinung in so genannten *seriatim opinions* wiedergab. So wurde beispielsweise in der Causa *Ware v Hylton*[466] von *Justice* Samual Chase eine ausführliche *opinion* verfasst und schließlich von jedem einzelnen Richter eine eigene Urteilsbegründung angefügt. Dies *„blurred the*

[463] Brugger 1987a, 60
[464] So etwa in 403 U. S. 713 (1971) *New York Times Co v United States*
[465] Löwenstein 1954, 403 f
[466] 3 U. S. (3 Dall.) 199 (1796)

line of decision,“ wie es Swisher[467] formulierte, nahm den in der damaligen Zeit ohnedies sehr wenigen Entscheidungen die Überzeugungskraft.[468]
Erst mit *Chief Justice* John Marshall wurde diese Praxis geändert und eingeführt, dass ein Richter für die Mehrheit des Gerichts eine *opinion* verfasst. Von der Ära des *Chief Justice* John Marshall bis zum Ende der Amtszeit von *Chief Justice* Charles Hughes,[469] also mehr als 100 Jahre, wurde dies auch beibehalten. Das Höchstgericht urteilt somit grundsätzlich in *single opinions* und nur bei wichtigen Entscheidungen wurden *concurrent* beziehungsweise *dissenting opinions* verfasst. Ab diesem Zeitpunkt nahmen sowohl die *concurring* als auch die *dissenting opinions* erheblich zu, sodass einige Kommentatoren bereits eine Rückkehr zu den *seriatim opinions* festgestellt haben wollen.[470]

Hinsichtlich des Urteilsstils ist festzuhalten, dass die Urteile eine sehr persönliche Färbung aufweisen. Die Richter begründen die Entscheidung meist mündlich, und auch die schriftliche Fassung lässt das gesprochene Wort erkennen. Das Gericht ist somit keine anonyme Autorität, sondern die Persönlichkeit des Richters steht im Vordergrund, bei Kollegialgerichten ist es die Begründung des vortragenden Richters. Deswegen ist es auch von großer Bedeutung, von wem das Urteil verfasst wird. Die Urteilsstile waren in den über 200 Jahren seit der Gründung des U. S. Supreme Court nicht immer gleich, jedoch lassen sich so genannte „*period-styles*“ herausfiltern.[471] In der ersten Hälfte des 19. Jahrhunderts war der „*grand style*“, vor allem von *Chief Justice* John Marshall und *Justice* Joseph Story geprägt, vorherrschend: „*Judges spoke as the 'mouthpieces of divinity' in polished, spartan opinions*“.[472] Die Qualität des Urteilsstils nahm nach 1850 ab, als sich der „*formal style*“, welcher auf Logik und Präzedenzfälle aufbaute, durchsetzte: „*Opinions became much less readable: turgid, obscure, jargonistic, repetitious, and full of string citations and careless English.*“[473] Erst um 1900 wurde der Stil, vor allem durch *Justice* Oliver Wendell Holmes, wieder verbessert: „*Justice Oliver Wendell Holmes's brilliant writing shone brightly amid this dreary gray. Perhaps as a result of his influence, the better Supreme Court decisions in the twentieth century have become, rhetorically speaking, increasingly powerful and persuasive. But the grand style has been dead since 1900, and the formal style although mostly moribund since the rise of legal realism, lives on in the form of newly*

---

[467] Swisher 1954, 98 f zit nach Maaßen 1977, 58
[468] Maaßen 1977, 58
[469] *Chief Justice* Charles Hughes war Richter am U. S. Supreme Court in den Jahren von 1930 bis 1941.
[470] vgl etwa Hall 2005, 707
[471] Hall 2005, 706
[472] Hall 2005, 706
[473] Hall 2005, 706

elaborated constitutional doctrines with layered sets of 'tests' and 'prongs' and 'standards' and 'hurdles'".[474]
Generell gilt, dass Urteile, gerade bei Grundsatzentscheidungen, von erheblicher Länge sind. Nach einer mehr oder weniger ausführlichen Darstellung des Sachverhalts folgt die rechtliche Begründung, wobei ein starker Rückgriff auf Präjudizien vorgenommen wird, und erst am Ende ergeht die Entscheidung in der Sache selbst. Der Stil der Urteile ist meist sehr plastisch. Es wird gelegentlich in der persönlichen Form des „*we*" beziehungsweise „*us*" argumentiert.[475]

4.1.4.3. Vergleich der Willensbildung und Urteilsstile

Im Rahmen des Willensbildungsprozesses lässt sich in der Europäischen Union und in den Vereinigten Staaten von Amerika ein grundlegender Unterschied feststellen. Die Richter des U. S. Supreme Court kommen aus einem Rechtskreis mit einem rechtshistorischen Hintergrund, dem *Common Law*. Die Richter am Europäischen Gerichtshof sind mit der Tatsache konfrontiert, dass nicht nur die verschiedenen Rechtskreise Kontinentaleuropas vertreten sind, sondern mit Großbritannien auch die Rechtstradition des *Common Law* einbezogen wird. Der Entscheidungsfindungsprozess ist deshalb nicht einfacher gestaltet.
Die notwendige Mehrheit für die Fällung eines Urteils ist in beiden Höchstgerichten sehr ähnlich. Eine Mehrheit der Stimmen genügt, wobei es nicht erforderlich ist, dass – wie etwa in der Europäischen Union – alle für eine Kammer vorgesehenen Richter beziehungsweise für eine Plenarentscheidung alle Richter anwesend sind.
Die Urteile in der Europäischen Union fallen meist sehr kurz aus. Ein Umstand, der darauf zurückzuführen ist, dass sich die Richter meistens über die Entscheidung einig sind, nicht jedoch über die Begründung. Für das Verständnis der Urteile werden meist die längeren, häufig auf eine rechtsvergleichende Sichtweise aufgebauten, Schlussanträge der Generalanwälte herangezogen. *Dissenting opinions* oder *concurring opinions* werden in der Europäischen Union nicht veröffentlicht, wobei auf diese Möglichkeit bewusst verzichtet wird, um die Unabhängigkeit der Richter von ihren Mitgliedstaaten, ebenso wie eine erhöhte Akzeptanz der Rechtsprechung erreichen zu können. Der Vorteil der Minderheitsmeinungen würde jedoch darin liegen, dass sie eventuelle Entwicklungslinien

---

[474] Hall 2005, 706
[475] Beispielsweise in 234 U. S. 342 (1914), 346 *Shreveport Rate Case*: „These rates, *we* understand, were substantially ..." oder 5 U. S. (1 Cranch) 137 (1803), 162 *Marbury v Madison*: „This brings *us* to the second inquiry, which is, ..." oder 17 U. S. (4 Wheat.) 316 (1819), 334 *McCulloch v Maryland*: „If this bank of the United States has been lawfully created and incorporated, *we* next inquire, whether it may, ..." [Hervorheb. durch Verf.]

bereits vorzeichnen und in einer späteren Rechtsprechung zu einer Mehrheitsmeinung werden können.
Obgleich in der wissenschaftlichen Literatur die Bezeichnung der Generalanwälte als „*amicus curiae*" verwendet wird und dieser Ausdruck die Funktion jener dritter Unbeteiligter, welche am U. S. Supreme Court Stellungnahmen abgeben können, ebenso bezeichnet, können beide Funktionen nicht gleichgesetzt werden. Die Schlussanträge der Generalanwälte haben erheblichen Einfluss auf die Willensbildung der Richter, während Stellungnahmen Dritter am U. S. Supreme Court zwar einen Einfluss ausüben können, diesem aber grundsätzlich nicht derselbe Stellenwert wie jenem der Generalanwälte beigemessen werden kann. Mit der Funktion der Generalanwälte können viel mehr die *Law Clerks* des U. S. Supreme Court verglichen werden. Diesen wird zwar eine gewisse Beeinflussung einer Gerichtsentscheidung zugebilligt, jedoch nicht in dem Ausmaß, wie es die Generalanwälte am Europäischen Gerichtshof vermögen.

Ein Vergleich hinsichtlich der Urteilsstile zeigt, dass die Urteile beider Höchstgerichte ähnlich aufgebaut sind. Nach einer Beschreibung des Sachverhalts kommt es zur Rechtfertigung der Entscheidung, wobei die Entscheidung selbst erst am Ende des Urteils verkündet wird. Die Entscheidungsfindung erfolgt bei den Urteilen des U. S. Supreme Court sehr plastisch, es wird häufig auf die erste Person Plural zurückgegriffen („*we understand*", „*this brings us*", ...). Die Urteile, besonders jene bei Grundsatzentscheidungen, können durchaus eine beträchtliche Länge aufweisen. Der Urteilsstil am Europäischen Gerichtshof ist stark von der französischen Tradition beeinflusst; diese braucht die Rechtsgenossen nicht zu überzeugen, sondern erwartet Gehorsam gegenüber dem, was die Gerichte als Recht formulieren. Deswegen sind die Urteile am Europäischen Gerichtshof kurz gefasst. Die Kritiker, vor allem aus Deutschland kommend, werfen ihnen sogar eine apodiktische Kürze und eine dekretartige Knappheit vor, bei welcher die Bürger den Entscheidungen nicht folgen könnten. Diese leitsatzartige Begründung konnte sich jedoch in jenen Bereichen, in welchen spezialisierte Kammern eingeführt werden, hin zu einem besseren Eingehen auf Sachargumente wandeln. Es sollte an dieser Stelle zumindest die Frage aufgeworfen werden, inwieweit das Verbot der Veröffentlichung von *dissenting* and *concurring opinions* zu diesen kompromissgeprägten und wenig aufschlussreichen Urteilsbegründungen führt. Die Urteile stellen schlussendlich immer den kleinsten gemeinsamen Nenner der Richter dar, wobei es möglich ist, dass man sich im Ergebnis, nicht jedoch auch in der Begründung einig ist.
Sowohl in den Urteilen des Europäischen Gerichtshofs als auch des U. S. Supreme Court wird nicht weiter auf wissenschaftliche Literatur verwiesen, wie dies etwa besonders stark am deutschen Bundesverfassungsgerichtshof ausgeprägt ist. Im Rahmen des Europäischen Gerichtshofs wird davon ausgegangen, dass es nicht Sache von Gerichten sei, über den konkreten, auf einen Sachverhalt be-

zogenen, Streitfall hinaus weitere Fragen zu beantworten oder gar Doktrinen zu entwickeln; dies sei Aufgabe der Wissenschaft. Bei der Urteilsbegründung wird von beiden Gerichten häufig auf bereits ergangene Urteile – Präjudizien – eingegangen. Dies ist für den U. S. Supreme Court, der aus der Rechtstradition des *Common Law* stammt, charakteristisch, für den Europäischen Gerichtshof jedoch durchaus neuartig. In der Literatur wird deswegen bereits von einer europäischen Präjudizienpraxis gesprochen.
Am U. S. Supreme Court sind die Urteile sehr stark von demjenigem Richter abhängig, welcher die Begründung vorträgt. So kann es durchaus vorkommen, dass ein Richter mit einer plausiblen Argumentation seine Kollegen hin zu einer Mehrheit bewegen kann, während bei der Wahl eines anderen Richters diese Mehrheit nicht zustande gekommen wäre. Eine derartige persönliche Prägung ist bei den Urteilen des Europäischen Gerichtshofs nicht zu erkennen.

4.2. Leading cases in ausgewählten Bereichen mit Auswirkungen auf den Transformationsprozess

Für den materiellen Vergleich ist dahin gehend eine Auswahl zu treffen, welche Bereiche für wissenschaftliche Erkenntnisse im Rahmen dieser Arbeit am sinnvollsten herangezogen werden.
Grundsätzlich ist festzuhalten, dass zahlreiche Entscheidungen des Europäischen Gerichtshofs interessante Parallelen zu Entscheidungen des U. S. Supreme Court in den Vereinigten Staaten von Amerika aufweisen. Insbesondere in den Fragen der *Vorrangigkeit des föderalen Rechts vor mitgliedstaatlichem Recht, der Ausdehnung der zentralen Macht zu Lasten der mitgliedstaatlichen Legislativkompetenz und der Durchsetzung essenziellen Wirtschaftsrechts vor nichtwirtschaftlichen lokalen öffentlichen Machtgebern*, um nur einige zu nennen.[476]
Oben genannte Parallelen sind allesamt Problematiken, die eine föderale Entität zu bewältigen hat und deshalb die Tendenz festgestellt werden kann, dass föderale Spannungen, die – aus welchen Gründen auch immer – nicht mehr im Rahmen der Gesetzgebung gelöst werden können, häufig den als neutral angesehenen Gerichten für eine Lösung überlassen werden. Beide Gerichte operieren somit im Zentrum der „Verfassungspolitik" beider Entitäten, weshalb es weiters aufschlussreich ist, die Jurisprudenz beider Gerichte, ihr Verhalten, ihre Einwirkungen auf die Systemtransformation – besonders in ihren frühen Entwicklungsjahren – zu vergleichen:

> *„During its formative years, the Supreme Court delivered landmark decisions in controversies between the federal and state governments and sought to establish judicial supremacy in much*

[476] Höreth 2005, 155

the same way that the ECJ is seeking to consolidate its own position. Further much like the European Court, the Supreme Court has often issued judgements on the validity of federal and state legislation, judgements on controversies amongst states, interpretation of the treaties, rendered administrative decisions and interpretation of the constitution with finality".[477]

Aus den oben – von den zitierten Autoren als wissenschaftlich erkenntnisgewinnend angesehenen – Vergleichsmöglichkeiten werden im Rahmen dieser Arbeit folgende Bereiche herangezogen:
Erstens die Judizierung der Direktwirkung und Vorrangigkeit des Gemeinschaftsrechts beziehungsweise der *supremacy-clause* des föderalen Rechts, um das Zusammenspiel der beiden Rechtsordnungen und die Begründung der letztinstanzlichen Zuständigkeit beider Höchstgerichte für verfassungsrechtliche Fragen zu verdeutlichen. Denn gerade diese letztinstanzliche Zuständigkeit ist nicht als selbstverständlich anzusehen.
Der zweite große Bereich behandelt Rechtsstreitigkeiten zwischen den supranationalen Organen und den Mitgliedstaaten. Dieser Bereich wurde ausgewählt, weil gerade die Beziehungen zwischen den Organen beider Ebenen am besten das Zusammenspiel in einer föderalen beziehungsweise quasi-föderalen Union widerspiegeln.
Schließlich wird in einem letzten Punkt speziell auf die Akzeptanz der Urteile in den Mitgliedstaaten eingegangen. Denn nur durch die Akzeptanz und in weiterer Folge durch die Befolgung der Jurisdiktion der Höchstgerichte kann sich eine integrative Wirkung entfalten. Demonstriert werden diese Akzeptanz oder die Probleme in Folge der Nichtakzeptanz jeweils anhand eines Beispiels.

Nach einigen einführenden Worten werden die Sachverhalte der Leitentscheidungen kurz vorgestellt und darauf folgend die für die Entscheidungsfindung wesentlichen Leitsätze dargelegt.

Die Beantwortung der Frage, was genau verfassungsmäßig sei beziehungsweise nicht, liegt nicht, wie man auf den ersten Blick vielleicht vermuten könnte, selbstverständlich und automatisch bei einem Höchstgericht. So kommen in den Vereinigten Staaten von Amerika dem Kongress, dem Präsidenten und den Gerichten Interpretationsbefugnisse bezüglich der US-Verfassung zu. Ähnliches gilt für den Bereich der Europäischen Union, wo dem Rat und der Kommission jeweils eigene Interpretationsbefugnisse hinsichtlich der Gemeinschaftsverfassung zustehen. Ebenso wenig wie die US-Verfassung enthält das europäische Recht eine ausdrückliche Festlegung, welche Interpretationsansicht im Falle eines Konflikts

---

[477] Höreth, 2005, 155; Feld/Slotnick 1976, 324

zwischen den Interpretationsergebnissen sich durchsetzen sollte.[478] Dieser Aspekt sollte im Folgenden bei der Rechtsprechungstätigkeit der beiden Höchstgerichte beachtet werden.

Der Bereich der Höherrangigkeit des Gemeinschaftsrechts beziehungsweise des föderalen Rechts behandelt das Verhältnis, in welchem das Gemeinschaftsrecht beziehungsweise das föderale Recht zu jenem der Mitgliedstaaten steht. Die Klärung dieser Frage ist zweifelsohne von verfassungsrechtlicher Bedeutung mit weitreichenden Folgen. Grundsätzlich gilt für den Bereich des internationalen Rechts – daher des Völkerrechts, zu welchem auch das Recht der Europäischen Union seiner Intention nach zählt – dass die Adressaten der Normen Staaten und nicht Individuen sind. Erst die Staaten selbst bestimmen die Methode und das Ausmaß, inwieweit internationale Verpflichtungen Auswirkungen auf den einzelnen Bürger haben können; also inwieweit eine Transformation[479] des internationalen Rechts in nationales Recht erfolgt. Sollte der Staat diese Transformation, wenn diese nach den Vorschriften des nationalen Rechts vorgesehen ist, nicht durchführen, können sich die einzelnen Bürger nicht auf diese internationale Norm im Zuge der Rechtsdurchsetzung stützen.
Dieser Grundsatz hatte auch bei Gründung der Europäischen Union allgemeine Gültigkeit, sodass der einzelne Bürger keine Ansprüche aus dieser Rechtsordnung ableiten konnte.

Aufgrund dessen, dass es im internationalen Recht auch die Möglichkeit der *self-executing* Normen gibt, mag die Direktwirkung noch nicht als revolutionär erscheinen. Die ganze Auswirkung der Direktanwendung ist jedoch erst in Kombination mit der weiteren „Konstitutionalisierungsdoktrin" der Höherrangigkeit zu erkennen. Denn ungleich anderer föderaler Rechtsordnungen ist in der Europäischen Union keine *supremacy-clause* vorgesehen.

4.2.1. Die Leitentscheidungen des Europäischen Gerichtshofs

Zu den weitreichendsten Entscheidungen des Europäischen Gerichtshofs sind jene Grundsatzentscheidungen[480] zu zählen, mit welchen er bereits in seinen Grün-

---

[478] Ukrow 1995, 78

[479] Für die Transformation internationalen Rechts in nationales Recht gibt es grundsätzlich zwei Möglichkeiten: Auf Grundlage der internationalen Norm wird eine nationale Norm geschaffen, aus welcher einzelne Rechte und Pflichten abgeleitet werden können (*non self-executing*) beziehungsweise die internationale Norm selbst bildet die Grundlage, und es bedarf keines weiteren Gesetzgebungsaktes mehr (*self-executing*).

[480] Einen ausführlichen Überblick über die Grundsatzentscheidungen des Europäischen Gerichtshofs gibt die bereits als Standardwerk rezipierte in vierter Auflage erschienene Fallsammlung von

dungsjahren die unmittelbare Anwendbarkeit des primären Gemeinschaftsrechts und mit folgelogischer Konsequenz den Vorrang des Gemeinschaftsrechts vor nationalem Recht judizierte. Erstere führte er mit der 1963 ergangenen Entscheidung Van Gend en Loos v Niederländische Finanzverwaltung[481] ein, die zweite mit der ein Jahr später gefolgten Entscheidung Costa v Enel.[482] Auf diese beiden Leitentscheidungen wird im Folgenden zuerst eingegangen.
In dieser Entscheidungslinie stehend folgten die Urteile Lütticke,[483] das sich mit der Voraussetzung der unmittelbaren Anwendbarkeit des primären Gemeinschaftsrechts auseinandersetzte, Internationale Handelsgesellschaft[484] und Simmenthal II,[485] welche die Wirkungen des Vorrangs des Gemeinschaftsrechts konkretisierten. Sie werden im Anschluss an die ersten beiden Leitentscheidungen dargestellt. Die Randnummern, welche in eckige Klammer [] gesetzt sind, bezeichnen die jeweilige Absatzzahl im Urteil und wurden von der Verfasserin zur besseren Auffindbarkeit im Urteil selbst und zur Vermeidung der erneuten Wiedergabe ganzer Textpassagen bei der Analyse eines Urteils eingefügt. Hervorhebungen im Rahmen der Urteile wurden von der Verfasserin zur Verdeutlichung einzelner Passagen durchgeführt.

Die fünf im Folgenden zu behandelnden Urteile sind nur zum Teil aufgrund der ausdrücklich normierten Verfassungszuständigkeit des Gerichtshofs eingeleitet und entschieden worden. Sie wurden auf der Grundlage von Vorabentscheidungsverfahren eingeleitet, wobei generell gesehen der Anteil der, in Vorabentscheidungsverfahren, also ohne ausdrückliche Verfassungszuständigkeit des Gerichtshofs, ergangenen Urteile dieser Relevanz beachtlich ist.[486]

4.2.1.1. Algemene Transport- en Expeditie Onderneming van Gend en Loos v Niederländische Finanzverwaltung (kurz: Van Gend en Loos)

In der Rechtssache Van Gend en Loos aus dem Jahre 1963 führte die niederländische Transportfirma Van Gend en Loos aus der Bundesrepublik Deutschland

---

Hummer, Waldemar/Christoph Vedder. Europarecht in Fällen. Die Rechtsprechung des EuGH, des EuG und deutscher und österreichischer Gerichte, Baden-Baden 2005.

481 Rs 26/62, EuGH vom 5. Februar 1963, *N.V. Algemene Transport- en Expeditie Onderneming van Gend en Loos v Niederländische Finanzverwaltung*, Slg 1963, 3

482 Rs 6/64, EuGH vom 15. Juli 1964, *Flaminio Costa v E.N.E.L.*, Slg 1964, 1253

483 Rs 57/65, EuGH vom 16. Juni 1966, *Firma Alfons Lütticke GmbH v Hauptzollamt Saarlouis*, Slg 1966, 258

484 Rs 11/70, EugH vom 17. Dezember 1970, *Internationale Handelsgesellschaft mbH v Einfuhr- und Vorratsstelle für Getreide- und Futtermittel*, Slg 1970, 1125

485 Rs 106/77, EuGH vom 9. März 1978, *Staatliche Finanzverwaltung v S.p.A. Simmenthal*, Slg 1978, 629

486 Ipsen 1983, 38

Harnstoff-Formaldehyd in die Niederlande ein, wobei dieses von der niederländischen Finanzverwaltung aufgrund einer am 1. März 1960 in Kraft getretenen Regelung höher besteuert wurde. Van Gend en Loos brachte schließlich Klage bei der Tariefcommissie in Amsterdam mit der Begründung ein, dass die eingeführte Ware zum Zeitpunkt des Inkrafttretens des EWGV gemäß des bis dahin geltenden niederländischen Zollrechts zu besteuern gewesen wäre. Die Änderung des Zolltarifs durch die niederländische Regierung sei nicht mit Art 12 EWGV vereinbar. Im August 1962 setzte die Tariefcommissie das Verfahren aus und ersuchte den Europäischen Gerichtshof im Zuge eines Vorabentscheidungsverfahrens über folgende Frage zu entscheiden:

> „*1) … ob Artikel 12 EWGV* [Art 25 neu EGV, Anm. d. Verf.] *interne Wirkung hat, mit anderen Worten, ob die Einzelnen aus diesem Artikel unmittelbar Rechte herleiten können, die vom Richter zu beachten sind, …*“.[487]

Die niederländische und die belgische Regierung bestritten die Zuständigkeit des Europäischen Gerichtshofs, da eine angebliche Vertragsverletzung nur in einem Verfahren nach Art 169 f EWGV festgestellt werden könne, und da die Frage nach der unmittelbaren Anwendbarkeit ein nationales verfassungsrechtliches Problem sei. Abgesehen davon könne Art 12 EWGV keine unmittelbare Wirkung haben, da es für die Fragen nach der unmittelbaren Wirkung wie bei anderen völkerrechtlichen Verträgen auf den Willen der Parteien und den Wortlaut des Vertrags ankomme. Die EWGV-Norm stelle lediglich eine völkerrechtliche Norm dar, die erst der Vollziehung durch die, zur Rechtsetzung befugten, nationalen Organe bedürfe. Van Gend en Loos hingegen bejahte die unmittelbare Anwendbarkeit, da Art 12 EWGV eine klare vollständige und genügend konkret ausgestaltete Norm darstelle.

Der Europäische Gerichtshof entschied trotz starken Widerstands vonseiten Belgiens und der Niederlande sowie gegen die Meinung des Generalanwalts wie folgt:

> „[7] *Die Tariefcommissie stellt in erster Linie die Frage, ob Art 12 EWGV* [Art 25 neu EGV, Anm. d. Verf.] *In dem Sinne unmittelbare Wirkung im innerstaatlichen Recht hat, das die Einzelnen aus dem Artikel Rechte herleiten können, die vom nationalen Richter zu beachten sind.*
> [8] *Ob die Vorschriften eines völkerrechtlichen Vertrags eine solche Tragweite haben, ist* ***vom Geist dieser Vorschrift, von ihrer Systematik und vom ihrem Wortlaut her zu entscheiden.***

[487] siehe Rz 7 der Entscheidung Van Gend en Loos

[9] *Das Ziel des EWG-Vertrags ist die Schaffung eines gemeinsamen Markts, dessen Funktionieren die der Gemeinschaft angehörigen* ***Einzelnen unmittelbar betrifft****; damit ist zugleich gesagt, dass diese Vertrag* ***mehr ist als ein Abkommen****, das nur wechselseitige Verpflichtungen zwischen den vertragsschließenden Staaten begründet. Diese Auffassung wird durch die Präambel des Vertrags bestätigt, die sich nicht nur an die Regierungen, sondern auch an die Völker richtet. ... Auch die dem Gerichtshof im Rahmen von Art 177* [Art 234 neu EGV, Anm. d. Verf.], *der die einheitliche Auslegung des Vertrags durch die nationalen Gerichte gewährleisten soll, zukommende Aufgabe ist ein Beweis dafür, dass die Staaten davon ausgegangen sind, die Bürger müssten sich vor den nationalen Gerichten auf das Gemeinschaftsrecht berufen können.*
[10] *Aus alle dem ist zu schließen, dass die* ***Gemeinschaft eine neue Rechtsordnung des Völkerrechts darstellt****, zu deren Gunsten die Staaten, wenn auch in begrenztem Rahmen, ihre Souveränitätsrechte eingeschränkt haben, eine Rechtsordnung, deren Rechtssubjekte nicht nur die Mitgliedstaaten, sondern auch die Einzelnen sind.* ***Das von der Gesetzgebung der Mitgliedstaaten unabhängige Gemeinschaftsrecht soll daher den Einzelnen, ebenso wie es ihnen Pflichten auferlegt, auch Rechte verleihen.***
[12] *Der Wortlaut von Artikel 12* [Art 25 neu EGV, Anm. d. Verf.] *einhält ein klares und uneingeschränktes Verbot, eine Verpflichtung, nicht zu einem Tun, sondern zu einem Unterlassen. Diese Verpflichtung ist im Übrigen auch durch keinen Vorbehalt der Staaten eingeschränkt, der ihre Erfüllung von einem internen Rechtsakt abhängig machen würde. Das Verbot des Artikel 12* [Art 25 neu EGV, Anm. d. Verf.] *eignet sich seinem Wesen nach vorzüglich dazu, unmittelbare Wirkungen in den Rechtsbeziehungen zwischen den Mitgliedstaaten und den ihrem Recht unterworfenen Einzelnen zu erzeugen.*
[16] *Aus den vorständen Erwägungen ergibt sich, dass nach dem Geist, der Systematik und dem Wortlaut des Vertrags Art 12* [Art 25 neu EGV, Anm. d. Verf.] *dahin auszulegen ist, dass er* ***unmittelbare Wirkungen erzeugt und individuelle Rechte begründet, welche die staatlichen Gerichte zu beachten haben****. [...]*

Mit dieser Entscheidung legte der Europäische Gerichtshof einen Meilenstein für die weitere Entwicklung der Europäischen Gemeinschaft. Er gab eine, im Vertrag nicht geregelte, Antwort auf die Frage nach dem Verhältnis des Gemeinschaftsrechts zum nationalen Recht. Das klassische Völkerrecht, als welches auch die Normen der Europäischen Gemeinschaft zu Beginn noch galten, ist zuerst in das nationale Recht zu transformieren, bevor es Gültigkeit haben kann und nimmt je nach seiner Art innerstaatlich eine eigene Rangposition ein. Mit Van Gend en Loos legte der Europäische Gerichtshof die direkte Anwendbarkeit, manchmal auch als unmittelbare Wirksamkeit des Europäischen Primärgemeinschaftsrechts bezeichnet, fest. Dies bedeutet, dass die primärrechtlichen Regelungen im mitgliedstaatlichen Bereich die unmittelbare Grundlage von Entscheidungen in konkreten Fällen sein können und, dass die Regelungen des primären Gemeinschaftsrechts durch keine weitere generelle staatliche Regelung vermittelt werden müssen. Die direkte Anwendbarkeit besteht überall dort, wo sich eine Norm des Gemeinschaftsrechts objektiv zur Anwendung im internen Bereich der Mitgliedstaaten eignet. Somit beschritt man einen Weg, der vom klassischen Völkerrecht weg hin zur Supranationalität führte, ohne dass dies in den Verträgen konkret festgelegt gewesen wäre. Durch diese unmittelbare Anwendbarkeit kann es zur effektiveren Durchsetzung des Gemeinschaftsrechts, zur Anwendung durch jeden einzelnen, kommen.

Das Urteil selbst beginnt der Europäische Gerichtshof mit der Vorstellung des methodischen Programms [8], wobei er ohne weiteres die Reihenfolge der rechtlichen Auslegungsmethodik umdreht. Die üblicherweise zu Beginn stehende Wortlautinterpretation wird nun an die letzte Stelle gereiht. Die teleologische Interpretationsmethode wird somit von Beginn an privilegiert, und zwar nicht nur in Bezug auf die Reihenfolge, sondern damit zusammenhängend auch im Hinblick auf Umfang und Argumentationsgewicht. Die teleologische Interpretation eröffnend, beginnt der Europäische Gerichtshof mit der Feststellung, dass das Europäisches Gemeinschaftsrecht jeden einzelnen betrifft und somit mehr sei als „normales Völkerrecht" [9]. Dazu, was dieses Mehr eines Vertrags genau sein mag, nimmt er jedoch nicht Stellung.

In der Interpretation dieses Urteils, das bereits in einer frühen Phase der Europäischen Gemeinschaft fiel – zu bedenken ist, dass der Europäische Gerichtshof das Urteil fünf Jahre (!) nach den Inkrafttreten der Römischen Verträge fällte – wurde das Wort „Gemeinschaft" nicht völkerrechtlich verstanden, sondern als Gemeinschaft im Sinne der politischen Theorie aufgefasst und unausgesprochen zeichneten sich bereits damals hinter den Worten des Europäischen Gerichtshofs zumindest skizzenhaft die Umrisse eines Verfassungskonstrukts ab.[488] Haltern formuliert dies wie folgt: *„Bereits 1963 denkt der EuGH den Vertrag nicht als Vertrag, sondern als in Entstehung befindliche Verfassung (wie er auch später ausdrücklich klar macht)"*.[489]

In [10] schließt der Europäische Gerichtshof aus der vorhergegangen Argumentation, dass die Gemeinschaft eine neue Rechtsordnung des Völkerrechts darstellt. Es sind im Folgenden nicht mehr die Staaten, die im Zentrum stehen, sondern die Individuen. Somit ist im Grunde in Van Gend en Loos bereits das angelegt, was in der Entwicklung einer genuin politischen Dimension der Europäischen Gemeinschaft später bei den Grundrechten und der Unionsbürgerschaft noch deutlicher wird.

---

[488] Haltern 2005, 273
[489] Haltern 2005, 273

Die Frage der Vorrangwirkung wurde im Vorfeld der Entscheidung sowohl vonseiten des Generalanwalts Römer als auch von der Kommission bereits diskutiert, doch findet das Problem des Vorrangs in der Entscheidung mit keinem Wort ausdrückliche Erwähnung. Das Thema der unmittelbaren Anwendbarkeit schien dem Europäischen Gerichtshof brisant genug und hat ausreichend Material für intensive Debatten geliefert. Der Gerichtshof wartete diese Diskussion ab und nahm dann ein Jahr später, in der Entscheidung Costa/E.N.E.L., ausdrücklich zum Problem des Vorrangs Stellung. Die Vorbereitung für diese Entscheidung lieferte aber bereits Van Gend en Loos.[490]

4.2.1.2. Flaminio Costa v E.N.E.L. (kurz: Costa/E.N.E.L.)

In der Rechtssache Costa/E.N.E.L. aus dem Jahre 1964 war ein Rechtsstreit zwischen einem italienischen Anwalt – Flaminio Costa – und dem italienischen Staat zu entscheiden. Anfang der 1960er Jahre verstaatlichte die Republik Italien die Erzeugung und Verteilung des elektrischen Stroms und gründete zu diesem Zweck die Ente nazionale Energia elettrica imprese già della Edisonvolta (E.N.E.L.), der als juristischen Person die Betriebsanlagen der verstaatlichen Elektrizitäts-Unternehmer übereignet wurden. Costa war Aktionär, der von der Verstaatlichung betroffenen Aktiengesellschaft, Edisonvolta. Er weigerte sich, eine Stromrechnung der E.N.E.L. in der Höhe von 1.925 (!) Lire (weniger als zwei Euro) zu bezahlen. Das Friedensgericht, vor dem der Rechtsstreit anhängig gemacht wurde, legte zuerst die Rechtssache dem italienischen Corte constituzionale vor. Dieser entschied, dass das Gemeinschaftsrecht in Italien den gleichen Rang wie Gesetzesrecht habe; daher gelte der Grundsatz *lex posterior derogat legi priori* mit der Folge, dass das zeitlich nachfolgende Verstaatlichungsgesetz dem Gemeinschaftsrecht vorgehe.[491] Es kam aber auch zur Vorlage an den Europäischen Gerichtshof im Zuge eines Vorabentscheidungsverfahrens mit der Bitte um Auslegung, ob das Verstaatlichungsgesetz mit den Art 37, 53, 93 und 102 EWGV [Art 31, 88 und 97 neu EGV, Anm. d. Verf.] vereinbar wäre. Die italienische Regierung bestritt die Zulässigkeit des Vorabentscheidungsantrags, was in Anbetracht des vorhergehenden Urteils des italienischen Corte constituzionale wenig überrascht. Argumentiert wurde, dass das Friedensgericht den Europäischen Gerichtshof nicht um Auslegung des EWGV, sondern um eine Entscheidung über die Vereinbarkeit eines innerstaatlichen Gesetzes mit dem EWGV ersucht habe. Außerdem könnten die innerstaatlichen Gerichte das Vorabentscheidungsverfahren nicht einleiten, wenn sie bei der Entscheidung eines Rechtsstreits lediglich ein innerstaatliches Gesetz anzuwenden hätten.

---

[490] Haltern 2005, 278

[491] Haltern 2005, 363

Der Europäische Gerichtshof entschied gegen die heftigen Einwände seitens der italienischen Regierung wie folgt:

> [8] *Zum Unterschied von gewöhnlichen internationalen Verträgen hat der EWG-Vertrag eine* ***eigene Rechtsordnung geschaffen, die bei seinem Inkrafttreten in die Rechtsordnungen der Mitgliedstaaten aufgenommen worden und von ihren Gerichten anzuwenden ist.*** *Denn durch die Gründung einer Gemeinschaft für unbegrenzte Zeit, die mit eigenen Organen, mit der Rechts- und Geschäftsfähigkeit, mit internationaler Handlungsfähigkeit und insbesondere mit echten, aus der Beschränkung der Zuständigkeit der Mitgliedstaaten oder der Übertragung von Hoheitsrechten der Mitgliedstaaten auf die Gemeinschaft herrührenden Hoheitsrechten ausgestattet ist, haben die Mitgliedstaaten, wenn auch auf einem begrenzten Gebiet, ihre* ***Souveränitätsrechte beschränkt*** *und so einen Rechtskörper geschaffen, der für ihre* ***Angehörigen und sie selbst verbindlich ist.***
>
> [9] *Diese Aufnahme der Bestimmungen des Gemeinschaftsrechts in das Recht der einzelnen Mitgliedstaaten und allgemeiner, Wortlauf und Geist des Vertrags haben zur Folge, dass es den Staaten* ***unmöglich*** *ist, gegen eine von ihnen auf der Grundlage der Gegenseitigkeit angenommene Rechtsordnung* ***nachträgliche einseitige Maßnahmen ins Feld zu führen. Solche Maßnahmen stehen der Anwendbarkeit der Gemeinschaftsrechtsordnung daher nicht entgegen.*** *...*
>
> [11] *Der* ***Vorrang*** *des Gemeinschaftsrechts wird auch durch Artikel 189 EWGV* [Art 249 neu EGV, Anm. d. Verf.] *bestätigt; ihm zufolge ist die Verordnung „verbindlich" und „gilt unmittelbar in jedem Mitgliedstaat". Diese Bestimmung, die durch nichts eingeschränkt wird, wäre ohne Bedeutung, wenn die Mitgliedstaaten sie durch Gesetzgebungsakte, die den gemeinschaftlichen Normen vorgingen, einseitig ihre Wirksamkeit berauben könnten.*
>
> [12] *Aus alledem folgt,* ***das dem von Vertrag geschaffenen, somit aus einer autonomen Rechtsquelle fließenden Recht wegen dieser seiner Eigenständigkeit keine wie immer gearteten innerstaatlichen Rechtsvorschriften vorgehen können, wenn ihm nicht sein Charakter als Gemeinschaft aberkannt und wenn nicht die Rechtsgrundlage der Gemeinschaft selbst in Frage gestellt werden soll.***
>
> [29] *Art 37 (2)* [Art 31 neu EGV, Anm. d. Verf.] *spricht ein unbedingtes Verbot aus, eine Verpflichtung nicht zu einem Tun, sondern zu einem Unterlassen. [...]*
>
> [30] *Dieses klar ausgesprochene* ***Verbot,*** *das mit dem Vertrag in der ganzen Gemeinschaft in Kraft getreten und dadurch Bestandteil der Rechtsordnungen der Mitgliedstaaten geworden ist, ist für die* ***Staaten verbindlich und betrifft ihre Angehörigen unmittelbar; diese können Rechte aus ihm herleiten, die von den staatlichen Gerichten zu beachten sind.***

Mit dieser Entscheidungsbegründung führte der Europäische Gerichtshof die mit van Gend en Loos begonnene Rechtsprechungslinie folgelogisch fort, wenngleich gegen den Widerstand Italiens und gegen den Schlussantrag des Generalanwalts.
Das Gemeinschaftsrecht ist nicht nur eine neue Rechtsordnung im Bereich des internationalen Rechts, sondern ist zugleich in das Recht der Mitgliedstaaten integriert. Der Grundsatz der unmittelbaren Anwendbarkeit kann nur erfolgreich sein, wenn die Frage der Normenhierarchie zu Gunsten der internationalen Norm gelöst wird.
Die Argumentation der Vorrangigkeit baute der Europäische Gerichtshof in vier logischen Schritten auf, wobei er sich nicht auf eine Bestimmung in den Verträgen stützen konnte. Dies bedeutet, dass die Vorrangwirkung, ebenso wie die unmittelbare Anwendbarkeit, rein auf die Interpretation der Verträge und nicht auf eine Vertragsbestimmung selbst zurückzuführen ist.
Der *erste* der vier Schritte des Gerichtshofs war, dass er das Gemeinschaftsrecht – wie er bereits in Van Gend en Loos deutlich gemacht hatte – als eine „neue“ Rechtsordnung bezeichnete [8]. Der *zweite* Schritt bestand aus einer Weiterführung dieses Gedankens sowie seiner legitimatorischen Untermauerung [8 zweiter Satz]. Die argumentative Legitimation erfolgt deshalb, weil die Staaten in aktiven Handlungen selbst ihre Souveränität beschränkt haben. Die Vorrangwirkung sei deshalb nur logische Konsequenz der Entscheidungen der Mitgliedstaaten selbst. Das *dritte* Argument stellt auf den Geist der Verträge und die Ziele der Integration ab, wobei vor allem der Gleichheitsgedanke durch den Begriff der „Gegenseitigkeit“ betont wird. Und schließlich bringt der Europäische Gerichtshof, in seinem erst letzten und *vierten* Schritt, das einzige wirkliche Wortlautargument für den Vorrang des Gemeinschaftsrechts dar [11]. Diese Wortlautinterpretation ist allerdings äußerst schwach; zum einen betrifft der Wortlaut, den der Europäische Gerichtshof heranzieht, ausschließlich Verordnungen, zum anderen betrifft der Wortlaut nur die unmittelbare Anwendbarkeit und nicht die Vorrangwirkung. Somit war vor allem die teleologische Interpretationsmethodik entscheidend für die Judizierung des Vorrangprinzips.[492]

Die Doktrin der Vorrangwirkung des Gemeinschaftsrechts weist fünf Dimensionen auf, welche verschieden gelagerte Wirkungen mit sich bringen. Mit Costa/E.N.E.L. wirft der Europäische Gerichtshof die Frage nach den verschiedenen Dimensionen der Vorrangwirkung erst auf und beantwortet schließlich alle der in Costa/E.N.E.L. angelegten Gedanken in seiner Folgerechtsprechung.
Die fünf Dimensionen der Vorrangwirkung sind: Die Dimension der Normenhierarchie, jene der Zeit, jene der Zentralisierung beziehungsweise der Dezentralisierung der Kontrollkompetenz, jene der Rechtsfolgen und jene der juristischen Kompetenz-Kompetenz.

---

[492] vgl Haltern 2005, 363 ff

Die Dimension der Normenhierarchie bedeutet, dass die höherrangige Norm den darunter liegenden Normen vorgeht; daher ist das europäische Primärrecht höherrangig als das europäische Sekundärrecht, Gemeinschaftsrecht ist höherrangig als mitgliedstaatliches Recht. Die Dimension der Zeit betrifft den Vorrang der Zeitdimension; ob später erlassenes Recht zeitlich früher erlassenem Recht vorgeht („*lex posterior derogat legi priori*"). Die Frage nach der Zentralisierung beziehungsweise Dezentralisierung der Kontrollkompetenz behandelt das Problem, welcher Richter über die Vorrangfrage entscheiden soll. Die vierte Dimension ist jene der Rechtsfolgen, welche die Frage nach dem Anwendungs- oder Geltungsvorrang der Gemeinschaftsnorm im Falle einer Normenkollision thematisiert. Die letzte Dimension, jene der juristischen Kompetenz-Kompetenz, ist die heikelste in diesem Zusammenhang. Sie dreht sich um die Frage, wer über die Abgrenzung der Rechtssphären entscheidet. Letztlich entsteht eine Art Wettbewerbssituation zwischen den nationalen Höchstgerichten und dem Europäischen Gerichtshof.[493]

Alle fünf genannten Dimensionen haben ihren Ursprung in Costa/E.N.E.L.: In der Dimension der Rechtsfolgen entscheidet sich der Europäische Gerichtshof für eine Verdrängung des, mit dem Gemeinschaftsrecht im Anwendungsfall kollidierenden, nationalen Rechts. Die Rechtsfolgen betreffend wird festgelegt, dass eine schon bestehende mitgliedstaatliche Norm ab Inkrafttreten der ihr entgegenstehenden gemeinschaftlichen Norm nicht mehr angewendet werden darf; der Anwendungsvorrang wird festgelegt. Anwendungsvorrang bedeutet hingegen nicht automatisch Geltungsvorrang. Mit dem Gemeinschaftsrecht kollidierendes nationales Recht bleibt also nur im Anwendungsbereich des Gemeinschaftsrechts unangewendet, besteht aber fort und kann in Konstellationen, die vom Gemeinschaftsrecht nicht berührt sind, angewendet werden.[494]
Auf die weiteren vier Dimensionen wird speziell in der Folgerechtsprechung bei den Causae Internationale Handelsgesellschaft und Simmenthal II eingegangen. Zuerst erfolgt die Darstellung der Folgerechtsprechung zu Van Gend en Loos mit der Causa Lütticke, die zeitlich den anderen Entscheidungen voranging.

4.2.1.3. Firma Alfons Lütticke GmbH v Hauptzollamt Saarlouis (kurz: Lütticke)

Im Oktober 1963 führte die Firma Lütticke Milchpulver aus Luxemburg in die Bundesrepublik ein, wobei bei der Einfuhr neben einem Zoll auch Umsatzausgleichssteuer erhoben wurde. Weil für die Umsatzausgleichssteuer die Rechtsgrundlage fehlte, erhob Lütticke beim zuständigen deutschen Finanzgericht Klage. Das Finanzgericht brachte beim Europäischen Gerichtshof im Zuge des Vorabent-

493 vgl ausführlich Haltern 2005, 366 ff
494 Haltern 2005, 371

scheidungsverfahren die Frage ein, ob die entsprechende Norm des Primärrechts – Art 95 Abs 3 EWGV [Art 90 neu EGV, Anm. d. Verf.] direkt anwendbar wäre und somit die Anwendung dieser Steuer diskriminierend sei.

Die Regierungen Deutschlands, der Niederlande und Belgiens verneinten die unmittelbare Anwendbarkeit, weil diese Vorschrift an die Mitgliedstaaten gerichtet sei und nur vollzogen werden könne, wenn die Mitgliedstaaten entsprechende Ausführungsmaßnahmen ergriffen hätten. Es handle sich um keine negative Verbotsverpflichtung, sondern um eine positive Handlungspflicht.
Die Kommission, im Gegensatz dazu, bejahte die unmittelbare Anwendbarkeit dieser primärrechtlichen Bestimmung; es handle sich um eine konkrete Bestimmung, die keines weiteren Vollzugsakts bedarf.

> [5] *Artikel 95 Absatz 1 EWGV* [Art 90 neu EGV, Anm. d. Verf.] *enthält ein* ***Diskriminierungsverbot****, das eine* ***klare und unbedingte Verpflichtung begründet****. Abgesehen von Abs 3 ist die* ***Verpflichtung an keine Bedingung geknüpft; sie bedarf zu ihrer Durchführung oder Wirksamkeit auch keiner weiteren Maßnahme der Gemeinschaftsorgane oder Mitgliedstaaten.*** *Die Verbotsnorm ist daher* ***vollständig, rechtlich vollkommen und infolgedessen geeignet, unmittelbare*** *Wirkung in den Rechtsbeziehungen zwischen den Mitgliedstaaten und den ihrem Recht unterworfenen Personen zu erzeugen. Wenn sie die* ***Mitgliedstaaten als Adressaten des Diskriminierungsverbots bezeichnet, so bedeutet dies nicht, dass das Verbot nicht unmittelbar den einzelnen zugute kommen könnte****.*

Der Europäische Gerichtshof hat in der Causa Lütticke die Voraussetzungen der unmittelbaren Anwendbarkeit des primären Gemeinschaftsrechts noch weiter konkretisiert und ausgedehnt. Eine Voraussetzung für eine negative Verbotspflicht wird nicht mehr angenommen. Ausreichend ist nun, dass die Verpflichtung hinreichend klar und genau, vollständig und inhaltlich unbedingt ist, sowie keiner weiteren Ermessensausübung bedarf. Die Konsequenz dieser Rechtsprechungslinie ist, dass der Grundsatz der unmittelbaren Anwendbarkeit weiter ausgedehnt und das Prinzip der Effektivität des Gemeinschaftsrechts zusätzlich gestärkt wurde.
Diese Rechtsprechungslinie fortsetzend judizierte der Europäische Gerichtshof als nächsten Schritt die unmittelbare Anwendbarkeit des Sekundärrechts, und zwar zuerst der Verordnungen, schließlich auch der Richtlinien. Besonders erwähnenswert sind dafür die Urteile Variola[495] sowie Leberpfennig[496] und Ratti.[497]

---

[495] Rs 34/73, EuGH vom 10. Oktober 1973, *F.lli Variola S.p.A. v Amministrazione italiana delle Finanze*, Slg 1973, 981
[496] Rs 9/70, EuGH vom 6. Oktober 1970, *Franz Grad v Finanzamt Traunstein*, Slg 1970, 825

Gesamt betrachtet erfuhr der Grundsatz der direkten Anwendbarkeit eine vierfache Ausweitung: Erstens von einer negativen zu einer positiven Verpflichtung des EWGV gegenüber den Mitgliedstaaten beziehungsweise von einer Unterlassungs- zu einer Handlungspflicht. Zweitens von einer vertikalen zu einer horizontalen direkten Wirkung der Vertragsbestimmungen auch zwischen Privatpersonen, insofern es sich um einen grenzüberschreitenden Warenverkehr handelt. Drittens von der direkten Wirkung des Primärrechts zur direkten Wirkung des Sekundärrechts, wie oben bereits erwähnt, und viertens, auch die direkte Wirkung von EG-Abkommen.[498] Die direkte Wirkung von EG-Abkommen bedeutet, dass auch Vertragsbestimmungen die gleichen Wirkungen entfalten können wie das primäre und sekundäre Gemeinschaftsrecht im Hinblick auf eine Direktwirkung in dem Sinn, dass sich Einzelpersonen auf eine Norm eines völkerrechtlichen Vertrags zwischen der EG und einem Drittstaat vor einem innerstaatlichen Gericht berufen können.

4.2.1.4. Internationale Handelsgesellschaft mbH v Einfuhr- und Vorratsstelle für Getreide- und Futtermittel (kurz: Internationale Handelsgesellschaft)

Der Sachverhalt in der Causa Internationale Handelsgesellschaft beschäftigt sich damit, dass die gemeinsame Marktorganisation Getreide, Einfuhr- und Ausfuhrlizenzen für bestimmte Agrarprodukte nur bei Stellung einer Kaution gewährte. Die Kaution verfällt – außer bei Vorliegen höherer Gewalt – wenn der Lizenzinhaber das Geschäft während der Gültigkeitsdauer der Lizenz nicht durchführt. Die in Frankfurt ansässige Internationale Handelsgesellschaft mbH hatte im August 1967 bei der Vorratsstelle für Getreide und Futtermittel eine Kaution zur Erlangung einer Ausfuhrlizenz hinterlegt, diese aber nur zum Teil ausgenutzt, sodass die übrige Kaution verfiel. Beim zuständigen Verwaltungsgericht wurde Klage eingebracht, woraufhin dieses ein Vorabentscheidungsersuchen beim Europäischen Gerichtshof einreichte. Das Verwaltungsgericht war der Ansicht, die Gemeinschaftsverordnungen müssten die durch das Grundgesetz garantierten elementaren Grundrechte und die wesentlichen Strukturprinzipien des nationalen Rechts beachten. Bei einem Verstoß gegen diese Prinzipien habe übernationales Recht hinter den Grundsätzen des deutschen Grundgesetzes zurückzutreten.
Das Verwaltungsgericht legte somit die sehr heiklen Frage vor, ob dem Gemeinschaftsrecht auch vor höchstem nationalen Recht – den Grundrechten – Vorrang zu geben sei. In diesem Fall sollte sogar sekundäres Gemeinschaftsrecht und nicht primäres Gemeinschaftsrecht den deutschen Grundrechten vorgehen.

---

[497] Rs 148/78, EuGH vom 5. April 1979, *Strafverfahren v Tullio Ratti*, Slg 1979, 1629
[498] vgl etwa Rs 104/81, EuGH vom 26. Oktober 1982, *Mainz v C.A. Kupferberg & Cie. KG a.A.*, Slg 1982, 3641

Der Europäische Gerichtshof beantwortete das Vorabentscheidungsersuchen wie folgt:

> [3] *Die **einheitliche Geltung des Gemeinschaftsrechts würde beeinträchtigt**, wenn **bei der Entscheidung über die Gültigkeit von Handlungen der Gemeinschaftsorgane Normen oder Grundsätze des nationalen Rechts herangezogen würden**. Die **Gültigkeit solcher Handlungen kann nur nach dem Gemeinschaftsrecht** beurteilt werden, denn dem vom Vertrag geschaffenen, somit aus einer autonomen Rechtsquelle fließendem Recht können wegen seiner Eigenständigkeit **keine wie immer gearteten innerstaatlichen Rechtsvorschriften vorgehen**, wenn ihm nicht sein Charakter als Gemeinschaftsrecht aberkannt und wenn nicht die Rechtsgrundlage der Gemeinschaft selbst in Frage gestellt werden soll. **Daher kann es die Gültigkeit der Gemeinschaftshandlung oder deren Geltung in einem Mitgliedstaat nicht berühren, wenn geltend gemacht wird, die Grundrechte in der ihnen von der Verfassung dieses Staats gegebenen Gestalt oder die Strukturprinzipien der nationalen Verfassung seien verletzt.***
>
> [4] *Es ist jedoch zu prüfen, ob nicht eine entsprechende gemeinschaftsrechtliche Garantie verkannt worden ist; **denn die Beachtung der Grundrechte gehört zu den allgemeinen Rechtsgrundsätzen, deren Wahrung der Gerichtshof zu sichern hat**. Die Gewährleistung der Rechte muss zwar von den gemeinsamen Verfassungsüberlieferungen der Mitgliedstaaten getragen sein, sie muss sich aber auch in die Struktur und die Ziele der Gemeinschaft einfügen. Hiernach ist im Hinblick auf die vom Verwaltungsgerichtshof geäußerten Bedenken zu prüfen, ob die Kautionsregelung Grundrechte verletzt hat, deren Beachtung die Gemeinschaftsrechtsordnung gewährleisten muss.*

In der Rechtssache Internationale Handelsgesellschaft geht der Europäische Gerichtshof somit erstmals auf die, von den mitgliedstaatlichen Gerichten sehr kritisch gesehene, absolute Vorrangwirkung des Gemeinschaftsrechts vor dem Recht der Mitgliedstaaten ein. Er nimmt also hinsichtlich der Normenhierarchie auf die erste Dimension der Vorrangwirkung Bezug: Selbst normenhierarchisch niedrig angesiedeltes Gemeinschaftsrecht ist gegenüber normenhierarchisch höchstem mitgliedstaatlichen Recht vorrangig anzuwenden. Somit geht Gemeinschaftsrecht ausnahmslos jedem nationalen Recht, auch nationalen Grundrechten, vor. Die Grundrechte selbst begründet der Europäische Gerichtshof in der bereits ein Jahr zuvor ergangen Rechtssache Stauder[499] als allgemeine Rechtsgrundsätze, deren

[499] Rs 29/69, EuGH vom 12. November 1969, *Erich Stauder v Stadt Ulm, Sozialamt*, Slg 1969, 419

Wahrung der Gerichtshof zu sichern hat. Gerade das deutsche Bundesverfassungsgericht konnte dieser Rechtsprechungslinie lange Zeit nicht folgen.[500]

4.2.1.5. Staatliche Finanzverwaltung v S.p.A. Simmenthal (kurz: Simmenthal II)

Die Causa Simmenthal II ist als Fortsetzung der Rechtsprechungslinie zu Costa/E.N.E.L. zu sehen. Der Rechtsstreit spielte sich an der Grenze zwischen Italien und Frankreich ab, als das italienische Unternehmen Simmenthal 1973 Rindfleisch aus Frankreich nach Italien einführen wollte. Wegen gesundheitspolizeilicher Untersuchungen hatte Simmenthal Gebühren zu entrichten. Diese hielt das Unternehmen für gemeinschaftsrechtswidrig und klagte bei einem italienischen Gericht auf Rückzahlung dieser Gebühren. In dem Verfahren kam es zu einem Vorabentscheidungsersuchen, wobei der Europäische Gerichtshof in seiner Entscheidung Simmenthal I[501] feststellte, dass die gesundheitspolizeilichen Untersuchungen und die dafür zu entrichtenden Gebühren mit den gemeinschaftlichen Bestimmungen über den freien Warenverkehr unvereinbar seien. Aufgrund dieser Entscheidung wurde die staatliche Finanzverwaltung zur Rückzahlung der, zu unrecht geforderten, Gebühren aufgefordert. Gegen diesen, in Form eines Bescheids ergangen, Spruch legte die Finanzverwaltung Berufung ein, und es kam im Gerichtsverfahren abermals zu einem Vorabentscheidungsverfahren. Dabei wurde unter anderem die Frage zur Vorabentscheidung vorgelegt, ob das Gemeinschaftsrecht, auch wenn entgegenstehendes nationales Recht weder vom Gesetzgeber aufgehoben noch vom Verfassungsgericht für verfassungswidrig erklärt wurde, anzuwenden sei. Zur Begründung wurde angeführt, dass die jüngere italienische Verfassungsrechtsprechung den Vorrang des Gemeinschaftsrechts ausdrücklich anerkennt, an ihrem Verwerfungsmonopol jedoch festhält und somit eine inzidente Zuständigkeit der Prozessgerichte zur Nichtanwendung des nationalen Rechts, welches mit Gemeinschaftsrecht nicht vereinbar sei, verneint. Jedes nationale Recht, das gegen Gemeinschaftsrecht verstößt, ist zugleich auch verfassungswidrig und diese Verfassungswidrigkeit kann deshalb nur vom Verfassungsgerichtshof selbst festgestellt werden.

Der Europäische Gerichtshof entschied wie folgt:

> [17/18] *Darüber hinaus haben nach dem Grundsatz des Vorrangs des Gemeinschaftsrechts die Vertragsbestimmungen und die unmittelbar geltenden Rechtsakte der Gemeinschaftsorgane in ihrem Verhältnis zum internen Recht der Mitgliedstaaten nicht zur Folge, dass allein durch ihr Inkrafttreten jede*

---

[500] ausführlich dazu siehe Kapitel 4.4.1.

[501] Rs 35/76, EuGH vom 15. Dezember 1976, *Simmenthal I*, Slg. 1976, 1871

entgegenstehende Bestimmung des geltenden staatlichen Rechts ohne weiteres unanwendbar wird, sondern auch – ***da diese Bestimmungen und Rechtsakte vorrangiger Bestandteil der im Gebiet eines jeden Mitgliedstaats bestehenden Rechtsordnung sind*** *–, dass ein* ***wirksames Zustandekommen neuer staatlicher Gesetzgebungsakte insoweit verhindert wird****, als diese mit Gemeinschaftsnormen unvereinbar wären. Würde nämlich staatlichen Gesetzgebungsakten, die auf den Bereich übergreifen, in dem sich die Rechtsetzungsgewalt der Gemeinschaft auswirkt, oder die sonst mit den Bestimmungen des Gemeinschaftsrechts unvereinbar sind, irgendeine rechtliche Wirksamkeit zuerkannt, so würde insoweit die* ***Effektivität der Verpflichtungen, welche die Mitgliedstaaten nach dem Vertrag vorbehaltlos und unwiderruflich übernommen haben, verneint, und die Grundlagen der Gemeinschaft selbst würden auf diese Weise in Frage gestellt.***

[21/23] *Aus alledem folgt, dass* ***jeder im Rahmen seiner Zuständigkeit*** *angerufene staatliche Richter verpflichtet ist,* ***das Gemeinschaftsrecht uneingeschränkt anzuwenden*** *und die Rechte, die es den einzelnen verleiht, zu schützen, indem er jede möglicherweise entgegenstehende Bestimmung des* ***nationalen Rechts, gleichgültig, ob sie früher oder später als die Gemeinschaftsnorm, ergangen ist, unangewendet lässt.*** *Sonach wäre jede Bestimmung einer nationalen Rechtsordnung oder jede Gesetzgebungs-, Verwaltungs- oder Gerichtspraxis mit den in der Natur des Gemeinschaftsrechts liegenden Erfordernissen unvereinbar, die dadurch zu einer Abschwächung der Wirksamkeit des Gemeinschaftsrechts führen würde, dass dem für die Anwendung dieses Rechts zuständigen Gericht die Befugnis abgesprochen wird, bereits zum Zeitpunkt dieser Anwendung alles Erforderliche zu tun, um diejenigen innerstaatlichen Rechtsvorschriften auszuschalten, die unter Umständen ein Hindernis für die volle Wirksamkeit der Gemeinschaftsnormen bilden. Dies wäre dann der Fall, wenn bei einem Widerspruch zwischen einer gemeinschaftsrechtlichen Bestimmung und einem späteren staatlichen Gesetz die Lösung dieses Normenkonflikts einem über ein eigens Beurteilungsermessen verfügenden anderen Organ als dem Gericht, das für die Anwendung des Gemeinschaftsrechts zu sorgen hat, vorbehalten wäre, selbst wenn das Hindernis, das sich so der vollen Wirksamkeit dieses Rechts in den Weg stellt, nur vorübergehender Art wäre.*

[24] *Demnach ist auf die erste Frage zu antworten, dass das* ***staatliche Gericht****, das im Rahmen seiner Zuständigkeit die Bestimmungen des Gemeinschaftsrechts anzuwenden hat, gehalten ist,* ***für die volle Wirksamkeit dieser Normen*** *Sorge zu tragen, indem es* ***erforderlichenfalls jede – auch spätere – entgegenstehende Bestimmung des nationalen Rechts aus eigener Entscheidungsbefugnis unangewendet lässt, ohne dass es die vorherige Beseitigung dieser Bestimmung auf gesetzgeberischem Wege oder durch irgendein anderes verfassungsrechtliches Verfahren beantragen oder abwarten müsste.***

Der Europäische Gerichtshof wird in Simmenthal II zur oben genannten Zeitdimension und zur Frage der Zentralisierung beziehungsweise Dezentralisierung der Kontrollkompetenz noch deutlicher. Er entscheidet sich auch für eine absolute Vorrangwirkung des Gemeinschaftsrechts in zeitlicher Dimension. Entgegenstehendes nationales Recht – sei es bereits vor der gemeinschaftlichen Norm oder sei es erst nach der gemeinschaftlichen Norm erlassen worden – ist in Bezug auf das Gemeinschaftsrecht nicht anwendbar. Zwischen Normen des Gemeinschaftsrechts und Normen des mitgliedstaatlichen Rechts gilt also nicht der Derogationsgrundsatz der *lex posterior* – das jüngere Recht gilt vor früher erlassenem Recht – sondern jener der *lex superior*.
In der Frage der Zentralisierung beziehungsweise Dezentralisierung der Kontrollkompetenz, zeigte sich der Europäische Gerichtshof – eigentlich erstaunlicherweise – sehr *dezentral*. Jedes nationale Gericht und somit jeder nationale Richter besitzt die Kompetenz, nationales Recht, das dem Gemeinschaftsrecht widerspricht, unangewendet zu lassen. Dies mit der Folge, dass jedes mitgliedstaatliche Gericht unabhängig davon, welche Stellung es im Instanzenzug hat, Verwerfungskompetenz besitzt.[502] Die Vorrangwirkung des Gemeinschaftsrechts geht somit soweit, nationales Recht zu verdrängen, ohne dass dieses vorher durch ein nationales Gericht judiziert worden wäre. Der Vorteil dieser automatischen Vorrangwirkung ist, dass nationale Verfassungsgerichte gemeinschaftsrechtliche Bestimmungen nicht unterschiedlich auslegen und somit anwenden.

Die fünfte Dimension der Vorrangwirkung, die Frage der juristischen Kompetenz-Kompetenz, ist als der problematischste Teil der Vorrangrechtsprechung zu sehen. Nach der Rechtsprechung zur Vorrangwirkung nimmt der Europäische Gerichtshof diese juristische Kompetenz-Kompetenz für sich selbst in Anspruch. Diese wurde zwar auf diese Weise noch nicht ausdrücklich in seiner Jurisprudenz formuliert, es ergibt sich aber aus der Zusammenschau seiner Vorrangrechtsprechung sowie aus deren Ratio.[503] Denn läge diese Kompetenz-Kompetenz bei den mitgliedstaatlichen Gerichten, so wäre die Geltung des Gemeinschaftsrechts von den mitgliedstaatlichen Rechtsprechungen abhängig. Dies würde in weiterer Folge zu einem Verlust der Einheitlichkeit und Effektivität führen. Somit tritt der Europäische Gerichtshof in diesem Bereich in direkte Konkurrenz mit den mitgliedstaatlichen Höchstgerichten, welche diese als Bedrohung und Rivalität empfinden.[504]

---

[502] Haltern 2005, 370
[503] Haltern 2005, 371
[504] Haltern 2005, 372

4.2.2. Die Leitentscheidungen des U. S. Supreme Court

Zu den weitreichendsten Entscheidungen des U. S. Supreme Court, welche sich mit der Vorrangwirkung föderalen Rechts gegenüber nationalem Recht beschäftigen, zählen *Marbury v Madison*,[505] die bedeutendste je in den Vereinigten Staaten gefällte Entscheidung, als Folgeentscheidung *Cohens v Virginia*[506] sowie *Missouri v Holland*.[507] Bei den Urteilen wird aufgrund ihrer Länge nicht, wie beim Europäischen Gerichtshof, auf die Absätze verwiesen, sondern auf die konkrete Seitenzahl in den *United States Series*. Hervorhebungen im Rahmen der Urteile wurden von der Verfasserin zur Verdeutlichung einzelner Passagen durchgeführt.

4.2.2.1. Marbury v Madison

Die wohl wichtigste Entscheidung des U. S. Supreme Court ist genau zehn Jahre nach der ersten Urteilsfällung unter *Chief Justice* John Marshall ergangen und führte zur „*Inthronisation der Verfassungsgerichtsbarkeit als Hüter der Verfassung*", wie es Brugger plakativ formuliert.[508] Um die weitreichende Bedeutung dieser Entscheidung einschätzen zu können, bedarf es jedoch einer kurzen Skizzierung des historischen Hintergrunds:

Kurz bevor der Föderalist John Adams im Jahre 1801 sein Amt als Präsident der Vereinigten Staaten von Amerika an den Anti-Föderalisten Thomas Jefferson abtreten musste, ernannte John Adams noch diverse Richter und Friedensrichter, die den Einfluss der Föderalisten auf die Judikative sichern sollten. Sein Außenminister John Marshall bekam die Stelle als *Chief Justice* beim Höchstgericht, übte aber bis zum Regierungswechsel sein altes Amt weiter aus. Im Februar 1801 erließ der scheidende föderalistische Kongress den *Circuit Court Act*, durch welchen die Anzahl der Bundesrichter verdoppelt wurde, und den *Organic Act*, der die Ernennung von 42 Friedensrichtern für den District of Columbia vorsah. Der Senat bestätigte die Ernennung von Präsident Adams, durch die, bundesstaatlich orientierte, Richter stark favorisiert worden waren. Es wurden zwar alle Formalitäten wie die Ausfertigung und Unterzeichnung der Ernennungsurkunden noch rechtzeitig vorgenommen, doch wurden sie im Falle von William Marbury und einiger weiterer Friedensrichter nicht mehr rechtzeitig zugestellt. Der neue Außenminister James Madison weigerte sich auf Anordnung des neuen Präsidenten, die Urkunden auszuhändigen, da er diese mangels Vollzugs der Er-

[505] 5 U. S. 137 (1803)
[506] 19 U. S. (6 Wheat.) 264 (1821)
[507] 252 U. S. 416 (1920)
[508] Brugger 1987b, 5

nennung nicht mehr für gültig hielt. Marbury erhob Klage vor dem U. S. Supreme Court, um Madison anzuweisen, die Ernennungsurkunden zu übergeben.
Zwischen der Einreichung der Klage und der Verhandlung hatte der aufgebrachte neu gewählte Kongress den *Circuit Court Act* rückgängig gemacht. Der Kongress hatte ferner die Sitzungen des Supreme Court für das Jahr 1802 gestrichen, um Zeit und Rückendeckung zu gewinnen, bevor das Gericht über den *Repeal Act* entscheiden konnte. Es herrschte somit ein starker Widerstand gegen die verfassungsgerichtliche Verwerfungskompetenz, und das Misstrauen gegenüber dem früheren föderalistischen Außenminister John Marshall – welcher die Ernennungsurkunde damals zu überbringen hatte und nunmehr bei Gericht als *Chief Justice* über eine Klage mitentschied – war unübersehbar.

Die Frage der verfassungsgerichtlichen Kontrolle – im konkreten die Fragestellung, ob, wie und inwieweit Verfassungsrecht von verfassungsgerichtlicher Kontrolle der anderen Teile der Staatsgewalt abhängt – war zu Beginn des 19. Jahrhunderts noch weitgehend unbeantwortet. Zwar gab es in der englischen Verfassungsgeschichte, in der kolonialen Gerichtsbarkeit der Neuenglandstaaten, im Prozess der Diskussion und Ratifizierung der Verfassung sowie in der Gliedstaatengerichtsbarkeit einige Vorläufer verfassungsgerichtlicher Kontrolle, doch hatten diese Stimmen und Entscheidungen die Institution des *judicial review* nur in Einzelfällen und meist nicht ohne Widerspruch durchgesetzt. Zudem war weitgehend ungeklärt geblieben, welches Ausmaß die gerichtliche Kontrolle haben sollte, und ob die Gerichtsbarkeit ein Recht auf ausschließliche oder jedenfalls abschließende Beurteilung hatte.[509]

Zehn Jahre vor *Marbury v Madison* erging das Urteil *Chisholm v Georgia*,[510] in welchem das Recht zur Normenkontrolle bereits impliziert wurde. Richter Iredell stellte in seiner *dissenting opinion* – losgelöst von der eigentlichen Frage des Falls – fest, dass, wenn der Kongress seine von der Verfassung vorgegebene Kompetenz überschreite, er als Richter ohne Zweifel diese Handlung für nichtig erklären werde.[511] Somit wurde praktisch ein Recht begründet, dessen Existenz zu diesem Zeitpunkt noch gar nicht hergeleitet worden war. Das richterliche Prüfungsrecht gegenüber Staatengesetzen ist – im Gegensatz zum richterlichen Prüfungsrecht gegenüber Gesetzen des Kongresses – wenn auch nicht wortwörtlich, so doch sinngemäß der Verfassung im Hinblick auf ihre bundesstaatliche Struktur zu entnehmen. Vor *Marbury v Madison* gab es diesbezüglich schon einen ausjudizierten Fall. Bereits 1797 hatte der U. S. Supreme Court mit *Ware v Hylton*[512] ein Staa-

[509] Brugger 1993, 7 f
[510] 2 U. S. (2 Dall.) 419 (1793)
[511] 2 U. S. (2 Dall.) 419 (1793), 433
[512] 3 U. S. (3 Dall.) 199 (1796)

tengesetz für ungültig erklärt, das einem vom Bund abgeschlossenen Vertrag widersprach. *Chief Justice* John Marshall schloss an diesen ergangenen Rechtsfall an und führte diese Linie mit *Marbury v Madison* fort.

Als wesentliche Schlüsselpassagen aus der Entscheidung des U. S. Supreme Court können folgende Ausführungen angegeben werden:

> [Page 5 U. S. 137, 155]
> *"In the order in which the court has viewed this subject, the following questions have been considered and decided:*
>
> 1. *Has the applicant a right to the commission he demands?*
> 2. *If he has a right, and that right had been violated, do the laws of his country afford him a remedy?*
> 3. *If they do afford him a remedy, is it a mandamus issuing from this court?*
>
> [Page 5 U. S. 137, 166 f]
> *The conclusion from this reasoning is, that* ***where the heads of departments are the political or confidential agents of the executive, merely to execute the will of the president, or rather to act in cases in which the executive possesses a constitutional or legal discretion, nothing can be more perfectly clear than that their acts are only politically examinable****. But where a specific duty is assigned by law, and individual rights depend upon the performance of that duty, it seems equally clear that the individual who considers himself injured has a right to resort to the laws of his country for a remedy.*
> *The powers of the legislature are defined and limited; and that those limits may not be mistaken or forgotten, the constitution is written. To what purpose are powers limited, and to what purpose is that limitation committed to writing; if these limits may, at any time, be passed by those intended to be restraint? The distinction between a government with limited and unlimited powers is abolished, if those limits do not confine the persons on whom they are imposed, and if acts prohibited and acts allowed are of equal obligation. It is a proposition too plain to be contested, that the constitution controls any legislative act repugnant to it; or, that the legislature may alter the constitution by an ordinary act.*
>
> [Page 5 U. S. 137, 177]
> ***Between these alternatives there is no middle ground. The constitution is either a superior paramount law, unchangeable by ordinary means, or it is on a level with ordinary legislative acts, and like other acts, is alterable when the legislature shall please to alter it.***

If the former part of the alternative be true, then a legislative act contrary to the constitution is not law: if the latter part be true, then written constitutions are absurd attempts, on the part of the people, to limit a power in its own nature illimitable.
Certainly all those who have ***framed written constitutions contemplate them as forming the fundamental and paramount law of the nation, and consequently the theory of every such government must be that act if legislature, repugnant to the constitution is void.***
...
It is emphatically the province and the duty of the judicial department to say what the law is. Those who apply the rule to particular cases, must of necessity expound and interpret that rule. ***If two laws conflict with each other, the courts must decide on the operation of each.*** *So if a law be in opposition to the constitution; if both the law and the constitution apply to a particular case, so that the court must either decide that case conformably to the law, disregarding the constitution; or conformably to the constitution, disregarding the law; the court must determine which of these conflicting rules governs the case.* ***This is of the very essence of judicial duty. If then the courts are to regard the constitution; and the constitution is superior to any ordinary act of the legislature, the constitution, and not such ordinary act, must govern the case to which they both apply."***

Chief Justice John Marshall hätte mehrere Möglichkeiten gehabt, den Fall so zu entscheiden, dass sich die Frage eines Konflikts zwischen Bundesrecht, konkret dem *Judiciary Act* aus dem Jahre 1789, und dem Verfassungsrecht mit der Zuständigkeitsregelung für die Bundesgerichte nicht gestellt hätte. Doch *Chief Justice* John Marshall hatte mit dieser Entscheidung etwas anderes im Sinn: Die Verankerung verfassungsgerichtlicher Kontrolle in einem Fall, wie er nicht häufig vor Gericht gebracht wird. Marshall konnte in dieser Causa, den von *Marbury* behaupteten und von der neu gewählten politischen Majorität erbittert bekämpften, Anspruch auf Aushändigung der Ernennungsurkunde ablehnen und so die herrschenden politischen Kräfte beruhigen. Gleichzeitig bot der Fall aber auch die Möglichkeit, unter der Lösung der politischen Kontroverse, beinahe unscheinbar, die Legitimation des richterlichen Prüfungsrechts zu verankern. Die ersten beiden, von ihm selbst aufgeworfenen, Fragen bejahte der U. S. Supreme Court, während er bezüglich der dritten Frage, auf welche der Schwerpunkt gelegt wurde, zu dem Ergebnis kam, dass das Gericht nicht das Recht habe, dem Außenminister zu befehlen, die Ernennung vorzunehmen. Somit waren die Anti-Föderalisten zufrieden gestellt.
Historisch gesehen ist nicht sichergestellt, ob die *Founding Fathers* das richterliche Prüfungsrecht gegenüber Bundesgesetzen des Kongresses stillschweigend mitinbegriffen wissen wollten. Dies gilt auch heute noch als eine der be-

rühmtesten historischen Kontroversen der Vereinigten Staaten von Amerika, obgleich niemand das richterliche Prüfungsrecht bestreiten möchte.[513] Fest steht, dass es im Rahmen des Konvents von Philadelphia[514] besprochen, die Frage aber bewusst offen gelassen wurde. Drei Viertel der eigentlichen Führer des Konvents neigten der Prüfungszuständigkeit zu, Madison[515] aber schwankte erheblich in seinen Stellungnahmen. In No. 23 der *Federalist Papers* bekennt er sich eindeutig zu einem umfangreichen richterlichen Prüfungsrecht, jedoch zeigt er sich kurze Zeit später wieder skeptisch. Hamiltons bekannte Arbeit in No. 78 der *Federalist Papers* verteidigt das richterliche Prüfungsrecht mit guten Argumenten, jedoch findet er ebenso gewichtige Argumente gegen die Suprematie der Gerichtsgewalt. Um die Jahrhundertwende kam es schließlich im Kongress selbst zu einer heftigen Debatte, wobei die Meinungen parteipolitisch gespalten waren: Die Föderalisten waren dafür, Jeffersons Republikaner eher dagegen. Jefferson selbst bekannte sich öffentlich zur Ablehnung des richterlichen Überprüfungsrechts des U. S. Supreme Court und John Marshalls persönlich. Anschließend an diese Kontroverse hatte John Marshall in *Marbury v Madison* sein Urteil mit einer derart ausgereiften Argumentation zu begründen, um das richterliche Prüfungsrecht auch auf Kongressgesetze auszuweiten. Marshall selbst hatte die Konzeption des richterlichen Prüfungsrechts bereits lange Zeit vor seiner Tätigkeit als *Chief Justice* als notwendig erachtet. So sprach er beispielsweise bereits 1788 *„of the judiciary as the guardian of the fundamental law, the department that could best provide 'protection from an infringement on the Constitution'".*[516]
In seiner Urteilsbegründung versuchte Marshall nun zum einen den Vorrang der Verfassung zu argumentieren und zum anderen die Letztentscheidungskompetenz der Gerichtsbarkeit in Verfassungsfragen darzulegen. Dabei greifen die Argumente beider Seiten ineinander. Keines der Argumente wäre bei näherem Hinsehen für sich genommen ausschlaggebend.[517] Aufgrund der Tatsache, dass die Verfassung als *paramount law* anzusehen ist, sind die Gerichte nun verpflichtet, Fälle im Einklang mit ihren Bestimmungen zu entscheiden. So konnten Gerichte jener Gesetzgebung, die durch die Verfassung verboten ist, keine Wirkung geben.

Die Hauptargumentation von *Chief Justice* John Marshall ist, dass der Akt der Verfassungsgebung fundamentale und permanente Prinzipien festlegt, wobei diese Prinzipien wiederum bestimmen, dass jeder Teil der Staatsgewalt spezifische

---

[513] Nowak/Rotunda 2000, 6
[514] Der Konvent von Philadelphia tagte vom 25. Mai 1787 bis 17. September 1787 unter dem Vorsitz von George Washington mit 55 Mitgliedern mit dem von ihnen selbst verfassten Ziel, eine Verfassung für die Vereinigten Staaten von Amerika zu schaffen.
[515] James Madison galt neben Alexander Hamilton und George Washington als der Hauptbegründer des Philadelphia Konvents und heftiger Verfechter der Verfassung.
[516] Johnson et altri (Hrsg) (1974), 277 zit nach Hobson (1996), 64
[517] Brugger 1993, 9

Kompetenzen hat, die nicht überschritten werden dürfen. Dabei ist es gerade Aufgabe einer Verfassung, diese Grenzen deutlich festzulegen. Die Verfassung gebiete zwingend, dass ein gegen diese Verfassung verstoßendes Gesetz nichtig sei. Es wäre absurd und nicht im Sinne der Verfassungsväter, wenn die Richter des U. S. Supreme Court verfassungswidrige Gesetze anwenden müssten. Und deswegen ist es gerade Aufgabe der Judikative, durch Auslegung zu entscheiden, was Recht sei; und sofern sich zwei Normen widersprächen, dass gerade die Judikative entscheiden müsse, welche der beiden Normen Geltung habe. Eine Verpflichtung der Gerichte, verfassungswidrige Gesetze anzuwenden, würde zu einer Omnipotenz der Legislative führen, die dann als einzige Entscheidungsinstanz über die Verfassungsmäßigkeit ihrer eigenen Gesetze bestimmen würde.
Die Vorrangklausel, welche in Art VI Cl 2 US-Verfassung festgelegt ist, wurde im Zuge der Wortlautinterpretation auch zu Gunsten eines umfassenden richterlichen Prüfungsrechts ausgelegt. Sie hätte jedoch genauso nur eine prozedurale Bindung an die Verfassung enthalten können oder aber nur im Spannungsfeld zwischen Gliedstaatenrecht und Bundesrecht beziehungsweise Bundesgerichtsbarkeit gelten sollen. Die Schlussfolgerung, dass die Verfassung einfachem Bundesrecht zwingend vorgehe, jedenfalls alleine aufgrund der *supremacy-clause*, ist kaum vertretbar. Dies zeigt ein Vergleich mit dem zweiten Teil der Klausel, in dem es heißt „*all the treaties made or which shall be made, under the Authority of the United States, shall be the supreme law of the land*". Im Falle von Verträgen werden somit – anders als bei Gesetzen – ausdrücklich vorkonstitutionelle und nachkonstitutionelle Verträge zu höherrangigem Recht erklärt. Diese systematische Betrachtung legt daher den Schluss nahe, dass mit der Klausel zeitlich nur zwischen vor- und nachkonstitutionellen Gesetzen unterschieden werden sollte. Unterstützt wird diese These von der Einleitung der Klausel, bei welcher von *dieser* Verfassung gesprochen wird. Denn das kleine Wort „*this*" spricht ebenfalls dafür, dass hier eine Unterscheidung zu den Gesetzen gemacht werden sollte, die noch im Rahmen der Konföderationsartikel erlassen worden sind. Der Verfassungstext selbst sagt somit nichts Eindeutiges über ein richterliches Prüfungsrecht aus.[518]
Alle Argumente jedoch gemeinsam betrachtend, lassen ein richterliches Prüfungsrecht folgelogisch überzeugend argumentieren.

Angemerkt sei an dieser Stelle noch, dass es eine mit der Stellung des Gerichts nicht zu vereinbarende Anmaßung war, dass Marshall die materielle Frage des Falles entschieden hat, obwohl die Klage als unzulässig abgewiesen wurde.[519]

---

[518] Stoevesandt 1999, 39; Tribe 2000, 210
[519] Stoevesandt 1999, 34

Die Folgen der Entscheidung *Marbury v Madison* für die Gliedstaaten und die Union waren weitreichend: Die Staatengerichte benutzten sie, um verfassungswidrige Gesetze ihrer eigenen Jurisdiktion, die Bundesgerichte um gleichermaßen Bundesgesetze anzufechten. Ein Anlass zur Anfechtung von Bundesgesetzen wird in der Regel dann gesehen, wenn eine Partei sich durch ein Kongressgesetz oder auch durch einen Exekutivakt benachteiligt fühlt, das heißt, wenn ein ihr, nach der Verfassung, zustehendes Recht oder die Eingriffsfreiheit (*immunity*) verletzt ist. Die Überprüfung erfolgt zuerst durch ein unterinstanzliches Bundesgericht und kommt bei Anfechtung der Entscheidung schließlich zum U. S. Supreme Court. Im Zuge des Verfahrens wird festgestellt, ob der Kongress oder die Exekutive nach Maßgabe der Verfassung zum Erlass der Norm oder zur Vornahme der Handlung berechtigt waren. Dabei ist der Mechanismus der Prüfungstätigkeit der Vergleich der Tragweite der angegriffenen Norm mit der Tragweite einer konkreten Verfassungsnorm.

4.2.2.2. Cohens v Virginia

18 Jahre nach *Marbury v Madison* wiederholte der U. S. Supreme Court, ebenfalls wieder unter *Chief Justice* John Marshall, seine Entscheidung zur föderalen gerichtlichen Höherrangigkeit. In der Frage, welche einer Erklärung zugeführt werden sollte, ging es darum, ob der U. S. Supreme Court gemäß der Verfassung das Recht habe, gliedstaatliche Gerichtsentscheidungen zu überprüfen.
Der Sachverhalt dieser Causa handelt davon, dass im *District of Columbia* die Durchführung von Lotterien durch einen Kongressbeschluss erlaubt wurde. Die Brüder *Cohen* verkauften diese Lotterietickets jedoch auch im Bundesstaat Virginia, wobei sie mit diesem Verkauf das staatliche Recht von Virginia verletzten. Staatliche Instanzen verurteilten die Brüder *Cohen* und erklärten sich mit diesem Akt selbst als die letzte gerichtliche Instanz im Streite zwischen Staaten und einer nationalen Regierung. Der U. S. Supreme Court sah in der staatlichen Verbotsnorm eine Verletzung der föderalen Norm. Vonseiten der Antragsgegner wurde eingebracht, dass das Höchstgericht keine Berufungskompetenz hinsichtlich der Urteile der Mitgliedstaaten habe.

> [Page 19 U. S. 264, 413 ff]
> *That the United States form, for many, and for most important purposes, a single nation, has not yet been denied. In war, we are one people. In making peace, we are one people. In all commercial regulations, we are one and the same people. In many other respects, the American people are one; and the government which is alone capable of controlling and managing their interests in all these respects, is the government of the Union. It is their government, and in that character they have no other. America has chosen to be, in many respects, and to many purposes, a nation; and for all these purposes,*

her government is complete; to all these objects, it is competent. The people have declared, that in the exercise of all powers given for these objects, it is supreme. It can, then, in effecting these objects, legitimately control all individuals or governments within the American territory. ***The constitution and laws of a State, so far as they are repugnant to the constitution and laws of the United States, are absolutely void. These States are constituent parts of the United States. They are members of one great empire-for some purposes sovereign, for some purposes subordinate.***

In a government so constituted, ***is it unreasonable that the judicial power should be competent to give efficacy to the constitutional laws of the legislature?*** *That department can decide on the validity of the Constitution or law of a state if it be repugnant to the Constitution or to a law of the United States. Is it unreasonable that it should also be empowered to decide on the judgment of a state tribunal enforcing such unconstitutional law? Is it so very unreasonable as to furnish a justification for controlling the words of the Constitution?*

We think that in a government acknowledgedly supreme, with respect to objects of vital interest to the nation, there is nothing inconsistent with sound reason, nothing incompatible with the nature of government, in making all its departments supreme, so far as respects those objects, and so far as is necessary to their attainment. ***The exercise of the appellate power over those judgments of the State tribunals which may contravene the constitution or laws of the United States, is, we believe, essential to the attainment of those objects.***

The propriety of entrusting the construction of the constitution, and laws made in pursuance thereof, to the judiciary of the Union, has not, we believe, as yet, been drawn into question. It seems to be a corollary from this political axiom, that the federal Courts should either possess exclusive jurisdiction in such cases, or a power to revise the judgment rendered in them, by the State tribunals. ***If the federal and State Courts have concurrent jurisdiction in all cases arising under the constitution****, laws, and treaties of the United States; and if a case of this description brought in a State Court cannot be removed before judgment, nor revised after judgment,* ***then the construction of the constitution****, laws, and treaties of the United States,* ***is not confided particularly to their judicial department, but is confided equally to that department and to the State Courts, however they may be constituted. 'Thirteen independent Courts,'*** *says a very celebrated statesman, (and we have now more than twenty such Courts,)* ***'of final jurisdiction over the same causes, arising upon the same laws, is a hydra in government, from which nothing but contradiction and confusion can proceed.'***

Die Kernaussage dieses Urteils lautet: Wenn ein staatliches Gericht urteilte, dass eine *state action* in Konflikt mit der US-Verfassung, föderalem Recht oder Verträgen sei, so ist es die verfassungsmäßige Verpflichtung des U. S. Supreme Court, diese Entscheidung im Zuge des richterlichen Prüfungsrechts zu kontrollieren und gegebenenfalls aufzuheben. Das vorgebrachte Argument, ein staatliches Höchstgericht habe die Möglichkeit, staatliche Urteile zu überprüfen, widerspricht der Verfassung. Die Staaten seien keine unabhängigen Souveränitäten, sondern Mitglieder einer großen Nation. Marshall betont dabei immer wieder den Nutzen, den eine nationale Einheit bringen würde, und ordnet somit die Mitgliedstaaten jenen Bereichen, in welchen die föderale Regierung handelt, unter. Hatte der U. S. Supreme Court die verfassungsgerichtliche Prüfungs- und Verwerfungskompetenz gegenüber Akten der Bundesgewalt verankert, so konnte er diese Prüfungskompetenz auch auf Akte der Gliedstaatengerichtsbarkeit ausdehnen und zwar sowohl gegenüber Akten der einzelnen Kongresse als auch gegenüber den einzelnen Höchstgerichtsurteilen in den Gliedstaaten. Seit dem Ergehen dieses Urteils waren somit staatliche Versuche, in Fällen, welche sich mit Verfassungsfragen, Fragen zum föderalen Recht oder den föderalen Verträgen beschäftigten, als letzte Entscheidungsinstanz aufzutreten, immer damit belastet, dass sie vom U. S. Supreme Court überprüft und gegebenenfalls aufgehoben werden würden.

Mit *Cohens v Virginia* zeigte *Chief Justice* John Marshall eine seiner beeindruckendsten Urteilsbegründungen: „*The opinion in Cohens v Virginia is one of the strongest and most enduring strands of that mighty cable woven by him to hold the American people together as a united and imperishable nation*".[520]
Darüber hinaus war die gerichtliche Machtstruktur bezüglich der Rechtsprechungskompetenzen vervollständigt. Die Kompetenz des höchsten föderalen Gerichts, die Verfassung gegenüber allen Akten der föderalen wie auch der staatlichen Regierungen zu überprüfen, wurde ein akzeptierter Bestandteil der amerikanischen Verfassung.

4.2.2.3. Missouri v Holland

In der Causa *Missouri v Holland* ging es um einen Vertrag zwischen den Vereinigten Staaten von Amerika und Großbritannien sowie um die Gültigkeit einer Gesetzgebung zur Durchführung dieses Vertrags. Zur Diskussion stand eine föderale Gesetzgebung, die den Vogelzug aus den Vereinigten Staaten von Amerika nach Kanada regeln sollte. Der Gliedstaat Missouri argumentierte, dass die föderale Gesetzgebung nationale Prärogativen verletze, weil der nationale Vogelschutz höher gestellt ist als der föderale. Die Präsenz effektiver staatlicher Aktivität kann – so das Gegenargument – nicht den Effekt einer gültigen vertraglichen und föde-

---

[520] Schwartz 1993, 45

ralen Bestimmung verhindern. Die Union selbst hätte jedoch eine solche Regelung nicht durch Gesetz treffen können, weil ihr hierfür jegliche verfassungsrechtliche Kompetenz fehlte. Der eigentliche Streitgegenstand war aber jener der Höherrangigkeit.

> [Page 252 U. S. 416, 432 f]
> *It is unnecessary to go into any details, because, as we have said, the question raised is the general one whether the treaty and statute are void as an interference with the rights reserved to the States.*
> *To answer this question it is not enough to refer to the Tenth Amendment, reserving the powers not delegated to the United States, because by Article 2, Section 2, the power to make treaties is delegated expressly, and by Article 6 treaties made* ***under the authority of the United States, along with the Constitution and laws of the United States made in pursuance thereof, are declared the supreme law of the land.*** *If the treaty is valid there can be no dispute about the validity of the statute under Article 1, Section 8, as a necessary and proper means to execute the powers of the Government.* ***The language of the Constitution as to the supremacy of treaties being general, the question before us is narrowed to an inquiry into the ground upon which the present supposed exception is placed.***
> ...
> *Here a national interest of very nearly the first magnitude is involved. It can be protected only by national action in concert with that of another power. The subject matter is only transitorily within the State and has no permanent habitat therein. But for the treaty and the statute there soon might be no birds for any powers to deal with. We see nothing in the Constitution that compels the Government to sit by while a food supply is cut off and the protectors of our forests an-d our crops are destroyed. It is not sufficient to rely upon the States.* ***The reliance is vain, and were it otherwise, the question is whether the United States is forbidden to act. We are of opinion that the treaty and statute must be upheld.***

Die Causa *Missouri v Holland* aus dem Jahr 1920 zeigt, dass die Frage der föderalen Höherrangigkeit als ein nicht abgeschlossener Entwicklungsprozess anzusehen ist; auch weit über 100 Jahre nach *Marbury v Madison* besteht immer wieder die Möglichkeit des Auftretens neuer Konfliktfälle. In dieser Entscheidung hat *Chief Justice* Holmes den speziellen Status völkerrechtlicher Verträge hervorgehoben. Das Vertrauen auf die einzelnen Gliedstaaten sei zu wenig, ein Vertragsstatut sei aufrechtzuerhalten. Dabei hat *Chief Justice* Holmes argumentiert, dass durch die staatliche Regelung der Schutz für die Zugvögel nicht ausreichend gewesen sei. Aber auch eine effektive staatliche Regelung hätte die Wirkung des internationalen Vertrags und der föderalen Gesetzgebung nicht verhindern können.

Denn aufgrund der Vorrangigkeit sind die Verfassung sowie das internationale Vertragswerk das höherrangige Recht, und jede gliedstaatliche Verfassung oder jedes sonstige gliedstaatliche Recht, welches diesem entgegensteht, tritt zurück.

Es sei noch angemerkt, dass es in der weiteren Rechtsprechungslinie des U. S. Supreme Court immer wieder zur Festlegung der *judicial supremacy* bei Auslegungsstreitigkeiten gekommen ist. So hielt er in *Ableman v Booth*[521] 1859 fest, dass „*no power is more clearly conferred by the Constitution and law of the United States, than the power of this court to decide, ultimately and finally, all cases arising under such Constitution and laws*". Im letzten Jahrhundert – 1958 – bekräftigte er diese Auffassung in *Cooper v Aaron*[522] mit dem generellen Ansatz, dass „*the federal judiciary is supreme in the exposition of the law of the Constitution*", um sich 1962 in *Baker v Carr*[523] erstmalig selbst als „*the ultimative interpreter of the Constitution*" zu bezeichnen.

4.3. Zusammenwirken der Europäischen Gemeinschaft und der amerikanischen föderalen Union mit ihren jeweiligen Mitgliedstaaten

Die rechtliche Beziehung zwischen den Institutionen der Gemeinschaft beziehungsweise der Union mit den Mitgliedstaaten verdeutlicht die Ähnlichkeiten der Europäischen Union mit einem föderalen System am besten. Gerade auch in diesem Bereich sind einige auffallende Ähnlichkeiten zu entdecken. Im Folgenden werden aus zwei verschiedenen Bereichen Urteile beider Höchstgerichte ausgewählt. Dies sind zum einen Urteile, welche die Stellung der Gemeinschaft beziehungsweise der föderalen Union festigen, zum anderen Urteile, welche die Kompetenzen der beiden Entitäten näher festlegen. Diese Festlegung wird dabei im konkreten anhand der *Implied-Powers*-Theorie dargestellt. Die Lehre der *Implied-Powers* wird auch Zuständigkeit kraft Sachzusammenhang genannt und handelt davon, dass Kompetenzen, welche in den Gründungsverträgen beziehungsweise in der Verfassung nicht ausdrücklich eingeräumt werden, trotzdem als gegeben anzunehmen sind, damit Ziel und Zweck der Organisation verwirklicht werden können.[524] Diese beiden Bereiche wurden ausgewählt, weil die jeweilige Rechtsprechung in der Europäischen Union und in den Vereinigten Staaten von Amerika wiederum auffallend ähnliche Aspekte aufweisen.

---

[521] 62 U. S. (21 How.) 506 (1859), 525
[522] 358 U. S. 1 (1958), 18 f
[523] 369 U. S. 186 (1962), 186
[524] Fischer/Köck/Karollus 2002, Rz 935

4.3.1. Die Leitentscheidungen des Europäischen Gerichtshofs

Der Europäische Gerichtshof entschied zu Beginn seiner Amtszeit mehrere Rechtsfälle, die sich mit diskriminierenden Maßnahmen der einzelnen Mitgliedstaaten im Wirtschaftszweig Kohle und Stahl beschäftigten. Dabei legte er den Status der Hohen Behörde, der Vorgängerin der heutigen Kommission, grundlegend fest. Aus einer Reihe von Entscheidungen, die die Stellung der gemeinschaftlichen Organe festigte, wird im Folgenden konkret auf Barbara Erzbergbau AG und andere v Hohe Behörde der Europäischen Gemeinschaft für Kohle und Stahl[525] eingegangen.
Neben der Positionierung der Hohen Behörde wird in diesem Kapitel ebenfalls die Entwicklung der Festlegung der Kompetenzverteilung im Rahmen der *Implied-Powers*-Theorie untersucht. Dabei wird konkret das Urteil Kommission der Europäischen Gemeinschaften v Rat der Europäischen Gemeinschaften[526] angeführt. Hervorhebungen im Rahmen der Urteile werden von der Verfasserin wiederum zur Verdeutlichung einzelner Passagen durchgeführt.

4.3.1.1. Barbara Erzbergbau AG und andere v Hohe Behörde der Europäischen Gemeinschaft für Kohle und Stahl

Zu Beginn der 1960er Jahre forderte die Hohe Behörde die deutsche Regierung auf, diskriminierende Tarife im zwischenstaatlichen Verkehr zwischen Deutschland und Frankreich zu beseitigen. Dabei ging es vor allem um Kohle aus dem deutschen Ruhrgebiet, das zur Weiterverarbeitung in französische Stahlwerke zu befördern war. Auf die Forderung der Hohen Behörde hin wurde der Europäische Gerichtshof mit zahlreichen Einsprüchen diesbezüglich konfrontiert. Nennenswerte Urteile für diese Zeit sind etwa die Entscheidung Chambre Syndicale de la Sidérurgie de l'est de la France v Hohe Behörde der Europäischen Gemeinschaft für Kohle und Stahl,[527] sowie die Entscheidung Barbara Erzbergbau AG und andere v Hohe Behörde der Europäischen Gemeinschaft für Kohle und Stahl[528] und die Entscheidung Regierung der Bundesrepublik Deutschland v Hohe Behörde der Europäischen Gemeinschaft für Kohle und Stahl.[529]

---

[525] Rs 3/58, EuGH vom 10. Mai 1960, *Barbara Erzbergbau AG und andere v Hohe Behörde der Europäischen Gemeinschaft für Kohle und Stahl*, Slg 1960, 375

[526] Rs 22/70, EuGH vom 31. März 1971, *Europäische Kommission v Europäischer Rat (kurz: AETR)*, Slg 1971, 263

[527] Rs 9/57, EuGH vom 26. Juni 1958, *Chambre Syndicale de la Sidérurgie de l'est de la France v Höhe Behörde der Europäischen Gemeinschaft für Kohle und Stahl*, Slg 1960, 383

[528] Rs 3/58, EuGH vom 10. Mai 1960, *Barbara Erzbergbau AG und andere v Hohe Behörde der Europäischen Gemeinschaft für Kohle und Stahl*, Slg 1960, 375

[529] Rs 3/59, EuGH vom 8. März 1960, *Regierung der Bundesrepublik Deutschland v Hohe Behörde der Europäischen Gemeinschaft für Kohle und Stahl*, Slg 1960, 123

In der Causa Barbara Erzbergbau AG und andere v Hohe Behörde der Europäischen Gemeinschaft für Kohle und Stahl hatte der Europäische Gerichtshof über den Grundsatz der Nichtdiskriminierung im Transportwesen zu entscheiden. Vonseiten der Klägerinnen wurde geltend gemacht, dass die Hohe Behörde zum Erlass einer Entscheidung über die Tarifstelle 71 B des Schifffahrtsabgabentarifs für den Mittelkanal nicht befugt gewesen sei, weil dieser Tarif eine Regelung für öffentlich-rechtliche Benutzungsgebühren darstelle und mithin ein Gebiet betreffe, das der Steuerhoheit der Mitgliedstaaten unterliege. Die Hohe Behörde sei somit nicht zuständig gewesen. Weiters wurde vonseiten der Klägerinnen eine Vertragsverletzung geltend gemacht, weil ihnen Beihilfen nicht mehr zugesprochen worden seien, die ihnen jedoch aufgrund einer Übergangsbestimmung noch hätten zustehen sollen. Darüber hinaus irre die Hohe Behörde, wenn sie jeden Ausnahmetarif als diskriminierend ansehe; diskriminierend seien vielmehr nur solche Ausnahmetarife, durch deren Anwendung Dritten ein unmittelbarer Schaden entstehe. Die Hohe Behörde habe außerdem Erwägungen der allgemeinen Wirtschaftspolitik nicht berücksichtigt. So etwa die Zweckmäßigkeit von Unterstützungsmaßnahmen, die zu Gunsten krisengefährdeter und benachteiligter Gebiete erwünscht sein können.
Vonseiten der Hohen Behörde wurde hingegen argumentiert, dass die allgemeine Politik der Hohen Behörde darauf gerichtet sein muss, in fortschreitender Entwicklung die Voraussetzungen zu schaffen, die von sich aus die rationellste Verteilung der Produktion sichern.

Der Europäische Gerichtshof hat gegen die Klage wie folgt entschieden:

> [7] *Dieser Ansicht kann nicht gefolgt werden, da es sich hier um eine Abgabe handelt, die für die Benutzung von öffentlichen Verkehrswegen erhoben wird und eines der Elemente der Transportkosten in der Binnenschifffahrt darstellt. Die* ***Hohe Behörde hat demnach ihre Zuständigkeit nicht überschritten, wenn sie die Herabsetzung dieser Abgabe als Einführung eines Ausnahmetarifs im Sinne von Art 70 Absatz 4*** [EGKSV, Anm. d. Verf.] ***ansah.***
> [24] *Demgemäß zielt Artikel 70* [EGKSV, Anm. d. Verf.], *soweit er sich auf die Internationalen Transporte bezieht, zwar auf eine spätere Harmonisierung der innerstaatlichen Tarife ab,* ***beeinträchtigt jedoch nicht die Freiheit der Tarifpolitik und beschränkt sich auf die Forderung, dass innerhalb der einzelnen staatlichen Tarifordnungen alle Diskriminierungen im Hinblick auf Versand – oder Bestimmungsort zu beseitigen sind.***
> [25] ... ***Die Staaten oder die Transportunternehmen würden aber unzweifelhaft Gefahr laufen, mit diesen Bestimmungen in Konflikt zu geraten, wenn sie in ihren Tarifen die standardbedingten Vor- und Nachteile der Kohle- und Stahlerzeugenden Unternehmen oder die Qualität des***

Förderguts der Gruben berücksichtigen wollten. *Der Vertrag gebietet den Mitgliedstaaten vielmehr, bei der Ausgestaltung der Tarife lediglich die Verkehrsbedingungen, d. h. die Vergleichbarkeit der verschiedenen Verkehrswege und Standorte unter dem Gesichtspunkt des Transports zu berücksichtigen.*
[30] *Der Begriff der* ***Diskriminierung*** *setzt jedoch nicht zwangsläufig voraus, dass ein unmittelbarer Schaden verursacht wird, sondern vor allem, dass* ***für vergleichbare Fälle ungleiche Bedingungen geschaffen werden.*** *Die Anwendung solcher ungleicher Bedingungen mag allerdings unter Umständen Schäden hervorrufen, die dann als typische Anzeichen für das Vorliegen einer Diskriminierung angesehen werden können.* ***Es wäre jedoch willkürlich, den Begriff der Diskriminierung nur auf diejenigen Fälle ungleicher Behandlung zu beschränken, bei denen die Beteiligten tatsächlich einen Schaden erleiden.*** *Demnach kann es nicht auf einen Nachweis ankommen, ob ein Ausnahmetarif im Binnenverkehr andere Unternehmen benachteiligt oder nicht, da ein einwandfreier Vergleich nur zwischen Transporten möglich ist, die auf dem Gebiet ein und desselben Staats erfolgen.*
[36] *Zwar trifft es zu, dass Artikel 70 Absatz 5* [EGKSV, Anm. d. Verf.] *die Souveränität der Mitgliedstaaten in Bezug auf ihre allgemeine Verkehrspolitik gewährleistet; jedoch stehen sowohl die Bestimmungen von Artikel 4 als auch die der übrigen Absätze von Artikel 70* [EGKSV, Anm. d. Verf.] *eindeutig dem Gedanken entgegen, dass* ***es den Mitgliedstaaten freistünde, die Kohle- und Stahlindustrie in eine etwaige industrielle Standortpolitik einzubeziehen oder die bisher geübte Praxis von Subventionen durch Gewährung von Ausnahmetarifen für Unternehmen der Kohle- und Stahlerzeugung fortzusetzen; wäre den sechs Mitgliedstaaten eine solche Zuständigkeit belassen worden, so könnte sie dazu führen, die Verwirklichung des gemeinsamen Marktes zu vereiteln, insbesondere wegen der unterschiedlichen Grundsätze, nach denen die einzelnen Staaten ihre Allgemeine Verkehrspolitik betreiben.***
[38] *Diese Vorschrift spricht zwar Vorbehalte aus, lässt aber im übrigen deutlich das Hauptziel des gemeinsamen Marktes erkennen, wonach die Allgemeine* ***Politik der Hohen Behörde*** *– und zwar auch bei der Anwendung von Artikel 70* [EGKSV, Anm. d. Verf.] *–* ***darauf gerichtet sein muss, in fortschreitender Entwicklung die Voraussetzungen zu schaffen, die von sich aus die rationellste Verteilung der Produktion sichern.***

Der Europäische Gerichtshof hat in der Causa Barbara Erzbergbau AG und andere v Hohe Behörde der Europäischen Gemeinschaft für Kohle und Stahl die Klage abgewiesen und ist somit der Argumentation der Hohen Behörde gefolgt. Die Hohe Behörde hat ihre Zuständigkeit nicht überschritten, indem sie den Tarif herabsetzte. Innerstaatlich sind alle diskriminierenden Maßnahmen bezüglich dem Versand- und dem Bestimmungsort zu beseitigen. Die Souveränität der Mitgliedstaaten wird innerstaatlich insoweit eingeschränkt, als dass es den Staaten verboten wird, Subventionen in der Kohle- und Stahlindustrie nach den bisherigen Möglichkeiten zu gewähren. Gerade diese Subventionen würden der Verwirklichung eines Gemeinsamen Markts entgegenstehen. Die Kompetenz für etwaige Subventionierungen liegt somit folgelogisch bei der Hohen Behörde, die nach den Zielen des Gemeinsamen Markts diese auch einsetzen werde. Der Europäische Gerichtshof greift mit dieser Entscheidung bewusst in die Souveränitätsrechte der Mitgliedstaaten zu Gunsten der Hohen Behörde ein, mit der Begründung, den Zielen des europäischen Markts zu nutzen. Dabei legt er die Kompetenz der Hohen Behörde, diesbezügliche Forderungen zu stellen, weit aus und festigt somit ihre Stellung gegenüber den einzelnen Mitgliedstaaten. Als Folge der Entscheidungen – Barbara Erzbergbau AG und andere v Hohe Behörde der Europäischen Gemeinschaft für Kohle und Stahl sowie Regierung der Bundesrepublik Deutschland v Hohe Behörde der Europäischen Gemeinschaft für Kohle und Stahl – und dem damit verbundenen Aufrechterhalten der Forderung der Hohen Behörde beugte sich schließlich die Bundesrepublik Deutschland und änderte ihre Frachttarife, entsprechend den Wünschen der Europäischen Gemeinschaft für Kohle und Stahl, ab. Es wurde ein generell niedrig gehaltener Tarif für Kohle eingeführt, der sowohl für den innerstaatlichen als auch für den zwischenstaatlichen Handel, vor allem aber nicht nur Frankreich gegenüber, galt. Die Hohe Behörde ging aus dem Konflikt somit gestärkt hervor.

4.3.1.2. Kommission der Europäischen Gemeinschaften v Rat der Europäischen Gemeinschaften (kurz: AETR)

In der Causa AETR hatte der Europäische Gerichtshof im Hinblick auf die implizite Kompetenz, völkerrechtliche Verträge für die Gemeinschaft abzuschließen, zu entscheiden. Im Jahre 1962 wurde in Genf im Rahmen der UN-Wirtschaftskommission für Europa von fünf der damaligen EWG-Mitgliedstaaten und einer Anzahl anderer europäischer Staaten das europäische Übereinkommen über die Arbeit der im internationalen Straßenverkehr beschäftigten Fahrzeugbesatzungen (AETR) unterzeichnet. Auf Grund mangelnder Ratifizierungen ist das Übereinkommen jedoch nicht in Kraft getreten. Acht Jahre später legte der Rat durch einen Beschluss jene Haltung fest, welche die Mitgliedstaaten in den Verhandlungen über den Abschluss eines neuen Europäischen Übereinkommens über die Arbeit der im internationalen Straßenverkehr beschäftigten Wagenbesatzungen einnehmen sollten. Entsprechend diesem Beschluss wurden die Verhandlungen von den Mitgliedstaaten zu Ende geführt und das Übereinkommen AETR wurde am 1. Juli 1970 zur Unterzeichnung an die Staaten übermittelt. Gegen den oben genannten Beschluss wurde von der Kommission eine Nichtigkeitsklage vor dem Europäischen Gerichtshof erhoben. Die Klage wurde damit begründet, dass der Gemeinschaft die ausschließliche Kompetenz zukommt, den grenzüberschreitenden Verkehr zu regeln. Die Grundsätze, welche für autonome Maßnahmen innerhalb der Gemeinschaft gelten, hätten auch Gültigkeit für Abkommen mit dritten Ländern, wenn sich diese unmittelbar auf den Inhalt oder die Tragweite intern geltender Gemeinschaftsbestimmungen auswirkten. Die Mitgliedstaaten behielten ihre Zuständigkeit nur, solange die Gemeinschaft die ihre nicht ausübe. Da in diesem Fall durch den Erlass der VO 543/69 die Gemeinschaft ihre Zuständigkeit ausgeübt habe, verstoße der angefochtene Beschluss gegen das Gemeinschaftsrecht und verletze die vertraglich festgelegten Mitwirkungsrechte der Kommission. Der Rat hingegen argumentierte, dass der Beschluss mangels einer entsprechenden Rechtsetzungskompetenz der EWG keine Rechtswirkungen entfalten könne. Darüber hinaus entspreche die Vertragsschließungskompetenz in ihrem Umfang nicht den internen Rechtsetzungskompetenzen der Gemeinschaft. Der Europäische Gerichtshof hat gegen die Argumentation des Rats wie folgt entschieden:

> [12] *Da der Vertrag die Aushandlung und den Abschluss internationaler Abkommen für den Bereich der Verkehrspolitik – ein solches Abkommen ist das AETR im Wesentlichen – nicht durch besondere Vorschriften regelt, muss* ***auf das allgemeine System des Gemeinschaftsrechts auf dem Gebiet der Beziehungen zu Drittstaaten zurückgegriffen werden.***
> [13/14] *Art 210* [Art 281 neu EGV, Anm. d. Verf.] *bestimmt die Gemeinschaft besitze* ***Rechtspersönlichkeit****. Diese Bestimmung, ..., bedeutet, dass die Gemeinschaft in Außenbeziehungen die Fähigkeit vertragliche Bindungen mit Drittstaaten einzugehen, im gesamten Bereich der im ersten Teil des Vertrags,..., umschriebenen Ziele besitzt.*
> [15/19] *Um im Einzelfall zu ermitteln, ob die* ***Gemeinschaft zum Abschluss internationaler Abkommen zuständig ist, muss auf das System und auf die materiellen Vorschriften des Vertrags zurückgegriffen werden.*** *Eine solche* ***Zuständigkeit*** *ergibt sich* ***nicht nur aus der ausdrücklichen Erteilung der durch den Vertrag*** *wie der in den Artikeln 113 und 114* [Art 133 neu EGV, Anm. d. Verf.] *für die Zoll- und Handelsabkommen und in Art 238* [Art 310 neu EGV, Anm. d. Verf.] *für die Assoziierungsabkommen ausgesprochenen, sondern sie* ***kann auch aus anderen Vertragsbestimmungen und aus in ihrem Rahmen ergangenen Rechtsakten der Gemeinschaftsorgane fließen.*** *Insbesondere sind in den Bereichen, in denen die* ***Gemeinschaft*** *zur Verwirklichung einer vom Vertag vorgesehenen gemeinsamen* ***Politik Vorschriften erlassen hat****, die in irgendeiner Form gemeinsame Rechtsnormen vorsehen,* ***die Mitgliedstaaten weder einzeln noch selbst gemeinsam handelnd berechtigt, mit dritten Staaten Verpflichtungen einzugehen****, die diese Normen beeinträchtigen. ...*

> [20/22] ... *Nach Art 5 EWG-Vertrag* [Art 10 neu EGV, Anm. d. Verf.] ***haben die Mitgliedstaaten einerseits alle Maßnahmen zur Erfüllung der Verpflichtungen zu treffen, die sich aus dem Vertrag oder aus Handlungen der Organe ergeben, und andererseits alle Maßnahmen zu unterlassen, welche die Verwirklichung der Ziele des Vertrags gefährden könnten. Zusammengenommen ergeben diese Bestimmungen, dass die Mitgliedstaaten außerhalb des Rahmens der Gemeinschaftsorgane keine Verpflichtungen eingehen können, welche Gemeinschaftsrechtsnormen, die zur Verwirklichung der Vertragsziele ergangen sind, beeinträchtigen oder in ihrer Tragweite ändern können.***
>
> [30/31] *Da das im AETR geregelte Sachgebiet im Anwendungsbereich der VO Nr. 543/69 gehört, liegt die Zuständigkeit zur Aushandlung und zum Abschluss dieses Abkommens seit Inkrafttreten der Verordnung bei der Gemeinschaft.* **Neben dieser Gemeinschaftszuständigkeit kann es keine konkurrierende Zuständigkeit der Mitgliedstaaten geben, da alles, was außerhalb der Gemeinschaftorgane geschieht, mit der Einheit des Gemeinsamen Marktes und der einheitlichen Anwendung des Gemeinschaftsrechts unvereinbar ist.**

Mit der Entscheidung AETR führte der Europäische Gerichtshof die *Implied-Powers*-Lehre in der Europäischen Union ein. Er argumentierte, dass die Gründungsverträge – implizit beziehungsweise stillschweigend – die nicht ausdrücklich niedergeschriebenen Rechtssätze und Vorschriften mit einschließen, damit Ziel und Zweck der Organisation erreicht werden können. Grundsätzlich gilt in der Europäischen Union das Prinzip der begrenzten Einzelermächtigung im Sinne einer beschränkten Verbandskompetenz. Dies bedeutet, dass die grundsätzliche Allzuständigkeit weiterhin bei den Mitgliedstaaten bleibt und die Europäische Union über keine unbegrenzte Rechtsetzungsgewalt verfügt. Der Europäische Gerichtshof hat in seiner Judikatur diese Ermächtigung – mit Hilfe der teleologischen Interpretation – in sehr integrationsfreundlicher Weise weit ausgelegt und sich an den Zielen und dem Zweck des Vertrags orientiert. Die *Implied-Powers*-Lehre beruht nun auf dem grundlegenden Gedanken, dass mit der Festlegung bestimmter Ziele einer staatlichen Organisation auch die dafür notwendigen Mittel bejaht werden müssen. Somit entschied der Europäische Gerichtshof gegen die traditionelle Auslegung internationaler Verträge, welche grundsätzlich besagt, dass die Verträge immer in solcher Art und Weise zu interpretieren sind, dass in die staatliche Souveränität nur minimal eingegriffen wird. Seine Auslegung erfolgte ähnlich staatlicher Interpretationen von Rechtsnormen, fragend nach dem Sinn und Zweck mittels teleologischer Auslegung. Hitzel-Cassagnes formuliert es wie folgt: *„Mit dieser Zweckorientierung hat der Europäische Gerichtshof einen Abkoppelungsprozess vom Völkerrecht eingeleitet,*

der die Integrität der mitgliedstaatlichen Verfassungssysteme dem Telos der Integration unterordnet.“[530]
Der Europäische Gerichtshof kannte in der Causa daher die Kompetenz der Gemeinschaft an und der Beschluss des Rats wurde als rechtmäßig ausgewiesen.

Folgelogisch zur Judikatur der *Implied-Powers* begann der Europäische Gerichtshof eine, in solcher Weise nicht in den Gründungsverträgen grundgelegte, Kompetenzverteilung zwischen der Gemeinschaft und den Mitgliedstaaten festzulegen und entwickelte diesbezüglich seit den frühen 1970er Jahren zwei sich ergänzende Theorien: jene der Exklusivität und jene der *Pre-emption*. Die Doktrin der Exklusivität besagt, dass die Mitgliedstaaten selbst keine, wie auch immer geartete, Legislativkompetenz besitzen; daher ist auch gemeinschaftskonforme Gesetzgebung nicht erlaubt, und deshalb fallen die Kompetenzen exklusiv in die Zuständigkeit der Gemeinschaft. Die Doktrin der *Pre-emption* wiederum besagt, dass, sobald ein Politikbereich vom europäischen Recht erfasst wird, die Gemeinschaftsinstitutionen diesen Politikbereich in ausschließlicher Zuständigkeit regeln.

4.3.2. Die Leitentscheidungen des U. S. Supreme Court

Der U. S. Supreme Court hatte den Status einer föderalen Kommission gegenüber den Maßnahmen einzelner Mitgliedstaaten festzulegen. Dies geschah in der Grundsatzentscheidung Houston, E. & W. Texas Ry. v United States.[531]
Im darauf folgenden Teil dieses Vergleichspunkts werden die Grundsatzentscheidungen zur *Implied-Powers*-Lehre in der Rechtsprechung des U. S. Supreme Court näher betrachtet. Das erste Urteil in dieser Hinsicht entschied er bereits im Jahre 1805 in der Causa *United States v Fisher*,[532] 14 Jahre später folgte das bedeutendste Urteil in diesem Zusammenhang *McCulloch v Maryland.*[533]
Hervorhebungen im Rahmen der Urteile wurden wiederum von der Verfasserin zur Verdeutlichung einzelner Passagen durchgeführt.

4.3.2.1. Houston, E. & W. Texas Ry. v United States (kurz: Shreveport Rate Case)

Der Shreveport Rate Case zählt zu denjenigen Fällen, welche zur Rechtsprechungslinie der *Interstate Commerce Clause* der Vereinigten Staaten zählen. Die *Interstate Commerce Clause* – die Handelsrechtsklausel des Art I § 8 Cl 3

[530] Hitzel-Cassagnes 2000, 26
[531] 234 U. S. 342 (1914)
[532] 6. U. S. (2 Cranch) 358 (1805)
[533] 17. U. S. (4 Wheat) 316 (1819)

US-Verfassung[534] – wird heute als ein Instrument angesehen, mit dem es der Union gelang an Bedeutung zu gewinnen. Dies vor allem deshalb, weil durch die weite Auslegung und der damit verbundenen Anwendung der *Interstate Commerce Clause* Kompetenzen hin zum Bund und weg von den Mitgliedstaaten transferiert wurden. Es wurde bereits im Kapitel über die Entfaltung der Tätigkeit des U. S. Supreme Court darauf hingewiesen, dass sich die Rechtsprechung hinsichtlich der Handelsrechtsklausel alles andere als einheitlich gestaltete, und die einzige Gewissheit jene der Unvorhersehbarkeit einer richterlichen Entscheidung war.[535] So bedeutend die Rechtsprechungslinie der Handelsklausel für die Entwicklung der Vereinigten Staaten von Amerika auch sein mag – dieses Kapitel könnte Gegenstand einer weiteren Vergleichsstudie des Europäischen Gerichtshofs mit dem U. S. Supreme Court sein – so geht es bei der Rechtssache *Shreveport Rate Case* in diesem Zusammenhang vor allem darum, wie der U. S. Supreme Court das Zusammenspiel der Union mit den Mitgliedstaaten auslegte und seine Stellung charakterisierte.

In der Causa *Shreveport Rate Case* hatte der U. S. Supreme Court einen Rechtsstreit zu entscheiden, bei dem es um eine Besteuerungsfrage ging. Die *Interstate Commerce Commission*[536] hatte eine Anordnung gegeben, welche der *Texas Railroad Commission* auftrug, die innerstaatlichen Eisenbahntarife anzuheben. Dies deswegen, weil die niedrigen Preise – bereits eine Art von *dumping* Tarifen – dazu führte, dass der Eisenbahnverkehr zwischen Texas und Shreveport, im Bundesstaat Louisiana, zu unattraktiv geworden war und somit der zwischenstaatliche

---

[534] Die *Interstate Commerce Clause* ermächtigt den Kongress, den Handel mit fremden Ländern und zwischen den Mitgliedstaaten selbst zu regeln. Ursprünglich als eine Regelung des Verkehrs von Gütern und Personen zwischen den Staaten gedacht, wie etwa im Wege der Fluss- und Seeschifffahrt und des Straßenverkehrs, wurde die Klausel bald zur allgemeinen Regelung des Handels mit, auf diese Art zu transportierenden, Gütern aufgefasst. Seit den 1930er Jahren – der Zeit des New Deals – wurde auch der Herstellungsprozess von, für den Handel bestimmten, Gütern in diese Klausel eingeschlossen. Der anfänglich sehr intensive Widerstand des U. S. Supreme Court wurde schließlich aufgegeben, sodass damit die uneingeschränkte Ermächtigung des Kongresses einherging, jede Phase des Wirtschaftslebens zu regulieren (vgl 301 U. S. 1 (1937) *National Labor Relations Board v Jones & Laughlin Stell Corp.*). Beispielsweise sei an dieser Stelle angeführt, dass nicht allein die Stahlerzeugung als solche, sondern auch die Arbeitsverhältnisse in der betreffenden Industrie (Mindestlöhne, Kollektivvertrag, Streikrecht) der Bundesregelung unterliegen. Darüber hinaus wurde die *Interstate Commerce Clause* derart ausgedehnt, dass auch die Arbeitsverhältnisse der Hilfsindustrien, auch wenn sie selbst nicht unter die *Interstate Commerce Clause* fallen würden – wie etwa ein Elektrizitätswerk, das nur in einem beschränkten geographischen Umkreis Strom liefert, unter dessen Abnehmern sich aber eine große Industrie befindet – von der Bundesgesetzgebung erfasst werden können (vgl Parker 1963, 22).

[535] vgl Kapitel 3.2.2.2. sowie Kapitel 3.2.2.3.

[536] Diese Kommission wurde zur Regulierung der Transportkosten im zwischenstaatlichen Verkehr geschaffen, sodass grenzüberschreitende Transporte in den Vereinigten Staaten von Amerika durch die *Interstate Commerce Commission* zu genehmigen sind.

Handel umgeleitet worden ist. Die Texas Railroad Company verlangte für die Eisenbahnfracht innerhalb des Staats Texas einen niedrigeren Tarif, als sie für zwischenstaatlichen Handel mit derselben oder sogar geringern Distanz zwischen Louisiana und Texas berechnete. Mit der Verrechnung von zwei verschiedenen Raten diskriminierte der Staat Texas den Handel mit Louisiana, ganz im Speziellen mit der Stadt Shreveport.

Als wesentliche Schlüsselpassagen aus der Entscheidung des U. S. Supreme Court können folgende Ausführungen angegeben werden:

> [Page 234 U. S. 342, 350 ff]
> *It is unnecessary to repeat what* ***has frequently been said by this court with respect to the complete and paramount character of the power confided to Congress to regulate commerce among the several states.*** *It is of the essence of this power that, where it exists, it dominates.* ***Interstate trade was not left to be destroyed or impeded by the rivalries of local government.*** *The purpose was to make impossible the recurrence of the evils which had overwhelmed the Confederation, and to provide the necessary basis of national unity by insuring 'uniformity of regulation against conflicting and discriminating state legislation.'* ***By virtue of the comprehensive terms of the grant, the authority of Congress is at all times adequate to meet the varying exigencies that arise, and to protect the national interest by securing the freedom of interstate commercial intercourse from local control.***
> ...
> ***Wherever the interstate and intrastate transactions of carriers are so related that the government of the one involves the control of the other, it is Congress, and not the state, that is entitled to prescribe the final and dominant rule, for otherwise Congress would be denied the exercise of its constitutional authority, and the state, and not the nation, would be supreme within the national field.***
> *While these decisions sustaining the Federal power relate to measures adopted in the interest of the safety of persons and property, they illustrate the principle that* ***Congress, in the exercise of its paramount power, may prevent the common instrumentalities of interstate and intrastate commercial intercourse from being used in their intrastate operations to the injury of interstate commerce. This is not to say that Congress possesses the authority to regulate the internal commerce of a state, as such, but that it does possess the power to foster and protect interstate commerce, and to take all measures necessary or appropriate to that end, although intrastate transactions of interstate carriers may thereby be controlled.***
> *This principle is applicable here. We find no reason to doubt that* ***Congress is entitled to keep the highways of interstate communication open to interstate***

> ***traffic upon fair and equal terms.*** *That an unjust discrimination in the rates of a common carrier, by which one person or locality is unduly favored as against another under substantially similar conditions of traffic, constitutes an evil, is undeniable; and where this evil consists in the action of an interstate carrier in unreasonably discriminating against interstate traffic over its line, the authority of Congress to prevent it is equally clear. It is immaterial, so far as the protecting power of Congress is concerned, that the discrimination arises from intrastate rates as compared with interstate rates. The use of the instrument of interstate commerce in a discriminatory manner so as to inflict injury upon that commerce, or some part thereof, furnishes abundant ground for Federal intervention. Nor can the attempted exercise of state authority alter the matter, where Congress has acted, for a state may not authorize the carrier to do that which Congress is entitled to forbid and has forbidden.*

Der Staat Texas sah in der Verrechnung zwei verschiedener Raten keine diskriminierende Handlung. Es wurde viel mehr damit argumentiert, dass genau jene Tarife verrechnet würden, die von der *Interstate Commerce Commission* für zwischenstaatlichen Handel verabschiedet worden seien. Der reduzierte innerstaatliche Tarif wäre eine rein innerstaatliche Angelegenheit und somit nicht Gegenstand einer föderalen Untersuchung. Der U. S. Supreme Court entschied jedoch gegen diese Argumentation und hielt an der Regulierung der innerstaatlichen Tarife durch die *Interstate Commerce Commission* fest. Sobald es sich um zwischenstaatlichen Handel oder staatlichen Handel mit Beziehungen zu einem anderen Staat handelt, ist es der Kongress und nicht der einzelne Staat, der berechtigt ist, die endgültige Regelung zu erlassen. Würde dies nicht auf diese Weise geschehen, so wären auf nationalem Gebiet immer das einzelstaatliche Recht und nicht Unionsrecht höherrangig. Somit kann der Kongress in der Ausübung seiner Rechte dem Missbrauch innerstaatlicher Instrumente für zwischenstaatlichen Handel vorbeugen. Dies bedeutet jedoch nicht, dass der Kongress das Recht besitzt, den innerstaatlichen Handel als solchen zu regulieren, sondern, dass er die Kompetenz hat, zwischenstaatlichen Handel zu fördern und zu schützen und dafür alle notwendigen Maßnahmen vorzunehmen, auch wenn dafür innerstaatliche Transaktionen des zwischenstaatlichen Transports kontrolliert werden müssen. Der U. S. Supreme Court hielt somit an der föderalen Regulierung der Eisenbahntarife fest und beschränkte damit einhergehend die staatliche Kompetenz in diesem Bereich. Ein wichtiger Grund für diese Entscheidung war, dass die Mehrheit der Richter erkannte, dass lokale Tarife tatsächlich Einfluss auf den zwischenstaatlichen Handel ausüben.[537]

---

[537] Nowak/Rotunda 2000, 165

Trotz dieser weiten Auslegung der Bundeskompetenzen, kam es in dieser Causa zu keiner Ausweitung der Bundeskompetenzen. *Justice* Hughes zeigte in seiner *concurring opinion*, dass derselbe Fall auch enger auslegend in gleicher Weise entschieden hätte werden können. Er argumentierte, dass die betroffenen texanischen Eisenbahnen auch im zwischenstaatlichen Bereich verkehrten, sodass die Differenz eigentlich nicht gegeben war. David Currie weist in seiner Analyse der Entscheidung Shreveport Rate Case darüber hinaus darauf hin, dass *Justice* Hughes in seiner *concurring opinion* versuchte, eine objektive Grenze der Bundeskompetenzen in der Form eines „Direktheitsmaßstabs" zu schaffen, diese Argumentation jedoch vom U. S. Supreme Court selbst bereits in einer früheren Entscheidung[538] abgelehnt wurde.[539] Den föderalen Kompetenzen wurde in der Entscheidung *Shreveport Rate Case* gegenüber nationalen Kompetenzen der Vorzug gegeben; die Position des Kongresses wurde aufrechterhalten beziehungsweise noch gestärkt.

4.3.2.2. United States v Fisher

In *United States v Fisher* judizierte der U. S. Supreme Court das erste Mal zu den *implied powers* des Kongresses. Dabei ging es um die Frage, ob der Kongress die Befugnis habe, ein Gesetz zu erlassen, welches den Ansprüchen der Vereinigten Staaten von Amerika im Falle des Todes oder Konkurses eines ihrer Schuldner Priorität vor den Ansprüchen anderer Gläubiger einräumen würde. Dabei hatte *Chief Justice* John Marshall zum ersten Mal hinsichtlich der, für die *Implied-Powers*-Lehre wesentlichen, *necessary and proper clause* Stellung zu nehmen. Die *necessary and proper clause* ist in Art I § 8 Cl 18 US-Verfassung rechtlich verankert und lautet wie folgt:

> *„The congress shall have Power*
>
> ...
>
> *To make all Laws which shall be necessary and proper for carring into Execution the foregoing Powers, and all other Powers vested by this Constitution in the Government of the United States, or in any Department or Officer thereof."*

Die Schlüsselstelle des Urteils *United States v Fisher* ist die Folgende:

> [Page 6 U. S. 358, 396]
>
> *In constructing this clause it would be incorrect, and would produce endless difficulties, if the opinion should be maintained that no law was authorized*

[538] 37 U. S. (12 Pet.) 72 (1838) *United States v Lawrence Coombs*
[539] Currie 1990, 96

which was not indispensably necessary to give effect to a specified power. Where various systems might be adopted for that purpose, it might be said with respect to each, that it was not necessary, because the end might be obtained by other means. ***Congress must possess the choice of means, and must be empowered to use any means which are in fact conductive to the exercise of a power granted by the Constitution.***

In der Begründung des Urteils *United States v Fisher* geht *Chief Justice* John Marshall von einem weiten Auswahlermessen des Kongresses, im Hinblick auf die einzusetzenden Mittel zur Erreichung der enumerierten Ziele, aus. Dazu sollten auch alle Mittel zählen, die lediglich förderlich, aber nicht unbedingt zwingend, zur Ausübung einer enumerierten Kompetenz des Bundes sind. In diesem Fall handelt es sich konkret um die Kompetenz der Bezahlung der Schulden. Diese Auslegung der *necessary and proper clause* fand jedoch aufgrund der relativ geringen Bedeutung des Falls noch nicht die Beachtung wie in *McCulloch v Maryland* 14 Jahre später. Auch die Diskussion über die *Implied-Powers*-Lehre war keineswegs beendet worden. Es wurde sogar im Jahre 1806 die Einfügung eines Verfassungszusatzes vorgeschlagen, welcher notwendige und angemessene Gesetze als solche definierte, die eine rationale Verknüpfung mit und einen unmittelbaren Bezug zu den enumerierten Zuständigkeiten aufweisen.[540] Dieser sollte wie folgt lauten: „*... only such laws as shall have a rational connection with and immediate relation to the powers enumerated*".[541] Der Versuch, ein solches Amendment einzufügen, blieb jedoch erfolglos, obwohl er trotz der Intention, den Einfluss der Einzelstaaten zu sichern, keine grundsätzlich ablehnende Position gegenüber der *Implied-Powers*-Lehre darstellte.[542]

4.3.2.3. McCulloch v Maryland

In der Causa *McCulloch v Maryland* hatte der U. S. Supreme Court zu entscheiden, ob der Kongress die Kompetenz besaß, die *second bank of America* einzurichten. Die konkrete Sachverhaltsfrage war jedoch nicht neu, sondern hatte bereits eine fast dreißigjährige Vorgeschichte. Bereits im Jahre 1791 hatte der Kongress auf Vorschlag von Alexander Hamilton die erste nationale Bank der Vereinigten Staaten von Amerika errichtet, deren Aufgabe unter anderem auch in einer Geldmengenregulierung und somit einer wirtschaftspolitischen Tätigkeit bestand. Diese Gründung war auf heftigen Widerstand der Republikaner und Jefferson gestoßen, die darin eine Usurpation einer einzelstaatlichen Befugnis durch

[540] Joswig 1996, 34
[541] Warren 1947, 502 zit nach Joswig 1996, 34
[542] Joswig 1996, 33 f

die Bundesgewalt sahen.[543] Diese Bank erfüllte die in sie gesetzten Erwartungen jedoch nur ansatzweise, und die im Jahre 1811 auslaufende Charter wurde nicht erneuert. Zu dieser Zeit hatten die Föderalisten bereits an Einfluss verloren, und es bestand wenig Interesse an einer nationalen Bank. Dies änderte sich jedoch nach dem Krieg gegen Großbritannien im Jahre 1812, nach welchem die Staaten sich als unfähig erwiesen, die sich aus den Kriegsfolgen ergebenden monetären und wirtschaftlichen Probleme in den Griff zu bekommen. Trotz verfassungsrechtlicher Bedenken befürwortete Präsident Madison im Jahre 1816 die Gründung der zweiten Bank der Vereinigten Staaten von Amerika. Die Bank war jedoch ebenso nicht im Stande, die Probleme der Nachkriegszeit zu lösen. Zum einen betrieb sie eine zu „liberale" Geldpolitik, zum anderen musste sie mangels Reserven in der Phase der Depression 1818 ihre Kredite bei ihren Schuldner zurückfordern. Dies führte zu verständlichem Zorn unter der Bevölkerung und brachte ihr den Namen „Monsterbank" ein.[544] Gleichfalls belasteten Korruptionsvorwürfe und Missmanagement das Ansehen der Bank. Nachdem ein Versuch im Kongress gescheitert war, die Bank aufzulösen, versuchten aus den oben genannten Gründen viele Staaten die Tätigkeit der Bank zumindest auf ihrem jeweiligen Territorium zu begrenzen.[545] Gerade dieser Sachverhalt lag der Entscheidung *McCulloch v Maryland* zu Grunde. Der Staat Maryland hatte im Jahre 1818 per Gesetz die Herausgabe von Banknoten mit einer Steuer belegt, die in der Tat die Zweigstelle der *second bank of America* diskriminierte. Somit weigerte sich diese, nach jenen Vorschriften Steuern zu entrichten. Dies führte zu einer Anklage des Kassierers der Bank, McCulloch, und zu dessen Verurteilung. Die dem U. S. Supreme Court vorgelegte Frage war im Ergebnis die nach der Verfassungsmäßigkeit der staatlichen Steuervorschrift. Maryland vertrat die Ansicht, dass die Kompetenz des Kongresses, eine solche Bank einzurichten, aufgrund des Fehlens einer ausdrücklichen Gewährung in der Verfassung, nur auf der *necessary and proper clause* basieren könnte. Diese Klausel sei jedoch restriktiv auszulegen, da sämtliche, in der Bundesverfassung aufgezählten, Kompetenzen von der „Souveränität" der Einzelstaaten abgeleitet werden, und mithin derivativ seien. Aus diesem Grunde fällt nur eine solche Gesetzgebung unter die *necessary and proper clause*, ohne die die anderen Kompetenzen quasi leer laufen würden.

Zu den Schlüsselstellen des Urteils zählen unter anderem folgende Passagen:

[543] Joswig 1996, 35
[544] Gunther 1997, 104
[545] Joswig 1996, 35

[Page 17 U. S. 316, 405 ff]

If any one proposition could command the universal assent of mankind, we might expect it would be this-that the government of the Union, though limited in its powers, is supreme within its sphere of action. This would seem to result, necessarily, from its nature. It is the government of all; its powers are delegated by all; it represents all, and acts for all. Though any one state may be willing to control its operations, no state is willing to allow others to control them. The nation, on those subjects on which it can act, must necessarily bind its component parts. But this question is not left to mere reason: the people have, in express terms, decided it, by saying, 'this constitution, and the laws of the United States, which shall be made in pursuance thereof,' 'shall be the supreme law of the land,' and by requiring that the members of the state legislatures, and the officers of the executive and judicial departments of the states, shall take the oath of fidelity to it. ***The government of the United States, then, though limited in its powers, is supreme; and its laws, when made in pursuance of the constitution, form the supreme law of the land, 'anything in the constitution or laws of any state to the contrary notwithstanding.'***

Among the enumerated powers, we do not find that of establishing a bank or creating a corporation. But there is no phrase in the instrument which, like the articles of confederation, excludes incidental or implied powers; and which requires that everything granted shall be expressly and minutely described. Even the 10th amendment, which was framed for the purpose of quieting the excessive jealousies which had been excited, omits the word 'expressly,' and declares only, that the powers 'not delegated to the United States, nor prohibited to the states, are reserved to the states or to the people;' thus leaving the question, whether the particular power which may become the subject of contest, has been delegated to the one government, or prohibited to the other, to depend on a fair construction of the whole instrument.

....

In considering this question, then, we must never forget that it is a constitution we are expounding.

[Page 17 U. S. 316, 421]

We admit, as all must admit, that the powers of the government are limited, and that its limits are not to be transcended. But we think the sound construction of the constitution must allow to the national legislature that discretion, with respect to the means by which the powers it confers are to be carried into execution, which will enable that body to perform the high duties assigned to it, in the manner most beneficial to the people. ***Let the end be legitimate, let it be within the scope of the constitution, and all means which***

are appropriate, which are plainly adapted to that end, which are not prohibited, but consist with the letter and spirit of the constitution, are constitutional.

[Page 17 U. S. 316, 433]
Gentlemen say, they do not claim the right to extend state taxation to these objects. They limit their pretensions to property. But on what principle, is this distinction made? Those who make it have furnished no reason for it, and the principle for which they contend denies it. They contend, that the power of taxation has no other limit than is found in the 10th section of the 1st article of the constitution; that, with respect to everything else, the power of the states is supreme, and admits of no control. If this be true, the distinction between property and other subjects to which the power of taxation is applicable, is merely arbitrary, and can never be sustained. This is not all. If the controlling power of the states be established; if their supremacy as to taxation be acknowledged; what is to restrain their exercising control in any shape they may please to give it? Their sovereignty is not confined to taxation; that is not the only mode in which it might be displayed. ***The question is, in truth, a question of supremacy; and if the right of the states to tax the means employed by the general government be conceded, the declaration that the constitution, and the laws made in pursuance thereof, shall be the supreme law of the land, is empty and unmeaning declamation.***

Die Entscheidung von *Chief Justice* John Marshall hatte im Wesentlichen zwei Fragen zu beantworten: Erstens ob der Kongress die Kompetenz besitzt, eine föderale Bank einzurichten und zweitens ob der Staat Maryland in diesem Falle berechtigt sei, diese Bank zu besteuern. Beide Fragen beantwortete John Marshall zu Gunsten der Zentralgewalt, sodass der Kongress die Kompetenz besitzt, eine Bank einzurichten. Drei wesentliche Prinzipien sind seiner Entscheidung für das Verhältnis von Bund und Gliedstaaten grundgelegt: Erstens der Grundsatz, dass die Kompetenzen nicht derivativ und somit von den Einzelstaaten abgeleitet, sondern originär sind. Deswegen ist zweitens die *necessary and proper clause* mit einem weiten gesetzgeberischen Ermessen auszulegen. Und drittens ist Staatengesetzgebung, welche die Ausübung von Bundeskompetenzen behindere, verfassungswidrig und somit nichtig. Auf den Fall subsumiert, bedeutet dies, dass die Einzelstaaten keine Befugnis haben, rechtmäßige Einrichtungen des Bundes zu besteuern, da die Besteuerung diese Einrichtungen einer Kontrolle durch die Einzelstaaten unterwerfen würde.
Mit *McCulloch v Maryland* erkennt der U. S. Supreme Court die Geltung der *Implied-Powers*-Lehre im amerikanischen Verfassungsrecht endgültig an, sodass seither in der Rechtsprechung des U. S. Supreme Court die, in Art I § 8 Cl 1 – 17 US-Verfassung enumerierten, *powers* des Kongresses nicht nur die Befugnis dar-

stellen, den definierten Bereich gesetzlich zu regeln, sondern auch gleichsam als Zielbestimmungen (*ends*) angesehen werden. In diesen Zielbestimmungen wird der legislative Zweck solcher Regelungen normiert, die zwar nicht in den Bereich der enumerierten Befugnisse fallen, zu deren Ausführung sie aber von Nutzen sind. Zwar sind durch das, in der Verfassung benutzte, Enumerationsprinzip die Kompetenzen des Bundes, im konkreten Fall des Kongresses, grundsätzlich beschränkt. Eine Relativierung ergibt sich allerdings aus der Lehre der *Implied-Powers*. Dabei dient als Quelle der Begründung solcher (Neben)Zuständigkeiten der, der Verfassung zugrunde liegende, Gedanke, dass die Legislative angemessene Mittel besitzen muss, um ihre Ziele erfüllen zu können. Der Maßstab, den der U. S. Supreme Court zur Überprüfung, ob eine gewisse Gesetzgebung durch die *Implied-Powers*-Lehre gedeckt sei oder nicht, anlegt, ist ausgesprochen großzügig. Aufgrund der weiten Auslegung des Begriffs *necessary* reicht jedes vom Kongress benutzte Mittel, um eines der enumerierten Ziele zu erreichen. Aus der Tatsache, dass dies im Zusammenhang mit einem explizit genannten Kompetenztitel bestehen muss, ergibt sich nach John Marshall, jedoch, dass die Befugnis zur Regelung „großer wesentlicher und unabhängiger Bereiche“ nicht mehr unter die *Implied-Powers*-Lehre fallen könnte.[546] John Marshall entwickelte gerichtlich nachprüfbare Kriterien für das Vorliegen von *implied powers*, indem er Voraussetzungen für eine Zweck-Mittel-Relation formulierte. Darunter fallen jene Beziehungen, die „förderlich“[547] für die Ausübung einer der enumerierten Zuständigkeiten sind oder solche, die „angemessen“[548] oder „eindeutig angepasst“[549] zur Erreichung berechtigter Ziele sind.

Die von John Marshall entwickelten Grundsätze der *Implied-Powers*-Lehre gelten weiter, wobei ihre Entwicklung mit der Entscheidung *McCulloch v Maryland* erst am Anfang war. Die Rechtsprechung des U. S. Supreme Court war im Laufe der Zeit, angesichts sich ändernder Umstände und neuer Rechtsfragen, häufig gezwungen im Feld der *implied powers*, wie auch in anderen Bereichen des Verfassungsrechts, auszudifferenzieren und die Doktrin veränderten Anforderungen anzupassen.[550] So bildeten sich diverse Voraussetzungen für die Inanspruchnahme und Nachprüfung solcher Kompetenzen heraus, die zum einen aus dem Erfordernis der Zweck-Mittel-Relation selbst entwickelt wurden, zum anderen aus Verfassungsprinzipien wie jenem des Föderalismus folgten. Es war jedoch unvermeidbar, dass die extensive Auslegung der Bundeskompetenzen mit den unantastbaren Kernbereichen der einzelstaatlichen Zuständigkeiten kollidierte.

---

546 Joswig 1996, 44

547 „*conductive to its beneficial exercise*“ 17 U. S. (4 Wheat) 316, 418

548 „*appropriate*“, 17 U. S. (4 Wheat) 316, 423

549 „*plainly adopted*“, 17 U. S. (4 Wheat) 316, 421

550 vgl sehr ausführlich zu den *implied powers* allgemein und zur Folgerechtsprechung *Joswig, Ivo*. Die implied powers-Lehre im amerikanischen Verfassungsrecht, Frankfurt am Main 1996.

Gerade im Bereich der oben bereits erwähnten *Interstate Commerce Clause* wurde dies besonders deutlich. In der umfangreichen Rechtsprechung bezüglich der *Implied-Powers*-Lehre in Verbindung mit der *Interstate Commerce Clause* ist besonders eine der ersten Grundsatzentscheidungen diesbezüglich zu nennen: *Gibbons v Ogden.*[551]

Neben der endgültigen Anerkennung der *Implied-Powers*-Lehre erhebt *Chief Justice* John Marshall wiederum, in Fortsetzung zur *Marbury v Madison* Judikatur, den Anspruch der Judikative, alle Bereiche der Exekutive durch Verfassungsinterpretation zu binden. Seine Formulierung "*we must never forget that it is a constitution we are expounding*" wird auch heute noch häufig in der Literatur zitiert.[552] Hatte John Marshall in *Marbury v Madison* noch die, sich aus der Verfassung ergebende Rechtssicherheit, hervorgehoben und mithin noch zu einer eher restriktiven Auslegung der Verfassung tendiert, so kündigt sich mit *McCulloch v Maryland* die Konzeption der Verfassung als Kodifikation bestimmter Grundprinzipien an. Diese Konzeption hat sich durch eine weite und flexible Auslegung ohne wesentliche textliche Änderung bis in die Gegenwart als, an veränderte Umstände, anpassungsfähig erwiesen.[553] Sowohl Professor James Bradley Thayer als auch *Justice* Felix Frankfurter sehen in *McCulloch v Maryland* „*Marshall's greatest opinion, because of its careful reasoning and its effect on the claim to judicial supremacy and the establishment of federal authority over the states.*"[554]

4.4. Akzeptanz der Urteile

Die Akzeptanz der Urteile ist deshalb von Interesse, weil ein Zusammenwirken der Gemeinschaft beziehungsweise der föderalen Union nur möglich ist, wenn die Urteile in den einzelnen Gliedstaaten auch akzeptiert und in weiterer Folge umgesetzt werden. Im Folgenden wird die Akzeptanz der Urteile sowohl in der Europäischen Union als auch in den Vereinigten Staaten von Amerika näher ausgeführt. Dabei wird jeweils anhand eines Beispiellands konkret auf Probleme eingegangen.

---

[551] 22 U. S. (9 Wheat) 1 (1824)
[552] vgl etwa bei Witt 1990, 3
[553] Nowak/Rotunda/Young 1986, 207
[554] zit nach Nowak/Rotunda 2000, 9

4.4.1. Akzeptanz der Rechtsprechung zur Etablierung der Höherrangigkeit und Vorrangigkeit am Beispiel Deutschlands

Cappelletti[555] charakterisierte die Leistung des Europäischen Gerichtshofs damit, dass der Europäische Gerichtshof ohne politische Macht und demokratische Legitimität Handlungsfähigkeiten für sich in Anspruch genommen hat, welche die Gründungsväter nicht einmal anzudenken wagten, und die politische Seite nicht einmal versuchte, zu unternehmen. Deswegen ist es sehr bemerkenswert, dass seine Urteile in den Mitgliedstaaten akzeptiert und in Folge dessen anerkannt und umgesetzt wurden. Es ist zu beachten, dass ohne dieser Akzeptanz eine integrierende Wirkung der Rechtsprechung nicht erfolgen hätte können. Weil dies nicht als eine Selbstverständlichkeit zu sehen ist, wird an dieser Stelle in Form eines Exkurses auf die Gründe, warum es zu dieser hohen Akzeptanz gekommen ist, eingegangen:

In der Zeit der Grundsatzentscheidungen ist das europäische Recht einhellig als internationales Recht angesehen worden. Somit sind die anzuwendenden Rechtsnormen im Gegensatz zum innerstaatlichen Recht durch geringere Härte und Durchsetzungskraft gekennzeichnet.[556] Auch das Phänomen der Nichtunterwerfung beziehungsweise der Ignoranz internationaler Jurisdiktion ist bekannt.[557] Für die Akzeptanz der Urteile sind deswegen nicht nur die innerstaatlichen Gerichte maßgeblich, sondern es sind mehrere Ebenen zu beachten: Nach Sander sind dies die Ebene der mitgliedstaatlichen politischen Organe, die Ebene der gesamten politischen Funktionäre, der Journalisten und der Bürger und schließlich die Ebene der nationalen Gerichte, die für die Befolgung der Entscheidungen des Gerichtshofs eine ganz besondere Rolle einnehmen.[558]

Die *politische Akzeptanz bei den Organen der Mitgliedstaaten* spielt besonders wegen der bestehenden Gefahr der Ignoranz eine bedeutende Rolle. Ein Kennzeichen der Exekutive und Legislative ist, dass sie bei wesentlichen Disputen die Lösungen im Wege eines Kompromisses finden. Die Jurisdiktion entscheidet den Streit zwischen zwei Parteien nach abstrakten Regeln zu Gunsten der einen oder anderen Seite. Dabei kann es vor allem im Rahmen des Vertragsverletzungsver-

---

555 Wörtliches Zitat: „*Those thirteen little men unknown to most of the 320 million Community citizens, devoid of political power, charisma and popular legitimation who claim for themselves the legitimacy and capacity to do what the framers did not even think of doing, and what the political branches of the Community do not even try to undertake* ." (Cappelletti 1989, 174)

556 Schwarze 1987, 641

557 vgl etwa die einleitenden Ausführungen bei *Grasern, Albert*. Die Grenzen internationaler Gerichtsbarkeit, Dissertation, Salzburg 1992.

558 Sander 1998, 70 ff; Vergleich dazu speziell die integrationstheoretischen Aussagen von *Burley/Mattli* in Kapitel 2.3.3.

fahrens dazu kommen, dass ein Mitgliedstaat ein gegen ihn sprechendes Urteil gänzlich ignoriert. Gerade zu Beginn der Rechtsprechungstätigkeit des Europäischen Gerichtshofs sah der EG-Vertrag für diesen Fall keinerlei Sanktionsmöglichkeiten vor, sondern der Gerichtshof war auf den *good will* der Mitgliedstaaten angewiesen.[559] Obwohl es somit auf Grund der Voraussetzungen nicht unwahrscheinlich gewesen wäre, dass die Mitgliedstaaten die Urteile speziell bei Vertragsverletzungsverfahren nicht befolgt hätten, so gab es in der bisherigen Rechtsprechungstätigkeit kaum Entscheidungen, deren Urteile von den Regierungen eines Mitgliedstaats offen ignoriert wurden. In den meisten Fällen endeten die Verfahren schon nach Eingang des Mahnschreibens der Kommission im Vorverfahren oder durch Klagerücknahme, weil der Mitgliedstaat das vertragsverletzende Verhalten nach Klageerhebung beendet hat. Lediglich in einigen wenigen Fällen musste der Gerichtshof nicht nur ein, sondern sogar ein zweites Urteil erlassen, weil das erste von den Mitgliedstaaten nicht innerhalb einer angemessenen Frist befolgt wurde.[560]

Die Gründe für die Akzeptanz der Urteile sind mannigfaltig. So ist die Furcht der Mitgliedstaaten wegen der Ignorierung eines Urteils Schaden an ihrem Ansehen zu nehmen, nicht zu unterschätzen. Es ist von wesentlicher Bedeutung, ob ein Unwerturteil der anderen Staaten auf sich gezogen wird oder nicht. Auch das Prestige der Staaten als treue Vertragspartner würde verloren gehen.[561] Lecourt nennt darüber hinaus noch einen weiteren Faktor, welcher für die Akzeptanz der Rechtsprechung spricht: Die Mitgliedstaaten kennen die Gefahr, die bei offener Negierung eines Urteils durch ein Mitglied für die gemeinschaftliche Zusammenarbeit entstehen würde, denn auch die sich konform verhaltenden Mitgliedstaaten würden in weiterer Folge für sie unangenehme Entscheidungen negieren. Somit stünde der gesamte Bestand der Gemeinschaft auf dem Spiel.[562] Solange das Interesse der Regierungen der Mitgliedstaaten an einer funktionierenden Gemeinschaft größer ist, als das durch die Urteile jeweils betroffene nationale Interesse, werden die Entscheidungen des Gerichtshofs befolgt. Es wirkt die normative Kraft des Faktischen im überstaatlichen Zusammenhang.[563]

[559] Mit dem Vertrag von Maastricht, der am 1. November 1993 in Kraft getreten ist, wurde mit Art 228 Abs 2 EGV die Möglichkeit eingeführt, dass der Gerichtshof auf Antrag der Kommission die Zahlung eines Pauschalbetrags oder eines Zwangsgelds verhängen kann.

[560] Beispielsweise die zweimalige Verurteilung Belgiens wegen fehlender Umsetzung von vier Umweltschutzrichtlinien (verb Rs 68-71/81, EuGH vom 2. Februar 1982, *Kommission v Königreich Belgien*, Slg 1982, 153 und verb Rs 227-230/85, EuGH vom 14. Jänner 1988, *Kommission v Königreich Belgien*, Slg 1988, 1).

[561] Bleckmann 1983, 63

[562] Lecourt 1976, 309

[563] Kutscher 1981, 412

Die *Akzeptanz bei den Unionsbürgern* ist nach Sander relevant, weil eine von den Bürgern nicht akzeptierte Rechtsprechung zu einem Ansehensverlust der Europäischen Union führen kann. Eine betont gemeinschaftsfreundliche Rechtsprechung könnte nach und nach die Autorität des Gerichtshofs minimieren, weil die Stärkung von Befugnissen der Gemeinschaft und integrationsfördernde Entscheidungen häufig Kritik von nationalen Politikern, Wissenschaftlern und Journalisten nach sich zieht. Deren Äußerungen haben großen Einfluss auf die öffentliche Meinung, wobei die Bürger bei einem für nationale Interessen negativen Urteil nicht genau differenzieren, welches Organ dafür verantwortlich ist, sondern sie richten ihre Kritik direkt gegen den erreichten Grad der Vergemeinschaftung. Meist sind die Nachteile den Bürgern auch leichter vermittelbar und lassen sich teilweise sogar monetär bewerten, während die Vorteile für den einzelnen nicht direkt fassbar sind.[564]

Von ganz erheblicher Bedeutung ist die dritte Ebene: Die *Akzeptanz durch* die *nationalen Gerichte*. Gerade für den oben dargestellten Bereich der Vorrangwirkung und der unmittelbaren Geltung des Gemeinschaftsrechts ist der Europäische Gerichtshof auf die Zusammenarbeit mit den nationalen Gerichten angewiesen. Es könnte gerade bei den Vorabentscheidungsverfahren dazu kommen, dass nationale Gerichte die Rechtsmeinung des Europäischen Gerichtshofs nicht befolgen oder nicht willig sind, ihm ihre Rechtsstreite vorzulegen. Lecourt resümierte bereits 1976, dass die nationalen Rechtsprechungsorgane nach einigem Zögern und mit wenigen Ausnahmen die Rechtsprechung des Europäischen Gerichtshofs anerkannt hätten.[565] Die Akzeptanz durch die Gründungsmitglieder – zur Zeit von Van Gend en Loos und Costa/E.N.E.L. gab es noch keine Erweiterung – stellte sich nicht problemlos ein. In den Benelux-Ländern wurde die europäische Rechtsprechung mehr oder weniger problemlos akzeptiert. In Frankreich, Italien und Deutschland war die Sachlage hingegen etwas diffiziler, wobei im Folgenden speziell auf die Lage in Deutschland eingegangen wird.[566]

Die Folgen der unmittelbaren Anwendbarkeit und der Vorrangwirkung des Gemeinschaftsrechts vor dem Recht der Mitgliedstaaten gelten, wie oben bereits dargestellt, absolut. Daher ist sekundäres Gemeinschaftsrecht vor höchstem natio-

---

[564] Sander 1998, 73 f

[565] Lecourt 1976, 309

[566] In Italien befasste sich das Urteil des *Corte Constitutionale* vom 27. Dezember 1973 (vgl EuR 1974, 225) mit der Grundrechteproblematik, wobei auch hier wiederum der nationalen Auslegung der Vorrang gegeben wird. Für Frankreich gab es bezüglich der Grundrechtsdebatte keine vergleichbare Situation, jedoch lehnte der Conseil d'Etat mit seiner „*acti clair*“ Theorie (Urteil vom 19. Juni 1964, Rec. 1964, 794 ff) die Einleitung eines Vorabentscheidungsverfahrens zu Gunsten eigener Auslegung prinzipiell ab. Mittlerweile hat der Conseil d'Etat diese Linie aufgegeben.

nalen Recht, auch vor dem Verfassungsrecht und dem Grundrechtsschutz, anzuwenden. Gerade der Bereich der Vorrangwirkung vor Grundrechten ist nicht vorbehaltlos hingenommen worden. Legendär wurde der *„Solange I" Beschluss* des deutschen Bundesverfassungsgerichtshofs. Das deutsche Höchstgericht befasste sich intensiv mit dem Rangverhältnis zwischen nationalem Recht und dem Gemeinschaftsrecht. So führte er in seinem *„Solange I" Beschluss* vom 29. Mai 1974 aus, dass das sekundäre Gemeinschaftsrecht solange unter nationaler Kontrolle bleibe, bis es zu einem ausformulierten Grundrechtskatalog in der europäischen Rechtsordnung kommt.[567] Jenseits der Grundrechtsproblematik wurde vor allem die Verdrängung des nationalen Verfassungsrechts durch das Gemeinschaftsrecht als Bedrohung empfunden.[568] Es wurde von deutscher Seite zwar die Vorrangwirkung des Gemeinschaftsrechts anerkannt, jedoch ausdrücklich nicht für den Bereich des Grundrechtsschutzes. Innerhalb der Europäischen Union wurde dieses Urteil äußerst negativ und als integrationsfeindlich kritisiert. Man sah sogar eine Gefahr für den Bestand der Gemeinschaft und befürchtete, dass auch andere nationale Höchstgerichte die Rechtsprechung des Europäischen Gerichtshofs unterlaufen bis ignorieren würden.

Fünf Jahre später, am 25. Juli 1979, nahm das Bundesverfassungsgericht diese Linie schließlich mit dem *„Vielleicht-Beschluss"*[569] teilweise zurück, indem es offen ließ, inwieweit trotz erheblicher rechtlicher und politischer Entwicklung im europäischen Bereich, die Grundsätze von *„Solange I"* noch relevant seien. In der Zwischenzeit wurde diese Linie durch den *„Solange II"* Beschluss[570] aufgegeben und eine hinreichende Gewährleistung des Grundrechteschutzes durch den Europäischen Gerichtshof auf Gemeinschaftsebene grundsätzlich anerkannt und die nationale Prüfungskompetenz zurückgenommen. Das Fehlen eines Grundrechtskatalogs wird nicht mehr ausdrücklich kritisiert. Das Ergebnis lautet: *„Solange die Europäischen Gemeinschaften, insbesondere die Rechtsprechung des Gerichtshofs der Gemeinschaften einen wirksamen Schutz der Grundrechte gegenüber der Hoheitsgewalt der Gemeinschaften generell gewährleisten, ..., wird das BVerfG*[E] *seine Gerichtsbarkeit über die Anwendbarkeit von abgeleitetem Gemeinschaftsrecht, das als Grundlage für ein Verhalten deutscher Gerichte und Behörden, im Hoheitsbereich der Bundesrepublik Deutschland in Anspruch genommen wird, nicht mehr ausüben und dieses Recht mithin nicht mehr am Maßstab der Grundrechte des Grundgesetzes überprüfen".*[571]

In seinem *Maastricht-Erkenntnis*[572] verdeutlicht der deutsche Bundesverfassungsgerichtshof das Verständnis seines Verhältnisses zum Europäischen Gerichtshof

[567] BVerfGE 37, 271 ff
[568] Schima 2001, 35
[569] BVerfGE 52, 202 ff
[570] BVerfGE 73, 339 ff
[571] BVerfGE 73, 339, 387
[572] BVerfGE 89, 155 ff

weiter. Er äußerte weiterhin Bedenken, dass der Europäische Gerichtshof bei großzügiger Rechtsfortbildung die Gemeinschaftskompetenzen nicht genug begrenze. Seine Stellung kann als Art „Wächterrolle" angesehen werden.[573]

Zusammenfassend kann festgehalten werden, dass sich im Laufe der 50jährigen Rechtsprechungstätigkeit die Akzeptanz der Urteile des Gerichtshofs auf allen Ebenen fast flächendeckend durchgesetzt hat.

4.4.2. Akzeptanz der höchstgerichtlichen Rechtsprechung am Beispiel Virginia

Der heutige Status des U. S. Supreme Court in den Vereinigten Staaten von Amerika ist bemerkenswert, seine Stellung als eines der mächtigsten Höchstgerichte legendär. Doch hat sich der U. S. Supreme Court diese Stellung erst erarbeiten müssen und die Akzeptanz sowie die damit verbundene Befolgung seiner Urteile war historisch gesehen nicht immer so ausgeprägt wie heute. Feld und Slotnick halten fest, dass „[i]*n many respects noncompliance problems were more substantial during the formative years of the American Supreme Court than they have been thus far in the European experience*".[574]
Die Vereinigten Staaten von Amerika hatten ihre schwächste Phase von 1815 – dem Ende des zweiten Kriegs mit Großbritannien – bis 1865 – dem Ende des Sezessionskriegs. Genau in diese Phase fiel auch die Amtszeit von *Chief Justice* John Marshall, welcher mit seinen Richterkollegen versuchte, die zentrifugalen Kräfte außerhalb des Gerichtssaals mit Hilfe der Jurisdiktion auszugleichen.[575] Doch die Rechtsprechung wurde von den Mitgliedstaaten nicht ohne weiters aufgenommen. Es haben sich in der Gründungszeit acht (!) Staaten – Virginia, Ohio, Georgia, Kentucky, South Carolina, Wisconsin, Pennsylvania und Maryland – gegen die Macht des U. S. Supreme Court ausgesprochen, indem sie formelle Resolutionen oder Statuten verfassten. Sogar Gesetzesentwürfe mit dem Ziel, die Macht des föderalen Höchstgerichts wieder zurückzunehmen, wurden im Kongress eingebracht.[576]

Einer der bedeutendsten Fälle in diesem Zusammenhang war die Rechtssache *Martin v Hunter's Lessee*.[577] Darin ging es um die Eigentümerschaft großer Landteile in Virginia, wobei sich die Streitigkeiten bereits über lange Zeit erstreckten. In den Jahren 1779 bis 1785 konfiszierte Virginia mit einer Reihe von Gesetzen Land, welches nicht im Eigentum amerikanischer Staatsbürger stand. David Hun-

---

[573] Büdenbender 2005, 288
[574] Feld/Slotnick 1976, 336
[575] Rasmussen 1986, 124
[576] Rasmussen 1986, 125
[577] 14 U. S. (1 Wheat.) 304 (1816)

ter bekam dabei konfisziertes Land von einem ehemaligen Angehörigen Großbritanniens, der gegen ihn eine Klage auf Rückübereignung seines Eigentums einbrachte. Nach dessen Tod führte die Klage sein Erbe Philip Martin mit der Begründung, dass ein Vertrag zwischen den Vereinigten Staaten von Amerika und Großbritannien seine Eigentümerschaft schützte, fort. Das Berufungsgericht in Virginia hielt an der Eigentümerschaft Hunters am konfiszierten Land fest, der U. S. Supreme Court erklärte die Entscheidung aber im Jahre 1813 für nichtig. In dieser Sache entschied nicht *Chief Justice* John Marshall selbst, weil er sich auf Grund dessen, dass er Martin in dieser Rechtssache vertreten habe, als befangen erklärte. Somit erging die Entscheidung von *Justice* Story mit zwei weiteren Richtern und einem Richter, der jedoch eine *dissenting opinion* verfasste. Also war es die Entscheidung von drei Richtern aus damals insgesamt sieben. Dieser Umstand trug nicht dazu bei, großen Respekt bei den Gliedstaaten hervorzurufen. Das Gericht in Virginia weigerte sich schließlich, die Entscheidung des U. S. Supreme Court zu befolgen; dies mit der Begründung, das föderale Höchstgericht könnte verfassungsmäßig einem staatlichen Gericht keine Verpflichtungen auferlegen. Die Entscheidung, mit welcher das Gericht in Virginia die Befolgung der föderalen Höchstrechtsprechung verneinte, kam abermals 1815 vor den U. S. Supreme Court.

> [Page 14 U. S. 304, 324]
> ***The questions involved in this judgment are of great importance and delicacy. Perhaps it is not too much to affirm, that, upon their right decision, rest some of the most solid principles which have hitherto been supposed to sustain and protect the constitution itself.*** *The great respectability, too, of the court whose decisions we are called upon to review, and the entire deference which we entertain for the learning and ability of that court, add much to the difficulty of the task which has so unwelcomely fallen upon us. It is, however, a* ***source of consolation****, that we have had the assistance of most able and learned arguments to aid our inquiries; and that the opinion which is now to be* ***pronounced has been weighed with every solicitude to come to a correct result, and matured after solemn deliberation.***[578]

Die ein Jahr später gefällte Entscheidung bestätigte das Urteil von vor drei Jahren. Dem U. S. Supreme Court steht demnach ein richterliches Überprüfungsrecht gegenüber staatlichen Gerichtsentscheidungen zu. Wiederum war *Justice* Story Vorsitzender in der Causa, jedoch wurde der Fall dieses Mal einstimmig entschieden. Der U. S. Supreme Court vermied aber eine zwangsweise Durchsetzung beim Gericht in Virginia, um nicht zu großen Druck auszuüben. Das zweite Urteil wurde schließlich befolgt. Wie bereits oben zu *Cohens v Virginia* ausgeführt, bestätigte der U. S. Supreme Court sein Überprüfungsrecht staatlicher Gerichts-

[578] [Hervorheb. durch Verf.]

entscheidungen einige Jahre später wiederum. Bei dieser Entscheidung gab es keinerlei Schwierigkeiten hinsichtlich der Umsetzung.

Die Widerstände gegen Gerichtsentscheidungen von öffentlicher Seite endeten jedoch nicht mit *Martin v Hunter's Lessee* beziehungsweise der Folgerechtsprechung *Cohens v Virginia*, sondern erreichten ihren Gipfel noch in den Gründungsjahren des U. S. Supreme Court, wobei die Probleme der Nichtbefolgung am deutlichsten zum Ende der Ära Marshall erkennbar waren. Konkret ging es dabei um die *Cherokee Crisis* zwischen 1830 und 1832 als zwei Entscheidungen des U. S. Supreme Court vom Staat Georgia ignoriert wurden. Präsident Jackson sympathisierte offen mit dem Gliedstaat, und merkte zu dieser Konfrontation an: „*Well, John Marshall has made his decision, now let him enforce it*".[579] *Chief Justice* John Marshall wusste keinen Ausweg aus dieser Situation und kommentierte diese seinem Kollegen *Justice* Story „*he doubted the Union would survive in the face of such rebellion by state authority*".[580] Die Lage ist somit durchaus als sehr kritisch zu bewerten. Jedoch erhielt das Höchstgericht durch einen unverhofften Umstand acht Monate später – im Staat South Carolina wurde eine Tarifbestimmung im Sinne der Union erlassen, die von Präsident Jackson vehement gefordert wurde, sodass er nicht mehr Georgia unterstützen konnte, ohne seine Glaubhaftigkeit zu verlieren – die Unterstützung von Präsident Jackson, indem er den Kongress anwies, die Macht der föderalen Gerichte zu erhöhen, damit im Falle einer Nichtbeachtung, föderales Recht durchgesetzt werden könnte. Freiwillig fügte sich Georgia schließlich dem Urteil des Höchstgerichts und handelte im Sinne der U. S. Supreme Court Entscheidung.

Das Kapitel über die Akzeptanz der föderalen Rechtsprechung in den einzelnen Gliedstaaten hat gezeigt, dass die Befolgung der Urteile des U. S. Supreme Court nicht als selbstverständlich anzusehen ist und die Jurisdiktion des U. S. Supreme Court gerade in den Gründungsjahren in mehreren Mitgliedstaaten auf heftigen Widerstand stieß. Der Widerstand ging dabei von der Nichtbefolgung sogar soweit, dass Petitionen an den Kongress gerichtet wurden, er möge die Macht des U. S. Supreme Court einschränken. Die Befugnis zur gerichtlichen Überprüfung hat somit in den Vereinigten Staaten von Amerika geschichtlich gesehen ihre Wurzeln, obgleich die Doktrin damals nur sehr spärlich in der Verfassung vorzufinden war. Es bedarf zur Etablierung erst ihrer Umsetzung und der Akzeptanz innerhalb der Gliedstaaten.

[579] Witt 1990, 14
[580] Witt 1990, 14

5. Ergebnisse des Vergleichs

5.1. Vergleich der Institutionen per se

Bereits in der Darstellung der Institutionen per se fallen Gemeinsamkeiten und Unterschiede auf. Die Gerichtssysteme der beiden Vergleichsobjekte sind unterschiedlich ausgestaltet. So wird in der Europäischen Union das Gemeinschaftsrecht rein von den mitgliedstaatlichen Organen vollzogen, einen direkten Instanzenzug von einem staatlichen Gericht hin zu einem europäischen Gericht im Wege eines Berufungsverfahrens gibt es nicht. Im Fall der Vereinigten Staaten von Amerika hat sich in mehr als 200 Jahren ein ausdifferenziertes dreigliedriges System der Bundesgerichtsbarkeit entwickelt. Ein derart ausdifferenziertes System ist in der Europäischen Union nicht vorzufinden, jedoch ist zu beachten, dass mit dem Vertrag von Nizza erste Schritte hin zu einem Ausbau der Europäischen Gerichtsbarkeit vorgenommen worden sind. Mit der Einführung spezialisierter Kammern in einigen ausgewählten Bereichen ist ein dreigliedriger Instanzenzug, wenngleich nicht in derselben Art wie in den Vereinigten Staaten von Amerika, möglich.
Abseits dieser Gerichtsorganisation ist es äußerst interessant, dass etwa bei der Ernennung der Richter – sowohl im Falle des Europäischen Gerichtshofs als auch in jenem des U. S. Supreme Court – regionale Aspekte informell berücksichtigt werden, um eine bessere Akzeptanz der Entscheidungen auf mitgliedstaatlicher Ebene zu sichern. Die Anzahl der Richter, die grundsätzlich für eine Entscheidungsfindung vorgesehen ist, unterscheidet sich kaum. Der Europäische Gerichtshof entschiedet in der überwiegenden Mehrzahl der Fälle in den Kammern zu drei, fünf oder 13 Richtern und nicht im Plenum. Am U. S. Supreme Court bilden neun Richter den Spruchkörper. Die Amtszeit der Richter ist am Europäischen Gerichtshof auf sechs Jahre begrenzt, wobei es die Möglichkeit der Wiederwahl – auch der mehrmaligen Wiederwahl – gibt. Dagegen werden die Richter am U. S. Supreme Court sogleich auf Lebenszeit gewählt. Dies hat in der Geschichte dazu geführt, dass manche Richter ganze Rechtsprechungslinien beeinflussen konnten. In den Vereinigten Staaten ist das Ansehen des U. S. Supreme Court sehr hoch, sodass die Ernennung zum Höchstrichter – im Gegensatz zur Gründungsphase – ein bedeutendes Ereignis ist. Gerade wegen der Möglichkeit der Beeinflussung ganzer Rechtsprechungslinien versuchen die Präsidenten mit der Ernennung von Höchstrichtern aus den eigenen Reihen, die zukünftige Rechtsprechung in ihrem Sinn zu beeinflussen. Deshalb sind häufiger politische Gründe wichtiger als rechtliche Kompetenz, die darüber hinaus in der Verfassung nicht vorausgesetzt ist. In der Europäischen Union sind hingegen die notwendigen Qualifikationen der Höchstrichter in den Verträgen genau festgelegt. Die Richter des U. S. Supreme Court genießen ein sehr hohes Ansehen und sind weithin bekannt. Bereits zu ihren Lebzeiten werden ihre Meinungen einer systematischen

Analyse unterzogen und Biografien über sie verfasst. Im Gegensatz dazu sind die Richter am Europäischen Gerichtshof der breiten Bevölkerung wenig bis gar nicht vertraut.

Anhand der Kompetenzen ist der Europäische Gerichtshof als das höchste Verfassungs- und Verwaltungsgericht der Europäischen Union anzusehen. Da das amerikanische Recht die Einteilung in öffentliches und privates Recht nicht kennt, und es keine eigene Institution der Verfassungsgerichtsbarkeit gibt, ist der U. S. Supreme Court zugleich oberstes Gericht in Zivil-, Straf- und Verwaltungsrecht. Grundsätzlich agieren beide Gerichte als oberste Verfassungsgerichte an der Schnittstelle zwischen Politik und Recht.

Tätig werden können beide Gerichte nur auf Grund eines Parteiantrags, sodass sie von sich aus keine Rechtsprechung setzen können. Dies ist als Einschränkung der Integrationsfähigkeit der beiden Höchstgerichte anzusehen. Der Europäische Gerichtshof konnte vor allem im Rahmen des Vorabentscheidungsverfahrens rechtlich integrierend wirken. Nationale Höchstgerichte müssen – untere Instanzen können – den Europäischen Gerichtshof anrufen, wenn sie Zweifel bei der Auslegung von Gemeinschaftsrecht haben. Dabei ist hinsichtlich der integrativen Wirkung des Vorabentscheidungsverfahrens von besonderer Bedeutung, dass der Europäische Gerichtshof nur über die an ihn gerichtete Frage und nicht über den Fall selbst entscheidet, sodass den mitgliedstaatlichen Gerichten noch Gestaltungsraum bleibt, und sie die Urteile des Europäischen Gerichtshof leichter akzeptieren können. Eine Anrufung des Europäischen Gerichtshofs kann nur in speziellen Ausnahmefällen entfallen. So etwa, wenn bereits eine ausreichend gesicherte Rechtsprechung besteht oder keinerlei Raum für vernünftigen Zweifel an der Gültigkeit oder der Auslegung des einschlägigen Gemeinschaftsrechts vorliegt. Im Unterschied dazu entscheidet der U. S. Supreme Court vor allem als Rechtsmittelinstanz im Zuge eines, für das *Common Law* charakteristischen, Verfahrens, dem *certiorari*-Verfahren. Der U. S. Supreme Court ist frei in seiner Entscheidung, ob er eine Rechtssache annimmt oder nicht. Wenn er sie annimmt, dann entscheidet er – im Gegensatz zum Europäischen Gerichtshof beim Vorabentscheidungsverfahren – auch in der Sache selbst. Der Europäische Gerichtshof hat im Zuge des Vorabentscheidungsverfahrens keine Möglichkeit, es abzulehnen. Dies könnte bei der zunehmenden Arbeitsüberlastung ein Problem darstellen. Sollten die Vorabentscheidungsverfahren, deren durchschnittliche Dauer bereits jetzt bei rund zwei Jahren liegt, noch mehr Zeit in Anspruch nehmen, so könnten die mitgliedstaatlichen Gerichte weniger gewillt sein, ein solches Verfahren einzuleiten.

Ein weiterer wesentlicher Unterschied zwischen den beiden Gerichten kann darin gesehen werden, dass der Europäische Gerichtshof auch eine abstrakte Normenkontrolle durchführen kann, während hingegen der U. S. Supreme Court keine *advisory opinions* erlässt. Diese Fähigkeit des Europäischen Gerichtshofs erweist sich jedoch als marginal, weil es nur in Ausnahmefällen zu einer abstrakten Normenkontrolle kommt.

Bezüglich der Auslegungsmethoden der beiden Höchstgerichte gibt es viele Gemeinsamkeiten festzustellen. Jene vier allgemein akzeptierten Auslegungsmethoden – die grammatikalische, die systematische, die historische und die teleologische – werden von beiden Gerichtshöfen anerkannt, wenngleich in der amerikanischen Rechtswissenschaft davon ausgegangen wird, dass es keinen Kanon gibt. Sowohl der Europäische Gerichtshof als auch der U. S. Supreme Court haben bei ihren aktivistischen Entscheidungen auf die teleologische Methode zurückgegriffen. Ein Grund dafür ist darin zu sehen, dass aus den Verfassungstexten alleine mit Hilfe der Wortlautinterpretation oder durch die Interpretationsmethode nach der Systematik wenig hergeleitet werden kann. Im Unterschied zum Europäischen Gerichtshof kann der U. S. Supreme Court auf die historische Methode zurückgreifen. Die Entstehung des Verfassungstexts ist – im Gegensatz zu den Gründungsverträgen der Europäischen Union – nicht zuletzt durch die *Federalist Papers* gut dokumentiert. Dadurch stellt sich jedoch häufig die Frage, welche Meinung als jene der Gründungsväter tatsächlich heranzuziehen ist.
Da in den Vereinigten Staaten von Amerika Entscheidungen des Gerichts als Präjudizienrecht gleichsam wie erlassene Gesetze wirken, kommt den Grundsatzentscheidungen eine noch erheblichere Bedeutung zu.
Im Rahmen des Willensbildungsprozesses liegt wohl eine der größten Differenzen der beiden Höchstgerichte. Die Richter am Europäischen Gerichtshof stammen aus verschiedenen Rechtstraditionen mit unterschiedlichen Begrifflichkeiten sowie mit unterschiedlichem Staats -, Rechts- und Europaverständnis. Die einzige Gemeinsamkeit ist in der Rechtsordnung der Europäischen Union zu sehen. Im Gegensatz dazu kommen alle Richter des U. S. Supreme Court aus der Rechtstradition des *Common Law* und haben – im Gegensatz zur Europäischen Union – einen homogeneren rechtshistorischen Hintergrund.
Damit es zu einem Urteil kommt, reicht bei beiden Gerichten die Mehrheit. Am Europäischen Gerichtshof werden jedoch *dissenting opinions* oder *concurring opinions* – im Unterschied zum U. S. Supreme Court – nicht veröffentlicht. Auf diese Möglichkeit wurde bewusst verzichtet, um die Unabhängigkeit der Richter von ihren Mitgliedstaaten zu gewährleisten und die Akzeptanz der Urteile zu erhöhen. Doch gerade *dissenting opinions* können eventuelle Entwicklungslinien vorzeigen und somit in einer späteren Rechtsprechung zur Mehrheitsmeinung werden.

Resümierend ist an dieser Stelle kurz festzuhalten, dass sich in diesem sehr formalistischen Gebiet zahlreiche Differenzen zeigen, jedoch ebenso Gemeinsamkeiten gefunden werden konnten. Trotz evidenter Unterschiede in der Gerichtsorganisation und der Gerichtsverfassung lassen sich hinsichtlich der untersuchten Grundsatzentscheidungen erstaunliche Parallelen herausarbeiten, wie im folgenden Kapitel gezeigt wird.

5.2. Vergleich der Grundsatzentscheidungen beider Höchstgerichte

Wie bereits in der Einleitung angeführt, nimmt Walter Hallstein in seiner berühmt gewordenen Rede 1970[581] Bezug auf die Grundsatzentscheidung von *Chief Justice* John Marshall, die unter dessen Ägide 1803 gefallen ist und die für die Stellung des U. S. Supreme Court als oberstes Verfassungsgericht so entscheidend war: *Marbury v Madison.* Die US-Verfassung weist dem U. S. Supreme Court nicht ausdrücklich die Kompetenz des *judicial review* zu; somit auch nicht die Befugnis, die Verfassungsmäßigkeit von Akten des Kongresses zu bestimmen. Es war dabei auch nicht völlig klar, ob die Verfassungsväter beabsichtigten, dass dem U. S. Supreme Court diese Kompetenz zustehe. Ungeachtet dessen hat *Chief Justice* John Marshall in *Marbury v Madison* die Rechtfertigung darin gesehen, dass die Verfassung als *paramount law* anzusehen sei, und dass die Gerichte verpflichtet seien, Fälle im Einklang mit der US-Verfassung zu entscheiden. So konnten Gerichte jener Gesetzgebung, die durch die Verfassung verboten ist, keine Wirkung geben. Der Entscheidung *Marbury v Madison* kommt im Falle der US-Verfassungsordnung die gleiche grundlegende und zentrale Bedeutung zu wie den Entscheidungen Van Gend en Loos und Costa/E.N.E.L. für die Europäische Union. Keines der drei Urteile ist dabei dogmatisch zwingend aus der jeweiligen Verfassungsrechtsordnung ableitbar. Denn wie bereits in der kurzen Einleitung erwähnt wurde, ist es nicht selbstverständlich, dass das Höchstgericht alleinige Interpretationsbefugnisse hinsichtlich der Verfassung innehat.

Deswegen zählen Van Gend en Loos sowie Costa/E.N.E.L. zu den großen Leitentscheidungen in der Europäischen Union. Sie haben auf bemerkenswerte Weise die unmittelbare Anwendbarkeit und – eng damit verknüpft – die Höherrangigkeit in den einzelnen Rechtsordnungen der Mitgliedstaaten eingeführt, ohne dass dafür eine ausdrückliche Grundlage in den Verträgen vorgesehen wäre. Die unmittelbare Anwendbarkeit hat in den Vereinigten Staaten von Amerika nicht die gleiche Rolle, wie in der Europäischen Union, eingenommen. Die Höherrangigkeit war in den Vereinigten Staaten von Amerika jedoch Gegenstand einer heftigen Kontroverse und führte schließlich zu *Marbury v Madison.*

Vergleicht man speziell *Costa/E.N.E.L.* mit *Marbury v Madison*, so weisen die Verträge der Europäischen Union dieselben Aspekte auf, wie sie die US-Verfassung in der Entwicklung der Vereinigten Staaten von Amerika einnahm.[582]

---

[581] *„Als wir den Europäischen Gerichtshof schufen, schwebte uns ein ehrgeiziger Gedanke vor: die Verfassungsstruktur der Gemeinschaft mit einem obersten Gericht zu krönen, das im vollen Sinn des Wortes Verfassungsorgan war, einem Gericht wie der amerikanische Supreme Court in seiner glänzenden Zeit unter dem Chief Justice John Marshall, unter dessen Führung die urkundlich kaum skizzierte Verfassung der Vereinigten Staaten in der Gerichtspraxis Inhalt und Festigkeit gewann.*" (Hallstein 1970 zit nach Hallstein 1979, 110)

[582] Feld/Slotnick 1976, 330

Beiden Rechtsdokumenten fehlten klare Formulierungen, sodass diese erst durch die Rechtsprechung konkretisiert worden waren. *Justice* Charles E. Hughes brachte es in seinem viel zitierten Ausspruch wie folgt auf den Punkt *„We are under a constitution, but the constitution is what the judges say it is"*.[583] So scheint es auf den ersten Blick, als ob das Prinzip der Vorrangwirkung bereits in der US-Verfassung in Art VI Cl 2 verankert sei und keinerlei höchstgerichtliche Rechtsprechung mehr notwendig wäre. Dieses Argument ist bei näherer Betrachtungsweise jedoch nicht haltbar. Eine Überprüfung der Kongressgesetze auf ihre Verfassungsmäßigkeit hin durch den U. S. Supreme Court kann nicht ohne weiteres herausgelesen werden. Somit hat auch in den Vereinigten Staaten von Amerika die *supremacy-clause* ihre heutige Bedeutung erst durch die Grundsatzentscheidung *Marbury v Madison* und der Folgerechtsprechung erhalten.
In der Auslegung zur Höherrangigkeit hatten sowohl der Europäische Gerichtshof als auch der U. S. Supreme Court dieselbe Rolle des autoritativen Interpreten der Verträge beziehungsweise der Verfassung inne. *Chief Justice* John Marshall sprach vom *superior paramount law*, während der Europäische Gerichtshof in Costa/E.N.E.L. im Wesentlichen erklärt, dass der Vertrag höherrangig – *superior* – zu entgegenstehendem nationalen Recht sei.
Ebenso weisen Costa/E.N.E.L. und die Folgerechtsprechung große Ähnlichkeiten zur Causa *Missouri v Holland* auf, indem auch den internationalen Verträgen die Höherrangigkeit vor nationalem Recht eingeräumt wird. Wiederum kommt es zur Betonung des *supreme law of the land*. Die Folgerechtsprechungen beider Höchstgerichte haben ihre Grundsatzentscheidungen noch verstärkt und auf weitere Bereiche ausgedehnt. So ist in der Europäischen Union die direkte Wirkung nicht nur eine negative Verpflichtung der Vertragsstaaten, sondern sie wurde auf eine positive ausgeweitet. Die Direktwirkung des europäischen Gemeinschaftsrechts gilt nicht mehr nur für das Primärrecht, sondern auch für das Sekundärrecht und die EG-Abkommen mit Drittländern. Die Vorrangwirkung geht so weit, dass jedes gemeinschaftliche Recht höherrangiger als nationales Recht und auch höherrangiger als nationales Verfassungsrecht ist. Zudem liegt es in der Entscheidungsbefugnis des Europäischen Gerichtshofs, über diese Höherrangigkeit zu bestimmen. Mit seinen Grundsatzentscheidungen schuf der Europäische Gerichtshof eine neue Rechtsordnung. Die Verträge sind nicht mehr dem Völkerrecht zuzuordnen, sondern bilden eine eigene supranationale Rechtsordnung. Darüber hinaus haben die Urteile eine konstitutionalisierende Wirkung, sodass die Verträge als „Verfassung" der Europäischen Union angesehen werden können. Mit *Marbury v Madison* konnte der U. S. Supreme Court zwar bereits eine gegebene Verfassung auslegen, doch ließ diese – nicht zuletzt wegen ihrer berühmt gewordenen Kürze – viele Fragen offen. So war um 1800 keineswegs klar, ob die Gerichtsbarkeit ein Recht auf ausschließliche oder jedenfalls abschließende Beurteilung in Anspruch

[583] Ausspruch von Charles E. Hughes, Speech, Elmira, New York, 1907 zit nach Brugger 1993, 7

nehmen könnte. Die Rechtsprechungslinie des *judicial review* wurde nicht nur auf Akte des Kongresses, sondern in der Folgerechtsprechung *Cohens v Virginia* auch auf Entscheidungen gliedstaatlicher Höchstgerichte ausgedehnt. Dies ist ein Bereich, in welchem der Europäische Gerichtshof bislang keine Rechtsprechungskompetenz aufweisen kann. Nichtsdestotrotz hat der Europäische Gerichtshof den Status des obersten Verfassungsgerichts der Europäischen Union. Im Zuge des Vorabentscheidungsverfahrens kann er die Auslegung des Gemeinschaftsrechts in den einzelnen Mitgliedstaaten verbindlich gestalten. Eine Überprüfung der Gliedstaatengerichtsbarkeit durch den Europäischen Gerichtshof war und ist für die Europäische Union nicht denkbar. Die Gründe dafür liegen sicherlich in den langen Rechtsprechungstraditionen der einzelnen Länder und der bedeutenden Stellung, welche die innerstaatlichen Höchstgerichte einnehmen. Auf Grund dessen, dass es zu einer breiten Akzeptanz der Urteile des Europäischen Gerichtshofs in den Mitgliedstaaten gekommen ist, wäre eine solche Kompetenzausweitung zu weitgehend. Sollte jedoch einmal ein umgekehrter Trend verzeichnet werden, ist es durchaus möglich, dass vonseiten jener, die eine tiefere Integration befürworten, Vorschläge in diese Richtung kommen werden. Doch ist dies derzeit nicht absehbar.

Betrachtet man die Zeitdimension, in welcher die Grundsatzentscheidungen gefällt wurden, so ist auch eine eindeutige Parallele erkennbar. Beide Höchstgerichte haben bereits in den frühen Gründungsjahren ihre Grundsatzentscheidungen gefällt; der Europäische Gerichtshof fünf Jahre nach seiner Gründung, der U. S. Supreme Court etwas später, dreizehn Jahre nach seiner Konstituierung. Mit diesen *leading cases* haben beide Gerichtshöfe nicht nur versucht, den potentiellen Status der Gemeinschaft beziehungsweise der Union als supranationale Gemeinschaft beziehungsweise Föderation zu stärken, sondern auch – das sollte ebenso mitbedacht werden – seine eigene Rolle durch diese Stärkung zu sichern.
Insgesamt betrachtet sind die Muster der Etablierung der Höherrangigkeit, in der europäischen und amerikanischen Rechtsprechungsentwicklung bemerkenswert ähnlich. *„Federation and Community building remain the central thrust of the outcome of litigation, yet the constituent parts of the federation continue to exercise significant prerogatives in their own right"*.[584]
Vergleicht man den Bereich des Zusammenwirkens der Gemeinschaft beziehungsweise der föderalen Union, so lässt sich in den beiden Entscheidungen Barbara Erzbergbau AG und andere v Hohe Behörde der Europäischen Gemeinschaft für Kohle und Stahl sowie im *Shreveport Rate Case* erkennen, dass die Argumentation in beiden Urteilen ähnlich aufgebaut wird. Die Kompetenzen der Hohen Behörde werden auf ganz gleiche Weise gesehen, wie jene des Kongresses. Beiden Urteilen ist gemeinsam, dass die Ziele des zwischenstaat-

[584] Feld/Slotnick 1976, 343

lichen Handels durch entgegenstehende innerstaatliche Maßnahmen nicht verwirklicht werden können. In beiden Fällen haben nationale Tarifbestimmungen den zwischenstaatlichen Handel diskriminiert, sodass es innerhalb der Kompetenzen der Gemeinschaft beziehungsweise jener der föderalen Union liegen muss, diese Beschränkungen zu untersagen und einen freien zwischenstaatlichen Handel zu garantieren. Der Europäische Gerichtshof spricht davon, dass die Hohe Behörde ihre Zuständigkeit bei der Herabsetzung der Tarife nicht überschritten habe und die allgemeine Politik der Hohen Behörde darauf gerichtet sein muss, in fortschreitender Entwicklung Voraussetzungen zu schaffen, die von sich aus die rationellste Verteilung der Produktion sichern. Der U. S. Supreme Court spricht davon, „ [that] *it is the Congress and not the State that is entitled to prescribe the final and dominant rule*". Somit hat der Europäische Gerichtshof in einer bemerkenswert ähnlichen Weise die Kompetenzen der Hohen Behörde konstruiert, wie es der U. S. Supreme Court bereits im *Shreveport Rate Case* getan hat.

Im Bereich der *Implied-Powers*-Lehre können ebenfalls große Gemeinsamkeiten festgestellt werden. Die Kompetenzverteilung innerhalb eines föderalen Systems ist von essenzieller Wichtigkeit. Somit gehört die Rechtsprechung diesbezüglich zu den wesentlichen Bereichen der Rechtsprechungstätigkeit beider Höchstgerichte. Der U. S. Supreme Court wird mit seiner Rechtsprechungslinie zur *necessary and proper clause,* die er mit *United States v Fisher* einleitete und mit *McCulloch v Maryland* fortsetzte, sogar als Vorbild für den Europäischen Gerichtshof genannt: Die *Implied-Powers*-Lehre wurde ursprünglich im innerstaatlichen Bereich, insbesondere im Zusammenhang mit der Verfassung der Vereinigten Staaten und ihrer *necessary and proper clause,* entwickelt und sodann auch im Bereich der internationalen Organisationen zur Anwendung gebracht.[585]

In den oben angeführten Urteilen legte der U. S. Supreme Court die Kompetenzbestimmung des Art I § 8 Cl 1 bis Cl 17 US-Verfassung zu Gunsten des Bundes und somit zu Lasten der Gliedstaaten sehr exzessiv aus. Eine Zweck-Mittel-Relation wird bei der Feststellung der *necessary and proper clause* und somit der *Implied-Powers*-Lehre angewendet. Der Europäische Gerichtshof entschied in seiner Entscheidung AETR, obgleich es im Sachverhalt nicht um die Kompetenz eines Mitgliedstaats selbst, sondern um jene der Gemeinschaft gegenüber Dritten ging, in gleicher Weise. Dem Europäischen Rat kommt die Kompetenz zum Abschluss eines Vertrags mit einem Drittstaat zu, ohne dass es ausdrücklich in dieser Art in den Verträgen grundgelegt wäre. Somit sind mit der Festlegung bestimmter

[585] vgl etwa Fischer/Köck/Karoluss 2002, Rz 935; Als ein Beispiel für Internationale Organisationen könnte etwa der IGH angeführt werden, weil er sich in mehreren Entscheidungen zu diesem Problemkreis äußerte. Als zentral wird heute sein Rechtsgutachten im Fall *Reparation for Injuries Suffered in the Service of the United Nations* (ICJ-Reports 1949, 174) angesehen.

Ziele in einer Gemeinschaft beziehungsweise einer föderalen Union auch die dafür notwendigen Mittel zu bejahen.

In einem direkten Vergleich der Akzeptanz der Jurisdiktion innerhalb der Mitgliedstaaten anhand eines konkreten Beispiels lässt sich erkennen, dass auch Nichtbefolgung unter der Voraussetzung, dass sie nicht zu weite Kreise zieht, durchaus von Wert für die Institutionenbildung in einem Transformationsprozess eines Systems ist. Sowohl in den Vereinigten Staaten von Amerika als auch in der Europäischen Union konnten die beiden Höchstgerichte nach den Problemen bei der Nichtbewältigung ihre Position noch verstärken. Somit könnte erwartet werden, dass sich die Nichtbefolgung oder verspätete Befolgung einer *beschränkten* Anzahl von Entscheidungen auch in Zukunft nicht negativ auf die rechtliche Integration durch den Europäischen Gerichtshof auswirken.

6. Resümee und Ausblick

Wie im Rahmen dieser Arbeit gezeigt wird, ist ein Vergleich zwischen der Europäischen Union und den Vereinigten Staaten von Amerika durchaus gerechtfertigt, sodass einige Schlussfolgerungen gezogen werden können. Zu beachten ist, dass im Rahmen eines Vergleichs nicht alles mit allem verglichen werden kann, weil ansonsten die Aussagekraft eines Vergleichs abnimmt. Nach den methodologischen Ansätzen von Jürgen Heideking, im Besonderen der *„funktionalen Analyse"*, sind konkrete und klar umrissene Integrationsbereiche einem Vergleich zu unterziehen. Dabei ist zu beachten, dass auch die Vereinigten Staaten von Amerika kein vorgefertigtes Modell sind, sondern sich seit mehr als 200 Jahren in einem Prozess der föderalen, demokratischen Integration befinden. Für einen Vergleich, so schlägt Heideking vor, eigne sich besonders die Verfassungsgerichtsbarkeit beider Systeme. Im wissenschaftlichen Diskurs gibt es bezüglich eines Vergleichs der beiden Höchstgerichte zwar einzelne Studien, wie etwa das Standardwerk der *Florence Integration Project Series „Integration through law. Europe and American Federal Experience*" aus dem Jahre 1986 oder den Aufsatz von Marcus Höreth *„The European Court of Justice and the U. S. Supreme Court: Comparable Institutions*" in dem Sammelband "*Towards a European Constitution. A Historical and Political Comparison with the United States*" aus dem Jahre 2005. Jedoch sind die Analysen eher allgemein gehalten und beziehen sich nicht auf die Gerichtshöfe oder die Urteile im Einzelnen. An diesem Punkt setzt die vorliegende Arbeit an. Ausgehend von einigen theoretischen Überlegungen werden zuerst die beiden Gerichtssysteme und -verfassungen selbst verglichen und anschließend werden in konkret abgegrenzten Bereichen – wie etwa jenem der Direktwirkung und Höherrangigkeit beziehungsweise der *supremacy-clause* – die *leading cases* und einige Folgenentscheidungen für einen Vergleich herangezogen.

In den theoretischen Ausführungen werden die generischen Abstraktionen wie Verfassung und Integration näher ausgeführt. Grundlegend für die Arbeit ist, dass von den Verträgen der Europäischen Gemeinschaft bereits jetzt als Verfassung gesprochen werden kann. Neben dem Terminus der Verfassung wird im theoretischen Teil ein großer Schwerpunkt auf den Begriff der Integration gelegt, damit verbunden die Integration durch Recht sowie jene durch Verfassungsrechtsprechung. Jedoch ist der Begriff der Integration schwer zu fassen. Es gibt eine Integration im politischen, im wirtschaftlichen, im militärischen, im sozialen und im gesellschaftlichen Bereich. Im Rahmen dieser Arbeit wird die rechtliche Integration als ein Teilbereich der gesellschaftlichen angesehen. Dabei kann die Integration durch Recht auch durch Verfassungsrechtsprechung erfolgen. Integration qua Verfassungsrechtsprechung erfolgt in den Bereichen der Verfassungsrechtsprechung selbst, im Gerichtsverfahren und im Bereich der Grund-

rechte. Im Rahmen dieser Arbeit wird schließlich speziell auf die Integration in den Bereichen Verfassungsrechtsprechung und Gerichtsverfahren eingegangen.
Bezüglich des europäischen Integrationsprozesses gibt es zahlreiche Theorien, welche sich mit dem integrativen Beitrag des Europäischen Gerichtshofs auseinandersetzen, wobei die ersten Ansätze des Legalismus und des Kontextualismus zu Beginn der 1980er Jahre entwickelt wurden. Die Theorie des Legalismus sieht den Beitrag des Europäischen Gerichtshofs zur rechtlichen Integration in der Europäischen Union als sehr positiv an, jedoch wird nur die Rechtsstaatlichkeit betont, eine politische Einflussnahme ist nicht möglich. Die Theorie des Kontextualismus geht einen Schritt weiter, indem sie eine Dualität zwischen Recht und Politik feststellt, jedoch kann die Art der, zwischen den Akteuren bestehenden, Beziehungen noch nicht fundiert dargestellt werden. Zu Beginn der 1990er Jahre wurde der Europäische Gerichtshof auch von anderen Wissenschaften als ein wichtiger Integrationsfaktor entdeckt. Vor allem zwei alternative Zugänge – jener des Realismus und jener des Neorationalismus – sind hervorzuheben. Der Realismus steht dabei diametral zum Kontextualismus, wobei er den Einfluss supranationaler Organe auf die Integration insofern beschränkt, als dass dieser nur soweit gehen kann, wie er mit den Interessen und Prioritäten der Mitgliedstaaten konform geht. Der Zugang des Neorationalismus geht bereits einen Schritt weiter, indem er dem Europäischen Gerichtshof zugesteht, dass er den nationalen Entscheidungsträgern Beschränkungen auferlegen kann. Diese Beschränkungen resultieren jedoch nicht aus einer autonomen Rolle, sondern aus dem Interesse der Mitgliedstaaten selbst, das Rechtssystem aufrecht zu erhalten. Jedoch orientiert sich der Europäische Gerichtshof in seinem Verhalten nicht an den Interessen der Mitgliedstaaten, weshalb diese Theorie das Verhalten des Europäischen Gerichtshofs nicht vollständig erklären kann. Von Anne-Marie Burley und Walter Mattli stammt ein Ansatz, welcher juristische und politikwissenschaftliche Sichtweisen kombiniert und in der Tradition des Neofunktionalismus steht. So haben konkret vier Variablen besonderen Einfluss: die Akteure, die Motive, das Umfeld und der Prozess. Besonders hervorzuheben sind dabei die Akteure selbst und der Prozess. Im Bereich der Akteure wird nur supranationalen und subnationalen Akteuren eine besondere Bedeutung zugemessen. Diese Argumentation ist jedoch in Anbetracht der starken institutionellen Stellung der Mitgliedstaaten nicht überzeugend. Im Bereich des Prozesses kommt es zum so genannten *spill-over* Effekt. Interpretationslinien sind konsequent fortzusetzen und weiter auszudehnen. Mit Hilfe der Auslegung wird die gemeinschaftliche Struktur auch auf jene Bereiche ausgedehnt, die auf logische und konsequente Weise an bereits judizierte Bereiche anschließen. So erfolgt beispielsweise ein *spill-over* ausgehend von wirtschaftlichen Bereichen hin zu Gesundheit und Sicherheit am Arbeitsplatz etc.
Bereits dieses kurze Resümee hinsichtlich der traditionellen Theorien hat gezeigt, dass jede Theorie Lücken aufweist, was besonders durch die Debatte zwischen

Neofunktionalismus und Neorationalismus verdeutlicht wurde. Im Lichte dieser Auseinandersetzungen haben sich jüngere Studien – wie etwa jene von Karen Alter, Paul Pierson oder Mark Pollack – entwickelt. Dabei ist speziell die *principle-agents analysis* von Mark Pollack hervorzuheben und auch zu favorisieren. Dies deshalb, weil er die Unterschiede zwischen den, sich zunächst noch diametral gegenüberstehenden, Theorien Neofunktionalismus und Neorationalismus herausstreicht und schließlich mit Hilfe der *principle-agents analysis* eine wertvolle Verknüpfung und Weiterentwicklung beider Theorien anbietet. Der Neorationalismus wird insoweit herangezogen, als dass sich der Europäische Gerichtshof als *agent* der Mitgliedstaaten sieht, der jedoch *„on short leash"* gehalten wird. Die neofunktionalistische Theorie wird insoweit herangezogen, als dass der Europäische Gerichtshof als ein unabhängiger und hochentwickelter strategischer Akteur dargestellt wird. In der Weiterentwicklung dieses Ansatzes kam das Autorenteam Joseph Weiler, Anne-Marie Slaughter und Alec Stone Sweet zu der Schlussfolgerung, dass sich der Europäische Gerichtshof durch seine Tätigkeit von einem *agent* der Mitgliedstaaten zu einem selbstständigen *principal* entwickeln konnte. Dabei wurden die unterinstanzlichen Gerichte zu *agents* des neuen *principal* Europäischer Gerichtshof und waren somit bei der rechtlichen Integration behilflich.

Die Einbeziehung der Integrationstheorien in die rechtliche Integration durch den Europäischen Gerichtshof hat gezeigt, dass dem europäischen Höchstgericht im Zuge des Transformationsprozesses innerhalb der Europäischen Union eine bedeutende Rolle zugesprochen wird, und er der Rolle als „Motor der Integration", wie ihn Walter Hallstein – erster Präsident der Europäischen Kommission – bezeichnete, gerecht wurde. Gerade durch seine Grundsatzentscheidungen hat der Europäische Gerichtshof die Entwicklung hin zu einer tieferen Integration beeinflussen können. Dies gerade zu einem Zeitpunkt, als sich der europäische Gesetzgeber – damit die Legislative – weg von einer Integration hin zu einem verstärkten Intergouvernementalismus entwickelte.

Vor der Durchführung des Vergleichs selbst wurde eine kurze historische Betrachtung der beiden Höchstgerichte bezüglich Einsetzung und Entfaltung ihrer Tätigkeit angestellt. Bereits diese hat gezeigt, dass verschiedene Phasen der Rechtsprechungstätigkeit unterschieden werden können. So folgten auf sehr aktivistische Zeiten wieder ruhige Phasen. Beide Höchstgerichte hatten nicht von Beginn an die Stellung, welche ihnen heute zugesprochen wird. Der Europäische Gerichtshof hat sich von einem internationalen Gerichtshof, als welcher er eingesetzt wurde, hin zu einem bedeutenden supranationalen Organ innerhalb der Europäischen Union entwickelt. Dabei hat er die Integration, im konkreten die rechtliche Integration, wesentlich mitgestaltet. Durch seine Grundsatzentscheidungen – vor allem Van Gend en Loos und Costa/E.N.E.L. – wurden die

Verträge zur „Verfassung" Europas. Seine *leading cases* sind bereits in seinen jüngsten Jahren entstanden. Es folgte aber auf die Zeit des *judicial activism* wieder eine Zeit des *judicial restraint*. In den letzten Jahren ist zu beobachten, dass sich die zu behandelnden Rechtsfälle vom wirtschaftlichen Bereich auf sensiblere Bereiche wie jenen des Umweltrechts, der Immigration und dem Sozialrechtsschutz ausgedehnt haben. Damit verbunden ist auch eine erhöhte mediale Aufmerksamkeit, sodass im Vergleich zu den Gründungsjahren sein *benign neglect* nicht mehr auf diese Weise gegeben ist. Im Gegensatz zum Europäischen Gerichtshof war der U. S. Supreme Court als staatliches Höchstgericht eingesetzt worden. Doch auch ihm wurde zu Beginn wenig Bedeutung zugemessen. Die Judikative, als dritte Gewalt, wurde in den *Federalist Papers* noch *„beyond comparison the weakest of the three departments of power"* bezeichnet.[586] Umso erstaunlicher ist, welches Selbstverständnis der U. S. Supreme Court in seinen Gründungsjahren aufwies. Somit sind – ebenso wie beim Europäischen Gerichtshof – in den frühen Jahren die wichtigsten Entscheidungen für die zukünftige Verfassungsentwicklung ergangen. Doch gab es auch Zeiten, in denen der U. S. Supreme Court eine sehr schwache Stellung aufwies. Bei der Entscheidung *Dred Scott v Sandford* wurde offen diskutiert, ob die Jurisprudenz des Höchstgerichts nicht ignoriert werden sollte. Mit dieser Entscheidung trug der U. S. Supreme Court schließlich sogar indirekt zum Sezessionskrieg bei. Mitte des 19. Jahrhunderts hatte er die Klausel zur Handelsgerichtsbarkeit derart weiterentwickelt, dass es Präzedenzfälle gab, um praktisch jedes Ergebnis zu begründen, und die einzige Sicherheit war jene der Unvorhersehbarkeit. Auch um 1900 hatte es den Anschein, dass Entscheidungen zur Wirtschaftsregulierung zum Teil nach Belieben und ohne dogmatische Grundlage für verfassungswidrig erklärt wurden. Im 20. Jahrhundert folgte mit *Chief Justice* Earl Warren wieder eine sehr aktivistische Zeit, die jedoch mit seinem Nachfolger *Chief Justice* Warren Burger etwas abgeschwächt ist.

Der Vergleich erfolgt zum einen anhand der Institutionen selbst, zum anderen im Bereich der Rechtsprechung bezüglich der Direktwirkung und Höherrangigkeit beziehungsweise der *supremacy-clause* sowie im Bereich des Zusammenwirkens der Gemeinschaft beziehungsweise der föderalen Union mit den Mitgliedstaaten. Im Rahmen des zweiten Vergleichspunkts wird speziell auf die Suprematie gegenüber den Mitgliedstaaten sowie auf die Entwicklung der Kompetenzen im Bezug auf die *Implied-Powers*-Lehre eingegangen. Daran anschließend wird anhand eines Beispiels die Akzeptanz der Urteile in den Mitgliedstaaten näher untersucht. Im Bereich der Institutionen per se lassen sich einige Differenzen feststellen, doch gibt es auch zahlreiche Gemeinsamkeiten. Die wesentliche Gemeinsamkeit ist, dass beide als oberste Gerichtshöfe in Verfassungsfragen in ihren politischen Sys-

[586] Federalist Papers, No. 78

temen auftreten. Obwohl die Verfahrensarten unterschiedlich gestaltet sind, kommt den beiden Höchstgerichten die Letztentscheidungsbefugnis bei der Auslegung der Verträge beziehungsweise der Verfassung zu. Der Europäische Gerichtshof steht an der Spitze eines – seit dem Vertrag von Nizza – dreigliedrigen Gerichtssystems. Dieses unterscheidet sich jedoch wesentlich von jenem der Vereinigten Staaten von Amerika. Grundsätzlich wird in der Europäischen Union das Gemeinschaftsrecht von den Organen der Mitgliedstaaten selbst angewandt, weil es innerhalb der Mitgliedstaaten keine europäischen Gerichte gibt, die diese Aufgaben innehätten. Vor allem auf Grund von Vorlageersuchen kommt es zur einheitlichen Rechtsauslegung durch den Europäischen Gerichtshof. Gerade im Rahmen des Vorabentscheidungsverfahrens kann der Europäische Gerichtshof rechtlich integrierend tätig werden.
Im Gegensatz dazu kann in den Vereinigten Staaten von Amerika bereits auf Gliedstaatenebene in erster Instanz vor einem Bundesgericht geklagt werden. Grundsätzlich kommt eine Causa im Zuge des Berufungsverfahrens vor den U. S. Supreme Court. Dieser ist somit vor allem als ein Rechtsmittelgericht konzipiert und kann im Rahmen des, für das *Common Law* sehr typischen, *certiorari*-Verfahrens, sollte dieses angewendet werden, frei entscheiden, ob er über eine Causa entscheiden will oder nicht. Dies hängt vor allem davon ab, ob eine bedeutsame verfassungsrechtliche oder gesetzesauslegende Frage dem Fall zugrunde liegt, ob widersprechende Entscheidungen der Mittelinstanzen vorliegen, ob schwerwiegende Verfahrensfehler der Mittelinstanzen zu beheben sind oder ob der vorhergegangenen Entscheidung eines Staatenobergerichts eine *federal question* zu Grunde liegt.
Die Auslegungsmethoden der beiden Gerichte sind einander sehr ähnlich. Grundsätzlich sind alle vier gängigen Auslegungsmethoden – die grammatikalische, die systematische, die historische und die teleologische – anerkannt. Jedoch greift der Europäische Gerichtshof selten auf die wörtliche, kaum auf die historische zurück. Beide Gerichtshöfe verwenden häufig die teleologische Interpretationsmethode.
Im Rahmen der Willensbildung ist der Europäische Gerichtshof mit dem Problem konfrontiert, dass alle 27 Richter aus verschiedenen Staaten mit unterschiedlichen Rechtstraditionen und Rechtsbegriffen kommen. Dahingegen stammen am U. S. Supreme Court alle Richter aus derselben Rechtstradition, dem *Common Law*. Eine Entscheidung kann von beiden Gerichten mit Mehrheit gefällt werden, wobei in der Europäischen Union im Gegensatz zu den Vereinigten Staaten keine *dissenting opinions* veröffentlicht werden.
Der Vergleich der Grundsatzentscheidungen wird im Bereich der Direktwirkung und der Höherrangigkeit beziehungsweise der *supremacy-clause* durchgeführt. Im Rahmen der Europäischen Union werden die Urteile Van Gend en Loos, in logischer Folge Costa/E.N.E.L. und deren Folgerechtsprechung Lütticke, Internationale Handelsgesellschaft, Simmenthal I und Simmenthal II herangezogen. In dieser Rechtsprechungslinie judizierte der Europäische Gerichtshof mit

konstitutionalisierender Wirkung, so dass die Verträge eine neue Rechtsordnung darstellen, die direkte Wirkung auf die einzelnen Bürger hat und gegenüber dem mitgliedstaatlichen Recht höherrangig ist. Auf ganz ähnliche Weise hat der U. S. Supreme Court die *supremacy-clause* in den Vereinigten Staaten von Amerika etabliert. Er hat in *Marbury v Madison*, der wohl bedeutendsten Entscheidung in der amerikanischen Judikatur, die Verfassung als *superior paramount law* bezeichnet und somit das Überprüfungsrecht des U. S. Supreme Court auch auf Akte des Kongresses, hinsichtlich ihrer Verfassungsmäßigkeit, ausgedehnt. In weiterer Folge wurde die richterliche Überprüfungsbefugnis auch auf gliedstaatliche Entscheidungen der einzelnen Höchstgerichte erweitert, was mit *Martin v Hunter's Lessee* versucht und mit *Cohens v Virginia* realisiert wurde. Eine solche Befugnis ist in der Europäischen Union nicht zu finden und wäre derzeit auch nicht haltbar.

Im Bereich des Zusammenwirkens der Gemeinschaft beziehungsweise der föderalen Union mit den Mitgliedstaaten lassen sich folgende Gemeinsamkeiten erkennen. Sowohl in der Europäischen Union als auch in den Vereinigten Staaten von Amerika wurden Regelungen der Suprematie gegenüber den Mitgliedstaaten derart weit ausgelegt, dass die Souveränitätsrechte der einzelnen Staaten auch Bereiche, in denen die Kompetenz nicht eindeutig zugeordnet ist, einschränken. Dabei wird sowohl in der Entscheidung Barbara Erzbergbau AG und andere v Hohe Behörde der Europäischen Gemeinschaft für Kohle und Stahl als auch im *Shreveport Rate Case* die Stellung der Hohen Behörde sowie des Kongresses auf sehr ähnliche Art und Weise festgelegt. In der Begründung gehen beide Höchstgerichte auf die Ziele der Gemeinschaft beziehungsweise der föderalen Union und darauf, dass diese Ziele mit einzelstaatlichen Regelungen unterlaufen werden würden, ein. Die Kompetenz, den zwischenstaatlichen Handel zu fördern und zu schützen, hat bei der Gemeinschaft beziehungsweise bei der föderalen Union zu liegen.

Ein Vergleich der Rechtsprechung beider Höchstgerichte zu den *Implied-Powers* zeigt, dass in diesem Bereich der U. S. Supreme Court dem Europäischen Gerichtshof sogar als Vorbild gedient hat. Bereits zu Beginn des 19. Jahrhunderts hatte der U. S. Supreme Court in seinen Entscheidungen *United States v Fisher* sowie *McCulloch v Maryland* – die beinahe denselben Stellenwert wie *Marbury v Madison* haben – die *Implied-Powers*-Theorie mit Hilfe der Auslegung der *necessary and proper clause* in den Vereinigten Staaten von Amerika eingeführt. Beide Urteile haben noch heute Gültigkeit, wenngleich sie im Einzelnen den historischen Änderungen angepasst wurden. Mit Hilfe einer Mittel-Zweck Relation werden die Kompetenzen zu Gunsten der Gemeinschaft beziehungsweise der föderalen Union ausgelegt. Auch der Europäische Gerichtshof bedient sich zur Abgrenzung der Kompetenzen zwischen der Gemeinschaft und den einzelnen Mitgliedstaaten in seiner Entscheidung AETR der *Implied-Powers*-Lehre und hat

sie mit den beiden Doktrinen der Exklusivität und *Pre-emption* bereits weiterentwickelt.
Sowohl in der Europäischen Union als auch in den Vereinigten Staaten von Amerika ist die Akzeptanz der Mitgliedstaaten nicht ohne weiteres anzunehmen. Die dahin gehende Entwicklung in der Europäischen Union verlief im Gegensatz zu den Vereinigten Staaten von Amerika sehr gut. Ohne die Akzeptanz durch die Mitgliedstaaten hätte der Europäische Gerichtshof nicht rechtlich integrierend wirken können. Dass die Höherrangigkeit sowohl des Europäischen Gerichtshofs als auch des U. S. Supreme Court nicht automatisch angenommen wurde, zeigen die Beispiele des deutschen Bundesverfassungsgerichtshofs sowie des Berufungsgerichts in Virginia.
Im Rahmen dieser vergleichenden Studie konnten einige Gemeinsamkeiten herausgearbeitet werden, woraus sich grundsätzlich folgende Schlüsse ziehen lassen:
Durch eine rechtsvergleichende Studie kann das eigene Gerichtssystem – konkret jenes des Europäischen Gerichtshofs innerhalb der Europäischen Union – der Aufbau, die Organisation, sowie die speziellen Rechtsprechungslinien innerhalb dieses Systems besser verstanden werden. Denn durch eine Analyse eines vergleichbaren Systems wird der Blick auf die Besonderheiten des eigenen beziehungsweise auf jene des anderen Systems geschärft.
Der Vergleich der beiden Gerichtssysteme lässt erkennen, dass trotz der Verschiedenheit der Gerichtsorganisation sowie der Gerichtsverfassung bemerkenswerte Ähnlichkeiten in der Rechtsprechung zu konstatieren sind. Somit können Anhaltspunkte dafür geschaffen werden, wie ein anderes Höchstgericht eine Rechtsfrage in ähnlicher Position entschieden hat. Der U. S. Supreme Court diente beispielsweise bereits bei der Entwicklung der *Implied-Powers*-Lehre dem Europäischen Gerichtshof als Vorbild. Weiters können in einem Vergleich bereits die Auswirkungen, welche die Rechtsprechung und ihre damit fortgesetzte Rechtsprechungslinie haben – wenn es eine solche gegeben hat – analysiert werden. Ist der Gerichtshof in diesem Bereich zu weit gegangen? Hat er diese Linie fortgesetzt und gefestigt oder hat die Entscheidung in einer späteren Rechtsprechung bereits durch *overruling* keine Präzedenzwirkung mehr? Eine rechtsvergleichende Betrachtung wurde in der Literatur sogar als eine weitere, fünfte Auslegungsmethode diskutiert.
Darüber hinaus kann auch die Akzeptanz innerhalb der Mitgliedstaaten als ein weiterer Vergleichspunkt herangezogen werden. Bezüglich der Akzeptanz der Rechtsprechung zeigt der Vergleich, dass auch in den Vereinigten Staaten von Amerika die Mitgliedstaaten nicht ohne weiters den *judicial activism* des U. S. Supreme Court akzeptiert haben. Die Mitgliedstaaten richteten sogar Petitionen mit der Forderung, die Macht des Höchstgerichts einzuschränken, an den Kongress. Die erstmalige Nichtakzeptanz oder eine verspätete Akzeptanz der Rechtsprechung des Europäischen Gerichtshofs ist somit nicht als systembedrohlich anzusehen, sondern ist ein Teil im Entwicklungsprozess hin zur seiner Positionie-

rung im System. Diese Überlegungen erwägend sollten auch mögliche Schwierigkeiten in den neuen Mitgliedstaaten der Europäischen Union beurteilt werden.
Die Entwicklungslinie, wie etwa im Rahmen der *supremacy-clause* in den Vereinigten Staaten von Amerika, zeigt, dass auch in Bereichen, die als weitgehend ausjudiziert angesehen werden, immer wieder neue Aspekte aufgeworfen werden können. So wurde auch 100 Jahre nach *Marbury v Madison* in der Rechtssache *Missouri v Holland* – um nur ein Beispiel von vielen zu nennen – dem U. S. Supreme Court eine Frage bezüglich der Höherrangigkeit von föderalem Recht gegenüber gliedstaatlichem Recht vorgelegt. Derselbe Umstand kann auch für die Europäische Union angenommen werden. Somit wird aufgezeigt, dass Rechtsprechungslinien – auch wenn sie als noch so gefestigt erscheinen – teilweise beziehungsweise zur Gänze zurückgenommen werden können.
Abseits der Rechtsprechung könnte das Gerichtssystem der Vereinigten Staaten per se als ein mögliches Beispiel für die Europäische Union in Betracht gezogen werden. Das derzeitige Gerichtssystem, das sich in der Vergangenheit als sehr gut herausstellte, könnte in Zukunft mit einer Mitgliederzahl von 27 Staaten einer zu starken Arbeitsbelastung ausgesetzt sein. Die Auswirkungen der letzten Osterweiterung auf das Gerichtssystem und vor allem jene des erhöhten Arbeitsaufwandes des Europäischen Gerichtshofs im Zuge des Vorabentscheidungsverfahrens, sind derzeit noch nicht abschätzbar. Die Zahl der Mitgliedstaaten der Europäischen Union hat sich seit der Einsetzung des Europäischen Gerichtshofs mehr als vervierfacht und auch der Umfang der Rechtsprechungskompetenz wird durch die Ausweitung der Regelungen auf europäischer Ebene immer größer. Sollte auf Grund dieser Umstände eine einheitliche Rechtsanwendung nicht mehr möglich sein, so wird das Gerichtssystem geändert werden müssen. Obgleich es derzeit noch keine Option darstellt, könnte in Zukunft die Möglichkeit, die Vereinigten Staaten von Amerika als Beispiel für ein dualistisches Gerichtssystem, im Zuge dessen in jedem Mitgliedstaat ein eigenes europäisches Gericht bestehen würde, in Betracht gezogen werden.

7. Literaturverzeichnis

I. Primärliteratur

a) Europäische Union

Vertrag zur Gründung der Europäischen Gemeinschaften vom 25. März 1957, in der konsolidierten Fassung gültig mit Inkrafttreten des Vertrags von Nizza am 1. Februar 2003.

Vertrag über die Europäische Union vom 7. Februar 1992, in der konsolidierten Fassung gültig mit Inkrafttreten des Vertrags von Nizza am 1. Februar 2003.

Vertrag zur Gründung der Europäischen Atomgemeinschaft vom 25. März 1957.

Vertrag über die Gründung der Europäischen Gemeinschaft für Kohle und Stahl vom 18. April 1951 [Der Vertrag ging am 24. Juli 2002 in der EG auf].

Satzung des Gerichtshofs. Protokoll zum Vertrag über die Europäische Union, zum Vertrag zur Gründung der Europäischen Gemeinschaft und zum Vertrag zur Gründung der Europäischen Atomgemeinschaft mit allfälligen Änderungen bis ABl 2006 C 321 E, 329 vom 29. Dezember 2006.

Verfahrensordnung des Gerichtshofs, ABl 1991 L 176 vom 4. Juli 1991 und ABl 1992 L 383 vom 29. Dezember 1992 mit allfälligen Änderungen bis ABl 2005 L 288, 51 vom 29. Oktober 2005.

Verfahrensordnung des Gerichts erster Instanz, Abl 1991 L 136 vom 2. Mai 1991 mit allfälligen Änderungen bis Abl 2005 L 298, 1 vom 15. November 2005.

KOM (2003) 828 endg abgerufen unter: http://register.consilium.eu.int/pdf/de/04/st05/st05189.de04.pdf

Beschluss des Rates vom 2. November 2004 zur Errichtung des Gerichts für den öffentlichen Dienst der Europäischen Union, Abl 2004 L 333, 7 vom 9. November 2004.

b) Vereinigte Staaten von Amerika

The Constitution of The United States of America sowie Amendments to the Constitution of the United States of America (US-Verfassung).

United States Code (Amtliche Sammlung der Bundesgesetze der Vereinigten Staaten von Amerika).

II. Sekundärliteratur

Alter, Karen
„Who are the Masters of the Treaty"?: European Governments and the European Court of Justice, in: International Organization 1998, 52, 121-147.

Ardant, Philippe
Institutions politiques & droit constitutionnel, Paris 1989.

Arnull, Anthony
Owing up to Fallibility: Precedent and the Court of Justice, in: Common Market Law Review 1993, 247-266.

Arnull, Anthony
The European Union and its Court of Justice, Oxford 1999.

Arnull, Anthony
The European Union and its Court of Justice, 2. Auflage, Oxford 2006.

Azizi, Josef
Die Institutionenreform in der EU aus Sicht der Gerichtsbarkeit, in: *Hummer,* Waldemar (Hrsg). Paradigmenwechsel im Europarecht zur Jahrtausendwende. Ansichten österreichischer Integrationsexperten zu aktuellen Problemlagen. Forschung und Lehre im Europarecht in Österreich, Wien 2004, 181-230.

Beck, Ulrich/Elisabeth Beck-Gernsheim (Hrsg)
Riskante Freiheiten, Frankfurt am Main 1994.

Bernhardt, Rudolf
Zur Auslegung des Europäischen Gemeinschaftsrechts, in: *Grewe*, Wilhelm/Hans *Rupp*/Hans *Schneider* (Hrsg). Europäische Gerichtsbarkeit und nationale Verfassungsgerichtsbarkeit. Festschrift zum 70. Geburtstag von Hans Kutscher, Baden-Baden 1981, 17-24.

Bleckmann, Albert
Die Rolle der richterlichen Rechtsschöpfung im Europäischen Gemeinschaftsrecht, in: *Lüke,* Gerhard/Georg *Ress*/Michael *Will* (Hrsg). Rechtsvergleichung, Europarecht und Staatsintegration. Gedächtnisschrift für Leontin-Jean Constantinesco, Köln 1983, 61-81.

Blumenwitz, Dieter
Einführung in das anglo-amerikanische Recht. Rechtsquellenlehre, Methoden der Entscheidungsfindung, Arbeiten mit praktischen Rechtsfällen, München 1998.

Bobbitt, Philip
Constitutional Interpretation, Oxford 1991.

Borg, Robert
The Tempting of America. The Political Seduction of Law, New York 1990.

Brugger, Winfried
Verfassungspolitik à la USA, in: ZRP 1987a, 2, 52-61.

Brugger, Winfried
Grundrechte und Verfassungsgerichtsbarkeit in den Vereinigten Staaten von Amerika, Tübingen 1987b.

Brugger, Winfried
Einführung in das öffentliche Recht der USA, München 1993.

Büdenbender, Martin
Das Verhältnis des Europäischen Gerichtshofs zum Bundesverfassungsgericht. Zugleich eine Betrachtung des Verhältnisses des Europäischen Gerichtshofs zu den Verfassungsgerichten ausgewählter Mitgliedstaaten der Europäischen Union, Köln/Berlin/München 2005.

Burley, Anne-Marie/Walter Mattli
Europe Before the Court. A Political Theory of Legal Integration, in: International Organization 1993, 47, 1, 41-76.

Cappelletti, Mauro
The Judicial Process in Comparative Perspective, Oxford 1989.

Cappelletti, Mauro/Monica Seccombe/Joseph Weiler (Hrsg)
Integration through Law. Europe and American Federal Experience, Berlin 1986.

Cappelletti, Mauro/David Golay
The Judicial Branch in the Federal and Transnational Union: Its Impact on Integration, in: *Cappelletti*, Mauro/Monica *Seccombe*/Joseph *Weiler* (Hrsg). Integration through Law. Europe and American Federal Experience, Volume 1, Book 2, Berlin 1986, 261-351.

Cox, Archibald
The Role of the Supreme Court in American Government, Oxford 1977.

Craig, Paul/Gráinne de Búrca
EC Law. Text, Cases & Materials, New York 2002.

Currie, David
The constitution in the Supreme Court 1886-1986. Second Century, Chicago 1990.

Dehousse, Renaud/Joseph Weiler
The legal dimension, in: *Wallace*, William (Hrsg). The Dynamics of European Integration, London/New York 1990, 242-260.

Dolzer, Rudolf
Die staatstheoretische und staatsrechtliche Stellung des Bundesverfassungsgerichts, Berlin 1972.

Donner, André
The Role of the Lawyer in European Integration, Edinburgh 1968.

Edward, David
How the Court of Justice Works, in: ELR 1995, 539-558.

Elazar, Daniel/Ilan Greilsammer
Federal Democracy: The U.S.A. and Europe Compared – A Political Science Perspective, in: *Cappelletti*, Mauro/Monica *Seccombe*/Joseph *Weiler* (Hrsg). Integration through Law. Europe and American Federal Experience, Volume 1, Book 1, Berlin 1986, 71-168.

Everling, Ulrich
Der Gerichtshof als Entscheidungsinstanz. Probleme der europäischen Rechtsprechung aus richterlicher Sicht, in: *Schwarze*, Jürgen (Hrsg). Der Europäische Gerichtshof als Verfassungsgericht und Rechtsschutzinstanz, Baden-Baden 1983, 137-162.

Everling, Ulrich
Zur Funktion des Gerichtshofs der Europäischen Gemeinschaften als Verwaltungsgericht, in: *Bender,* Bernd (Hrsg). Rechtsstaat zwischen Sozialgestaltung und Rechtsschutz: Festschrift für Konrad Redeker zum 70. Geburtstag 1993, 293-311.

Everling, Ulrich
Zur Begründung der Urteile des Europäischen Gerichtshofs der Europäischen Gemeinschaft, in: EuR 1994, 2, 127-143.

Everling, Ulrich
Das europäische Gesellschaftsrecht vor dem Gerichtshof der Europäischen Gemeinschaft, in: *Schneider, Uwe* (Hrsg). Festschrift für Marcus Lutter zum 70. Geburtstag: deutsches und europäisches Gesellschafts-, Konzern- und Kapitalmarktrecht, Köln 2000, 31-45.

Fallon, Richard
A Constructivist Coherence Theory of Constitutional Interpretation, in: Harvard Law Review 1987, 100, 1189-1286.

Feld, Werner/Elliot Slotnik
"Marshalling" the European Community Court: A Comparative Study in Judicial Integration, in: Emory Law Journal 1976, 25, 317-355.

Fischer, Peter/Heribert Franz Köck/Margit Maria Karollus
Europarecht. Recht der EU/EG, des Europarates und der wichtigsten anderen europäischen Institutionen, Wien 2002.

Friedrichs, Jürgen/Wolfgang Jagodzinski
Theorien sozialer Integration, in: *Friedrichs*, Jürgen/Wolfgang *Jagodzinski* (Hrsg). Soziale Integration, Opladen 1999, 9-46.

Garrett, Geoffrey
International Cooperation and Institutional Choice: The European Community's internal market, in: International Organization 1992, 46, 2, 533-560.

Garrett, Geoffrey/Barry Weingast
Ideas, Interests, and Institutions: Constructing the European Community's Internal Market, in: *Koehane*, Robert/Judith *Goldstein* (Hrsg). Ideas and Foreign Policy. Beliefs, Institutions and Political Change, New York 1993, 173-206.

Garrett, Geoffrey

The politics of legal integration in the European Union, in: International Organization 1995, 49, 1, 171-181.

Garrett, Geoffrey et altri

The European Court of Justice, National Governments, and Legal Integration in the European Union, in: International Organization 1998, 52, 1, 149-176.

Gebhardt, Jürgen/Rainer Schmalz-Bruns (Hrsg)

Demokratie, Verfassung und Nation. Die politische Integration moderner Gesellschaften, Baden-Baden 1994.

Gehler, Michael/Günter Bischof/Ludger Kühnardt/Rolf Steininger (Hrsg)

Towards a European Constitution. A historical and Political Comparison with the United States, Wien/Köln/Weimar 2005.

Gehler, Michael/Günter Bischof

"Floundering Fathers" versus „Founding Fathers". Comparative Aspects of Constitutionalizing EU-Europe and the United States, in: *Gehler*, Michael/Günter *Bischof*/Ludger *Kühnardt*/Rolf *Steininger* (Hrsg). Towards a European Constitution. A historical and Political Comparison with the United States, Wien/Köln/Weimar 2005, 11-36.

Ginsburg, Tom/Robert A. Kagan (Hrsg)

Institutions and Public Law. Comparative Approaches, New York 2005.

Grey, Thomas

Do we have an unwritten constitution?, in: Stanford Law Review 1975, 27, 703.

Griller, Stefan

Der „Sui Generis Charakter" der EU, in: *Hummer*, Waldemar (Hrsg). Paradigmenwechsel im Europarecht zur Jahrtausendwende. Ansichten österreichischer Integrationsexperten zu aktuellen Problemlagen. Forschung und Lehre im Europarecht in Österreich, Wien 2004, 23-43.

Grimm, Dieter

Braucht Europa eine Verfassung?, München 1994.

Grimm, Dieter
Integration durch Verfassung. Absichten und Aussichten im europäischen Konstitutionalisierungsprozess, in: Leviathan 2004, 4, 448-463.

Gunther, Gerald
Constitutional Law, New York 1997.

Haas, Ernst
The Uniting of Europe. Political, Social and Economic Forces, 1950 - 1957, Stanford 1958.

Hackenberg, Waltraud/Christine Stix-Hackl
Handbuch zum Verfahren vor dem Europäischen Gerichtshof, Band 1, Wien 2005.

Hall, Kermit (Hrsg)
The Oxford companion to the Supreme Court of the United States, New York 2005.

Haller, Walter
Supreme Court und Politik in den USA. Fragen der Justiziabilität in der höchstrichterlichen Rechtsprechung, Berlin 1972.

Hallstein, Walter
Die Europäische Gemeinschaft, Düsseldorf/Wien 1979.

Haltern, Ulrich
Integration als Mythos, in: Jahrbuch des öffentlichen Rechts NF 45,1977, 31-88.

Haltern, Ulrich
Gestalt und Finalität, in: *Bogdandy*, Armin (Hrsg). Europäisches Verfassungsrecht. Theoretische und dogmatische Grundzüge, Berlin/Heidelberg 2003, 803-845.

Haltern, Ulrich
The Dawn of the Political: Rethinking the Meaning of Law in European Integration, in: SZIER 2004, 5, 585-614.

Haltern, Ulrich
Europarecht. Dogmatik im Kontext, Tübingen 2005.

Hartley, Trevor
The Foundations of the European Community Law, New York 1998.

Hauser, Astrid
Rolle und Bedeutung des Europäsichen Gerichtshofs und des Gerichts erster Instanz vor dem Hintergrund des Vertrags von Nizza und der darauffolgenden Implementierung, Diplomarbeit, Salzburg 2004.

Hay, Peter
Einführung in das amerikanische Recht, Darmstadt 1995.

Heideking, Jürgen
Föderalismus und Integration in den Vereinigten Staaten von Amerika: Lehren für die europäische Einigung, in: *Bungert*, Heike et altri (Hrsg). Verfassung – Demokratie – Politische Kultur. U.S.-amerikanische Geschichte in transatlantischer Perspektive, Trier 2002, 257-266.

Heintzen, Markus
Hierarchisierungsprozess des Primärrechts in der europäischen Gemeinschaft, in: EuR 1994, 1, 35-49.

Heitmeier, Wilhelm
Sind individualisierte und ethnisch – kulturell vielfältige Gesellschaften noch integrierbar?, in: *Heitmeier*, Wilhelm (Hrsg). Was hält die Gesellschaft zusammen? Frankfurt am Main 1997a, 9-22.

Heitmeier, Wilhelm
Gibt es eine Radikalisierung des Integrationsproblems?, in: *Heitmeier*, Wilhelm (Hrsg). Was hält die Gesellschaft zusammen? Frankfurt am Main 1997b, 23-65.

Heller, Hermann
Staatslehre, Leiden 1963.

Hillgruber, Christian
Grenzen der Rechtsfortbildung durch den EuGH – Hat Europarecht eine Methode?, in: *Danewitz,* Thomas von (Hrsg). Auf dem Wege zu einer Europäischen Staatlichkeit, Bonn 1981, 31-46.

Hitzel-Cassagnes, Tanja
Der Europäische Gerichtshof: Ein europäisches „Verfassungsgericht“, in: Aus Politik und Zeitgeschichte 2000, 52-53, 22-30.

Hobson, Charles
The Great Chief Justice: John Marshall and the Rule of Law, Lawrence 1996.

Hopt, Klaus
Reform der Europäischen Gerichtsbarkeit. Überlegungen zur aktuellen Reformdiskussion, in: RabelsZ 2002, 66, 589-604.

Höreth, Marcus
Stille Revolution im Namen des Rechts? Zur Rolle des Europäischen Gerichtshofs im Prozess der europäischen Integration. Discussion Papier C 78, 2000. Abgerufen am Juli 2007 unter: http://www.zei.de/download/zei_dp/dp_c78_hoereth.pdf

Höreth, Marcus
The European Court of Justice and the US Supreme Court: Comparable Institutions?, in: *Gehler,* Michael/Günter *Bischof*/Ludger *Kühnardt*/Rolf *Steininger* (Hrsg). Towards a European Constitution. A historical and Political Comparison with the United States, Wien/Köln/Weimar 2005, 143-162.

Hummer Waldemar/Bruno Simma/Christoph Vedder
Europarecht in Fällen. Die Rechtsprechung des EuGH, des EuG und deutscher und österreichischer Gerichte, 3. Auflage, Baden-Baden 1999.

Hummer, Waldemar/Christoph Vedder
Europarecht in Fällen. Die Rechtsprechung des EuGH, des EuG und deutscher und österreichischer Gerichte, 4. Auflage, Baden-Baden 2005.

Ipsen, Hans-Peter
Die Verfassungsrolle des Europäischen Gerichtshofs für die Integration, in: *Schwarze*, Jürgen (Hrsg). Der Europäische Gerichtshof als Verfassungsgericht und Rechtsschutzinstanz, Baden-Baden 1983, 29-62.

Johnson, Herbert et altri (Hrsg)
The Papers of John Marshall, Vol 1, Chapel Hill 1974.

Joswig, Ivo
Die implied powers-Lehre im amerikanischen Verfassungsrecht. Eine Analyse anhand der Rechtsprechung des U. S. Supreme Court, Frankfurt am Main 1996.

Katz, Stanely/William Wiecek (Hrsg)
History of the Supreme Court of the United States. The Oliver Wendell Holmes Devise, New York in neun Bänden von 1971-1993.

Karpenstein, Peter/Ulrich Karpenstein
Kommentierung der Art 225 – 228 EGV, in *Grabitz,* Eberhard/Meinhard *Hilf* (Hrsg). Das Recht der Europäischen Union, Kommentar in Losebl.-Ausg. mit EL 1-31 (Stand Oktober 2006), München, EL 14 aus 1999.

Kelsen, Hans
Der Staat als Integration. Eine prinzipielle Auseinandersetzung. Neuausdruck der Werke: Der Staat als Integration (1930), Unrecht und Unrechtsfolgen im Völkerrecht (1932) und Rechtsgeschichte gegen Rechtsphilosophie (1928), Aalen 1971.

Koehane, Robert/Stanley Hoffmann
Institutional Change in Europe in the 1980s, in: *Koehane*, Robert/Stanley *Hoffmann* (Hrsg). The New European Community. Decisionmaking and Institutional Change, Boulder/San Francisco/Oxford 1991, 1-39.

Koopmans, Thijmen.
Stare decisis in European Law, in *O'Keeffe,* David/Henry *Schermers.* Essays in European Law and Integration. To Mark the Silver Jubilee of the Europa Institute 1957-1982, Leiden 1982, 11-27.

Kronsteiner, Heinrich
Erfahrungen der amerikanischen Rechtsangleichung, in: *Caemmerer,* Ernst von/Hans-Jürgen *Schlochauer*/Ernst *Steindorff* (Hrsg). Probleme des Europäischen Rechts. Festschrift für Walter Hallstein zu seinem 65. Geburtstag, Frankfurt am Main 1966, 275-303.

Kutscher, Hans
Über den Gerichtshof der Europäischen Gemeinschaft, in: EuR 1981, 4, 392-413.

Lecourt, Robert
L'Europe des juges, Bruxelles 1976.

Leible, Stefan
Die Rolle der Rechtsprechung des Europäischen Gerichtshofs bei der europäischen Privatrechtsentwicklung, in: *Martiny,* Dieter (Hrsg). Auf dem Wege zu einem Europäischen Zivilgesetzbuch 1999, 53-80.

Lenaerts, Koen
The Role of the Court of Justice in the European Community: Some Thoughts About the Interaction Between Judges and Politicians, University of Chicago Legal Forum 1992,1-34.

Lhotta, Roland
Rudolf Smend und die Weimarer Demokratiediskussion. Integration als Philosophie des „Als-ob", in: *Gusy*, Christoph (Hrsg). Demokratisches Denken in der Weimarer Republik, Baden-Baden 2000, 286-325.

Lipp, Volker
Funktion und Form der europäischen Gerichtsbarkeit, in: *König*, Thomas/Elmar *Rieger*/Hermann *Schmitt* (Hrsg). Europäische Institutionenpolitik, Frankfurt am Main/NewYork 1997, 397-414.

Löwenstein, Karl
Verfassungsrecht und Verfassungspraxis der Vereinigten Staaten, Berlin/Göttingen/Heidelberg 1959.

Luhmann, Niklas
Metamorphosen des Staates, in: *Luhmann*, Niklas (Hrsg). Gesellschaftsstruktur und Semantik. Studien zur Wissenssoziologie der modernen Gesellschaft, Band 4, Frankfurt am Main 1995, 101-137.

Maaßen, Bernd
Der U. S. Supreme Court im gewaltenteilenden amerikanischen Regierungssystem (1787-1972), Frankfurt am Main/Bern/Las Vegas 1977.

Mackenzie Stuart Lord
The European Communities and the Rule of Law, London 1977.

Mackenzie Stuart Lord/Jean-Pierre Warner
Judicial Decision as a Source of Community Law, in: *Grewe*, Wilhelm/Hans *Rupp*/Hans *Schneider* (Hrsg). Europäische Gerichtsbarkeit und nationale Verfassungsgerichtsbarkeit. Festschrift zum 70. Geburtstag von Hans Kutscher, Baden-Baden 1981, 273-281.

Mancini, Frederico
The making of a constitution for Europe, in: Common Market Law Review 1989, 26, 595-614.

Mancini, Frederico
The making of a constitution for Europe, in: *Koehane*, Robert/Stanley *Hoffmann* (Hrsg). The New European Community. Decisionmaking and Institutional Change, Boulder/San Francisco/Oxford 1991, 177-195.

Marks, Thomas/John Cooper
State Constitutional Law, Minnesota 1988.

Mattli, Walter/Anne-Marie Slaughter
Revisting the European Court of Justice, in: International Organisation 1998, 52, 1, 177-209.

Mayer, Franz
Kompetenzüberschreitung und Letztentscheidung: das Maastricht-Urteil des Bundesverfassungsgerichts und die Letztentscheidung über Ultra-vires-Akte in Mehrebenensystemen; eine rechtsvergleichende Betrachtung von Konflikten zwischen Gerichten am Beispiel der EU und der USA, München 2000.

Möllers, Christoph
Verfassungsgebende Gewalt – Verfassung – Konstitutionalisierung, in: *Bogdandy*, Armin (Hrsg). Europäisches Verfassungsrecht. Theoretische und dogmatische Grundzüge, Berlin/Heidelberg 2003, 1-58.

Moravcsik, Andrew
Preferences and Power in the European Community: A Liberal Intergovernmentalist Approach, in: Journal of Common Market Studies 1993, 31, 473-524.

Murphy, Walter/James Fleming/William Harris
American Constitutional Interpretation, Mineola 1986.

Münch, Richard
Elemente einer Theorie der Integration moderner Gesellschaften. Eine Bestandaufnahme, in: *Heitmeyer*, Wilhelm (Hrsg). Was hält die Gesellschaft zusammen? Frankfurt am Main 1997, 66-112.

Nicolaysen, Gert
Der Gerichtshof – Funktion und Bewährung der Judikative, in: EuR 1972, 4, 375-390.

Nohlen, Dieter (Hrsg)
Lexikon der Politik. Politische Begriffe, Band 7, München 1998.

Nowak, John/Ronald Rotunda/ J. Nelson Young
Treaties on Constitutional Law: Substance and Procedure, Vol. 3, St. Paul 1986.

Nowak, John/Ronald Rotunda
Constitutional Law, St. Paul 2000.

Obwexer, Walter
Die Neuordnung des Gerichtssystems nach Nizza, in: *Griller,* Stefan/Waldemar *Hummer*. Die EU nach Nizza. Ergebnisse und Perspektiven, Wien 2002, 239-280.

Oeter, Stefan
Föderalismus, in: *Bodgandy*, Armin von (Hrsg). Europäisches Verfassungsrecht. Theoretische und dogmatische Grundzüge, Berlin/Heidelberg/New York 2003, 59-120.

Oppermann, Thomas
Europarecht, München 1991.

Parker, Reginald
Das Öffentliche Recht. Verfassungsrecht und Allgemeines Verwaltungsrecht der Vereinigten Staaten von Amerika, Wien 1963.

Pernice, Ingolf
Die Dritte Gewalt im europäischen Verfassungsverbund, in: EuR 1996, 1, 27-43.

Pescatore, Pierre
The law of integration, Leiden 1974.

Pescatore, Pierre
Die Gemeinschaftsverträge als Verfassungsrecht – ein Kapitel Verfassungsgeschichte in der Perspektive des europäischen Gerichtshofs, systematisch geordnet, in: *Grewe*, Wilhelm/Hans *Rupp*/Hans *Schneider* (Hrsg). Europäische Gerichtsbarkeit und nationale Verfassungsgerichtsbarkeit. Festschrift zum 70. Geburtstag von Hans Kutscher, Baden-Baden 1981, 319-338.

Peters, Anne
Elemente einer Theorie der Verfassung Europas, Berlin 2001.

Peters, Bernhard
Integration moderner Gesellschaften, Frankfurt am Main 1993.

Petersmann, Ernst-Ulrich
Constitutional Functions and Constitutional Problems of International Economic Law, Freiburg 1991.

Pierson, Paul
The Path to European Integration: A Historical Institutionalist Analysis, in: Comparative Political Studies 1996, 29, 123-163.

Pietrek, André
Verbindlichkeit von Vorabentscheidungen nach Art 177 EWGV: Rechtswirkungen im Ausgangsverfahren und als Präjudiz im Lichte von Rechtsvergleichung und Rechtsprechung, Frankfurt am Main 1989.

Pilny, Karin
Präjudizienrecht im anglo-amerikanischen und im deutschen Recht. Eine rechtsvergleichende und rechtsmethodologische Analyse unter besonderer Berücksichtigung des Verfassungsrechts, Baden-Baden 1993.

Pollack, Mark
Delegation, Agency, and Agenda Setting in the European Community, in: International Organization 1997, 51, 99-134.

Pollack, Mark
The Engines of European Integration. Delegation, Agency and Agenda Setting in the EU, Oxford 2003.

Rasmussen, Hjalte
On Law and Policy in the European Court of Justice, Dordrecht/Boston/Lancaster 1986.

Rengeling, Hans-Werner
Grundrechte der Europäischen Union, Köln 2004.

Rohde, David/Harold Spaeth
Supreme Court Decision Making, San Francisco 1976.

Roman, Alfred/Hans Bader/Sharon Byrd (Hrsg)
Wörterbuch der Rechts- und Wirtschaftssprache, Teil 1, München 2000.

Rosamond, Ben
Theories of European Integration, Houndsmills and London 2000.

Sander, Gerald
Der Europäische Gerichtshof als Hüter und Förderer der Integration. Eine Darstellung anhand seiner Einwirkungsmöglichkeiten auf die einzelnen Dimensionen des Einigungsprozesses, Berlin 1998.

Savage, David
Guide to the U. S. Supreme Court, Vol. 1, 4. Auflage, Washington 2004.

Schaal, Gary
Integration durch Verfassung und Verfassungsrechtsprechung? Über den Zusammenhang von Demokratie, Verfassung und Integration, Berlin 1999.

Schaal, Gary
Vier normative Konzepte von Integration qua Verfassung, in: *Vorländer*, Hans (Hrsg). Integration durch Verfassung, Wiesbaden 2002, 72-99.

Schefer, Markus
Konkretisierung von Grundrechten durch den U.S.-Supreme Court. Zur sprachlichen, historischen und demokratischen Argumentation im Verfassungsrecht, Berlin 1997.

Scheingold, Stuart
The Law in Political Integration. The Evolution and Integrative Implications of Regional Legal Process in the European Community, in: International Affairs, Occasional Papers 1971, Nr. 27.

Schima, Bernhard
Der Schutz der Menschenrechte durch den Europäischen Gerichtshof, in: Die Union. Vierteljahreszeitschrift für Integrationsfragen 2001, 1, 33-43.

Schima, Bernhard
Das Vorabentscheidungsverfahren vor dem EuGH. Unter besonderer Berücksichtigung der Rechtslage in Österreich und Deutschland, Wien 2004.

Schlochauer, Hans-Jürgen
Der Gerichtshof der Europäischen Gemeinschaften als Integrationsfaktor, in: *Caemmerer*, Ernst von/Hans-Jürgen *Schlochauer*/Ernst *Steindorff* (Hrsg). Probleme des Europäischen Rechts. Festschrift für Walter Hallstein zu seinem 65. Geburtstag, Frankfurt am Main 1966, 431-452.

Schlüter, Wilfried
Das obiter dictum. Die Grenzen höchstrichterlicher Entscheidungsbegründung, dargestellt an Beispielen aus der Rechtsprechung des Bundesarbeitsgerichts, München 1973.

Schmitt, Carl
Verfassungslehre, Berlin 1928.

Schneider, Heinrich
Führt der „*Post-Nizza*-Prozess" zu einer Verfassung der Europäischen Union?, in: *Hummer*, Waldemar (Hrsg). Paradigmenwechsel im Europarecht zur Jahrtausendwende. Ansichten österreichischer Integrationsexperten zu aktuellen Problemlagen. Forschung und Lehre im Europarecht in Österreich, Wien 2004, 45-66.

Schubert, Frank
Introduction to Law and the Legal System, Boston/New York 2000.

Schuler, Doris
Der Beitrag des Europäischen Gerichtshofs zur Europäischen Integration. Eine Bestandaufnahme der theoretischen Diskussion in der Rechts- und Politikwissenschaft, Diplomarbeit, Erlangen-Nürnberg 2000.

Schwartz, Bernard
A History of the Supreme Court, New York 1993.

Schwarze, Jürgen (Hrsg)
Der Europäische Gerichtshof als Verfassungsgericht und Rechtsschutzinstanz, Baden-Baden 1983.

Schwarze, Jürgen
Das Recht als Integrationsinstrument, in: *Capatori,* Francesco et altri (Hrsg). Du droit international au droit de l'integration: Liber Amicorum Pierre Pescatore, Baden-Baden 1987, 637-650.

Schweitzer, Michael/Waldemar Hummer/Walter Obwexer
Europarecht. Das Recht der Europäischen Union, Wien 2007.

Shapiro, Martin
Comparative Law and Comparative Politics, in: Southern Law Journal Review 1980, 53, 537-542.

Shapiro, Martin/Alec Stone Sweet
The New Constitutional Politics of Europe, in: Comparative Political Studies 1994, 4, 397-420.

Shapiro, Martin
Law, Courts and Politics, in: *Ginsburg*, Tom/Robert A. *Kagan* (Hrsg). Institutions and Public Law. Comparative Approaches, New York 2005, 275-297.

Slaughter, Anne-Marie/Alec Stone Sweet /Joseph Weiler (Hrsg)
The European Court and National Courts – Doctrine and Jurisprudence, Legal Chance in Its Social Context, Oxford 2000.

Slynn, Gordon
Introducing a European Legal Order, London 1992.

Smend, Rudolf
Verfassung und Verfassungsrecht, in: *Smend*, Rudolf. Staatsrechtliche Abhandlungen und andere Aufsätze, Berlin 1928, 119-276.

Smend, Rudolf
Integrationslehre, in: *Smend*, Rudolf. Staatsrechtliche Abhandlungen und andere Aufsätze, Berlin 1968a, 475-481.

Smend, Rudolf
Integration, in: *Smend*, Rudolf. Staatsrechtliche Abhandlungen und andere Aufsätze, Berlin 1968b, 482-486.

Stein, Eric
Lawyers, Judges and the making of a transnational Constitution, in: The American Journal of International Law 1981, 75, 1-27.

Stein, Eric/Terrance Sandalow
On the Two Systems: an Overview, in: *Sandalow*, Terrance/Eric *Stein* (Hrsg). Courts and Free Markets. Perspectives from the United States and Europe 1982, Vol I, 3-45.

Steindorff, Ernst
Die Nichtigkeitsklage im Recht der Europäischen Gemeinschaft für Kohle und Stahl, Frankfurt am Main 1952.

Stern, Klaus
Grundideen europäisch-amerikanischer Verfassungsstaatlichkeit, Berlin/New York 1984.

Stoevesandt, Martin
Aktivismus und Zurückhaltung im United States Supreme Court. Eine Studie zur Rechtsprechung des amerikanischen Supreme Court im System der Gewaltenteilung zwischen Judikative und Legislative, Berlin 1999.

Stone Sweet, Alec
Judical Authority and Market Integration in Europe, in: *Ginsburg*, Tom/Robert A. *Kagan* (Hrsg). Institutions and Public Law. Comparative Approaches, New York 2005, 99-140.

Streinz, Rudolf/Stefan Leible
Die Zukunft des Gerichtssystems der Europäischen Gemeinschaft – Reflexionen über Reflexionspapiere, EWS 2001, 1-12.

Streinz, Rudolf
Europarecht, 6. Auflage, Heidelberg 2003.

Sunstein, Cass
After the Rights Revolution. Reconceiving the Regulatory State, Chicago 1990.

Swisher, Carl
American Constitutional Development, Cambridge 1954.

Taylor, Paul
The Limits of European Integration, New York 1983.

Tushnet, Mark (Hrsg)
Comparative Constitutional Federalism: Europe and America, New York/London 1990.

Tribe, Laurence
God Save This Honorable Court. How the Choice of Supreme Court Justices Shapes Our History, New York/Scarborough/Ontario 1985.

Tribe, Laucrence
American Constitutional Law, Volume One, New York 2000.

Ukrow, Jörg
Richterliche Rechtsfortbildung durch den EuGH. Dargestellt am Beispiel der Erweiterung des Rechtschutzes des Marktbürgers im Bereich des vorläufigen Rechtsschutzes und der Staatshaftung, Dissertation, Baden-Baden 1995.

Vorländer, Hans
Integration durch Verfassung? Die symbolische Bedeutung der Verfassung im politischen Integrationsprozess, in: *Vorländer,* Hans (Hrsg). Integration durch Verfassung, Wiesbaden 2002, 9-40.

Voß, Reimer
Reform der Gerichtsbarkeit aus der Sicht nationaler Gerichte, in: EuR Beiheft 1, 2003, 37-53.

Warren, Charles
The Supreme Court in United States History, Vol. I: 1789-1835, Boston 1947.

Weiler, Joseph
The Community System: The Dual Character of Supranationalism, in: Yearbook of European Law 1981, 1, 268-306.

Weiler, Joseph
Community, Member States, and European Integration: Is the law Relevant?, in: Journal of Common Market Studies 1982, 21, 39-56.

Weiler, Joseph
Journey to an Unknown Destination: A Retrospective and Prospective of the European Court of Justice in the Arena of Political Integration, in: Journal of Common Market Studies 1993, 31, 417-446.

Weiler, Joseph
The transformation of Europe, in: Yale Law Journal 1991, 100, 2403-2483.

Weiler, Joseph
The constitution of Europe. Do the new clothes have an emperor? and other essays on European Constitution, Cambridge 1999.

Wiener, Antje/Thomas Diez (Hrsg)
European Integration Theory, Oxford 2004.

Wieser, Bernd
Vergleichendes Verfassungsrecht, Wien 2005.

Winkler, Roland
Die Grundrechte der Europäischen Union. System und allgemeine Grundrechtslehren, Wien 2006.

Witt, Elder (Hrsg)
United States Supreme Court. Congressional Quarterly's guide to the U. S. Supreme Court, Washington 1989.

Wolfe, Christopher
The rise of modern judicial review. From Constitutional Interpretation to Judge-Made Law, New York 1986.

III. Rechtsprechung

a) Europäischer Gerichtshof

Rs 8/55, EuGH vom 29. November 1956, *Federation Charbonniere de Belgique v Hohe Behörde der Europäischen Gemeinschaft für Kohle und Stahl,* Slg 1956, 297

Rs 9/57, EuGH vom 26. Juni 1958, *Chambre Syndicale de la Sidérurgie de l'est de la France v Höhe Behörde der Europäischen Gemeinschaft für Kohle und Stahl,* Slg 1958, 383

Rs 3/58, EuGH vom 10. Mai 1960, *Barbara Erzbergbau AG und andere v Hohe Behörde der Europäischen Gemeinschaft für Kohle und Stahl,* Slg 1960, 375

Rs 3/59, EuGH vom 8. März 1960, *Regierung der Bundesrepublik Deutschland v Hohe Behörde der Europäischen Gemeinschaft für Kohle und Stahl,* Slg 1960, 123

Rs 6/60, EuGH vom 16. Dezember 1960, *Humblet v Belgian State* Slg 1960, 1165

Rs 26/62, EuGH vom 5. Februar 1963, N.V. *Algemene Transport- en Expeditie Onderneming van Gend en Loos v Niederländische Finanzverwaltung (kurz: Van Gend en Loos),* Slg 1963, 3

Rs 28-30/62, EuGH vom 27. März 1963, *Da Costa & Schaake NV, Jacob MeijerNV, Hoechst-Holland NV v Niederländische Finanzverwaltung,* Slg 1963, 60

Rs 6/64, EuGH vom 15. Juli 1964, *Flaminio Costa v E.N.E.L. (kurz: Costa/E.N.E.L.),* Slg 1964, 1253

Rs 57/65, EuGH vom 16. Juni 1966, *Firma Alfons Lütticke GmbH v Hauptzollamt Saarlouis (kurz: Lütticke),* Slg 1966, 258

Rs 29/69, EuGH vom 12. November 1969, *Erich Stauder v Stadt Ulm, Sozialamt,* Slg 1969, 419

Rs 9/70, EuGH vom 6. Oktober 1970, *Franz Grad v Finanzamt Traunstein (kurz: Leberpfennig)*, Slg 1970, 825

Rs 11/70, EuGH vom 17. Dezember 1970, *Internationale Handelsgesellschaft mbH v Einfuhr- und Vorratsstelle für Getreide- und Futtermittel (kurz: Internationale Handelsgesellschaft)*, Slg 1970, 1125

Rs 22/70, EuGH vom 31. März 1971, *Europäische Kommission v Europäischer Rat (kurz: AETR)*, Slg 1971, 263

Rs 6/72, EuGH vom 21. Februar 1973, *Continental Can v Europäische Kommission*, Slg 1973, 215

Rs 34/73, EuGH vom 10. Oktober 1973, *F.lli Variola S.p.A. v Amministrazione italiana delle Finanze(kurz: Variola)*, Slg 1973, 981

Rs 166/73, EuGH vom 16. Jänner 1974, *Rheinmühlen-Düsseldorf v Einfuhr- und Vorratsstelle für Getreide und Futtermittel*, Slg 1974, 33

Rs 9/74, EuGH vom 3. Juli 1974, *Donato Casagrande v Landeshauptstadt München*, Slg 1974, 773

Rs 35/76, EuGH vom 15. Dezember 1976, *Simmenthal S.P.A. v italienisches Finanzministerium, (kurz: Simmenthal I)*, Slg 1976, 1871

Rs 85/76, EuGH vom 13. Februar 1979, *Hoffmann-La Roche & Co. AG v Kommission*, Slg 1979, 461

Rs 106/77, EuGH vom 9. März 1978, *Staatliche Finanzverwaltung v S.p.A. Simmenthal (kurz: Simmenthal II)*, Slg 1978, 629

Rs 20/178, EuGH vom 20. Februar 1978, *REWE – Zentral AG v Bundesmonopolverwaltung für Brandwein*, Slg 1979, 649

Rs 122/78, EuGH vom 20. Februar 1979, *S.A. Buitoni v Fonds d' Orientation et de Regularisation des Marchés Agricoles*, Slg 1979, 677

Rs 148/78, EuGH vom 5. April 1979, *Strafverfahren v Tullio Ratti (kurz: Ratti)*, Slg 1979, 1629

Rs 265/78, EuGH vom 5. März 1980, *H. Ferwerda B.V. v Produktschap voor Vee en Vlees* Slg 1980, 617

Rs 68-71/81, EuGH vom 2. Februar 1982, *Kommission v Königreich Belgien*, Slg 1982, 153
Rs 104/81, EuGH vom 26. Oktober 1982, *Hauptzollamt Mainz v C.A. Kupferberg & Cie. KG a.A.*, Slg 1982, 3641

Rs 283/81, EuGH vom 6. Oktober 1982, *Srl C.I.L.F.I.T. und Lanificio di Gavardo SpA v Ministero della sanità,* Slg 1981, 3415

Rs 13/83, EuGH vom 22. Mai 1985, *Parlament v Rat,* Slg 1985, 1513

Rs 294/83, EuGH vom 23. April 1986, *Parti écologiste „Les Verts" v Europäisches Parlament*, Slg 1986, 1339

Rs 227-230/85, EuGH vom 14. Jänner 1988, *Kommission v. Königreich Belgien*, Slg 1988, 1

Rs C-6 und C-9/90, EuGH vom 19. November 1991, *Andrea Francovich u. a. v Italienische Republik,* Slg 1991, I-5357

Rs C-46 und C-48/93, EuGH vom 5. März 1996, *Brasserie du Pêcheur v Bundesrepublik Deutschland und The Queen v Secretary of State of Transport ex parte: Facortame Ldt. u.a.,* Slg 1996, I-1029

Rs C-224/01, EuGH vom 30. September 2003, *Gerhard Köbler v Republik Österreich*, Slg 2003, I-10239

b) U. S. Supreme Court

2 U. S. (2 Dall.) 419 (1793)	*Chisholm v Georgia*
3 U. S. (3 Dall.) 199 (1796)	*Ware v Hylton*
5 U. S. (1 Cranch) 137 (1803)	*Marbury v Madison*
6 U. S. (2 Cranch) 358 (1805)	*United States v Fisher*
8 U. S. (4 Cranch) 75 (1807)	*Ex parte Bollman*
14 U. S. (1 Wheat.) 304 (1816)	*Martin v Hunter's Lessee*
17 U. S. (4 Wheat.) 316 (1819)	*McCulloch v Maryland*
19 U. S. (6 Wheat.) 264 (1821)	*Cohens v Virginia*
22 U. S. (9 Wheat.) 1 (1824)	*Gibbons v Ogden*
26 U. S. (1 Pet.) 511 (1828)	*American Insurance Company v 356 Bales of Cotton*
33 U. S. (8 Pet.) 436 (1834)	*United States v Clarke*
37 U. S. (12 Pet.) 72 (1838)	*United States v Lawrence Coombs*
60 U. S. (19 How.) 393 (1857)	*Dred Scott v Sandford*
61 U. S. (20 How.) 583 (1857)	*Taylor v Carryl*
62 U. S. (21 How.) 506 (1859)	*Ableman v Booth*
71 U. S. (4 Wall.) 475 (1866)	*Mississippi v Johnson*
73 U. S. (6 Wall.) 50 (1867)	*Georgia v Stanton*
106 U. S. 196 (1882)	*United States v Lee*
141 U. S. 174 (1891)	*McAllister v United States*

219 U. S. 346 (1911)	*Muskrat v United States*
234. U. S. 342 (1914)	*Houston, E. & W. Texas Ry. v United States (Shreveport Rate Case)*
252 U. S. 416 (1920)	*Missouri v Holland*
262 U. S. 390 (1923)	*Meyer v Nebraska*
268 U. S. 510 (1925)	*Pierce v Society of Sisters*
279 U. S. 438 (1929)	*Ex parte Bakelite Corporation*
289 U. S. 553 (1933)	*Williams v United States*
295 U. S. 330 (1935)	*Railroad Retirement Board v Alton R. Co.*
298 U. S. 238 (1936)	*Carter v. Cartes Coal Co*
300 U. S. 227 (1937)	*Aetna Life Insurance Co v Haworth*
301 U. S. 1 (1937)	*National Labor Relations Board v Jones & Laughlin Stell Corp*
316 U. S. 535 (1942)	*Skinner v Oklahoma*
319 U. S. 182 (1942)	*Lockerty v Phillips*
321 U. S. 414 (1944)	*Yakus v United States*
347 U. S. 483 (1954)	*Brown v Board of Education*
358 U. S. 1 (1958)	*Cooper v Aaron*
369 U. S. 186 (1962)	*Baker v Carr*
388 U. S. 1 (1967)	*Loving v Virginia*

403 U. S. 713 (1971)	*New York Times Co v United States*
410 U. S. 113 (1973)	*Roe v Wade*
462 U. S. 416 (1983)	*City of Akron v Aktron Center For Reproductive Health*

c) Weitere Höchstgerichte

Deutschland

BVerfGE 37, 271 ff, *Solange I*, Beschluss vom 29. Mai 1974

BVerfGE 52, 202 ff, „*Vielleicht-Beschluss*", Beschluss vom 25. Juli 1979

BVerfGE 73, 339 ff, *Solange II*, Beschluss vom 22. Oktober 1986

BVerfGE 89, 155 ff, *Vertrag von Maastricht*, Entscheidung vom 12. Oktober 1989

Italien

Corte Constitutionale, Beschluss vom 27. Dezember 1972

Corte Constitutionale, Entscheidung Nr. 14/64, *Costa c. ENEL E Soc. Edisonvolta*, Foro italiano, 1964, I, 465

Frankreich

Conseil d'Etat, Urteil vom 19. Juni 1964, Rec. 1964, 794

d) Internationaler Gerichtshof

Reparations for Injuries Suffered in the Service of the United Nations (ICJ-Reports 1949, 174)

IV. Weiterführende Links

Homepage des Europäischen Gerichtshofs (in der deutschen Fassung):
http://curia.eu.int/de

Homepage des U. S. Supreme Court :
http://www.supremecourtus.gov/index.html

Homepage der amerikanischen Gerichte allgemein :
http://www.uscourts.gov/

Zur Rechtsprechungsstatistik des U. S. Supreme Court:
http://www.supremecourtus.gov/publicinfo/year-end/year-endreports.html

Zur Rechtsprechungsstatistik des Europäischen Gerichtshofs:
http://curia.eu.int/de/instit/presentationfr/index.htm

Freier Zugang zu allen Urteilen des U. S. Supreme Court in Vollversion:
http://www.justia.us/us/year/

US-Verfassung u.a. zum freien Download:
http://www.constitutioncenter.org/constitution/constitution.pdf#search='Constitution%20of%20the%20United%20States%20AND%20Download'

Liste aller bisherigen *Chief Justices* und *Justices* am U. S. Supreme Court
http://www.supremecourtus.gov/about/about.html

Kostenpflichtiger Zugang zu amerikanischen Rechtsdatenbanken:

LexisNexis:
http://www.lexisnexis.com/

KluwerLaw:
http://www.kluwerlawonline.com/

Westlaw:
http://web2.westlaw.com

8. Anhang

Der Instanzenzug der Gliedstaaten- und Bundesgerichte in den USA

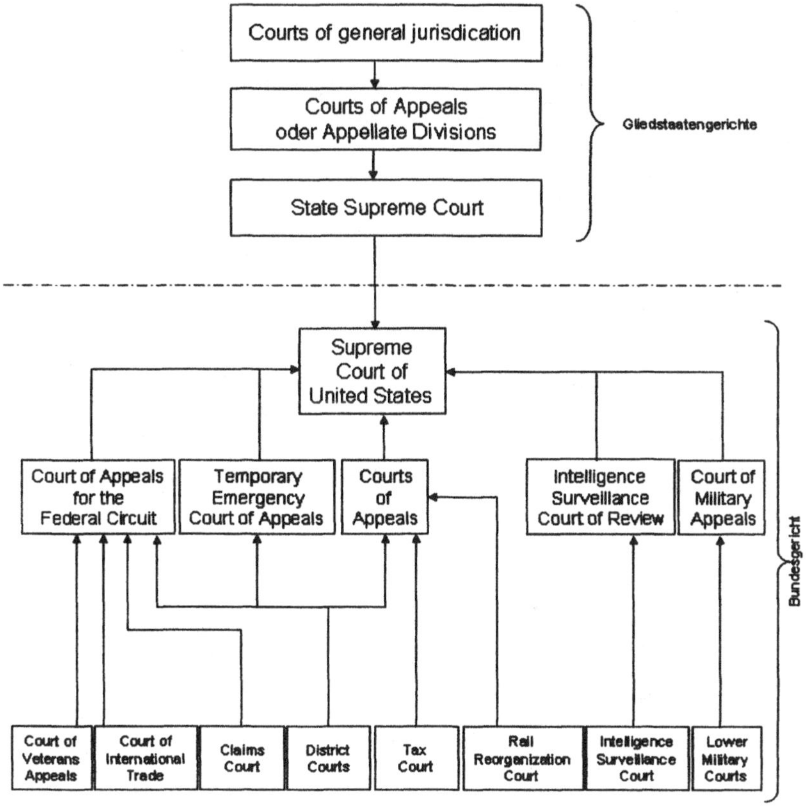

Anmerkung: Der in den 50 Gliedstaaten sehr unterschiedliche Instanzenzug ist nur schematisch dargestellt. Rechtsmittel von einem State Supreme Court zum Supreme Court of the United States sind nur zulässig, wenn die Verletzung von Bundesrecht rechtzeitig gerügt wurde. Der Weg vom Court of Military Appeals zum District Court führt nur über Writ of Habeas Corpus.

Quelle:
Blumenwitz, Dieter. Einführung in des anglo-amerikanische Recht, München 1998, 129

Salzburger Studien zum Europäischen Privatrecht

Herausgegeben von J. Michael Rainer

Band 1 Marc Herzog: Die Haftung des Gastwirts für eingebrachte Sachen des Gasts nach §§ 701 - 703 des Deutschen Bürgerlichen Gesetzbuchs. 1999.

Band 2 Andreas Reinhart: Familienplanungsschaden. Wrongful birth, wrongful life, wrongful conception, wrongful pregnancy. Eine rechtsvergleichende Untersuchung anhand des deutschen und des anglo-amerikanischen Rechts. 1999.

Band 3 Markus Frank: Untersuchungen zu den *Politika* des Aristoteles. 1999.

Band 4 Stefan Josef Schermaier: Der Gemeinschaftsrechtliche Staatshaftungsanspruch. Entwicklung, Perspektiven und Auswirkungen auf das österreichische Recht. 1999.

Band 5 Carmen Windhaber: Reiserecht in Österreich, Deutschland und Kanada. 2000.

Band 6 Korbinian Dietl: Unfallhaftung beim Expeditions- und Trekkingbergsteigen. Zugleich ein Beitrag zum Reiserecht für den Bereich der Bergreisen sowie zum Sporthaftungsrecht für den Bereich des Bergsports. 2000.

Band 7 Erich Jeroscheg: Eigentum an beweglichen Sachen. Französisches Recht und Rechtsvergleich. 2000.

Band 8 Thomas Tschaler: Das Moment der Gefahr als Element der Schadenszurechnung im System des Haftpflichtrechts. Eine rechtstheoretische Untersuchung der möglichen Schwächen gängiger Haftungsmodelle. 2000.

Band 9 Christian Hellenthal: Zulässigkeit einer supranationalen Fußball-Europaliga nach den Bestimmungen des europäischen Wettbewerbsrechts. 2000.

Band 10 Wolfgang Bengen: Die Systematik des § 823 I BGB im Deliktsrecht. Zugleich ein Beitrag zu den Verkehrspflichten. 2000.

Band 11 Gerhard Pöttler: Vergleichende Verbraucherschutzrichtlinienumsetzung in europäischen Mitgliedsstaaten. Anhand ausgewählter Beispiele der Pauschalreise-, Timesharing- und Produkthaftungsrichtlinie. 2001.

Band 12 Johannes Michael Rainer: Europäisches Privatrecht. Die Rechtsvergleichung. 2., überarbeitete und ergänzte Auflage. 2007.

Band 13 Erwin Schön: Allgemeines Vertragsrecht und Kaufvertragsrecht - ein Rechtsvergleich Österreich, USA, Spanien und UN-Kaufrecht. Unter Einbeziehung von PECL und UNIDROIT-Prinzipien. Gemeinsamkeiten, Unterschiede, Bewertungsversuche. 2003.

Band 14 Patrick Schenner: Skiunfall! Wer haftet? Schadenersatz im österreichischen Skirecht. 2003.

Band 15 Peter Unterkofler: Die rechtliche Stellung des Pflichtteilsberechtigten im Spannungsverhältnis zwischen Erbrecht und Privatstiftungsrecht. 2003.

Band 16 Susanne Spaun: Der Herausgabeanspruch bei Diebstahl oder illegalem Export von Kulturgütern. 2003.

Band 17 Josef Wolff: Trust, Fiducia und fiduziarische Treuhand. Historisch-rechtsvergleichende Untersuchung mit einer Darstellung des Trust in Schottland sowie des römischen und österreichischen Fideikommiss. 2005.

Band 18 Johannes Michael Rainer / Johanna Filip-Fröschl: Transfer of Title Concerning Movables Part I – Eigentumsübertragung an beweglichen Sachen in Europa Teil I. Introduction, Estonia, Italy, Poland, Portugal, Scotland, Slovenia, Spain. Einführung, Estland, Italien, Polen, Portugal, Schottland, Slowenien, Spanien. Edited by Johannes Michael Rainer – Herausgegeben von Johannes Michael Rainer. 2006.

Band 19 Mary-Rose McGuire: Transfer of Title Concerning Movables Part II – Eigentumsübertragung an beweglichen Sachen in Europa Teil II. National Report: Germany. Edited by Johannes Michael Rainer – Herausgegeben von Johannes Michael Rainer. 2006.

Band 20 Claes Martinson: Transfer of Title Concerning Movables Part III – Eigentumsübertragung an beweglichen Sachen in Europa Teil III. National Report: Sweden. Edited by Johannes Michael Rainer – Herausgegeben von Johannes Michael Rainer. 2006.

Band 21 Arthur Salomons: Transfer of Title Concerning Movables Part IV – Eigentumsübertragung an beweglichen Sachen in Europa Teil IV. National Report: The Netherlands. Edited by Johannes Michael Rainer – Herausgegeben von Johannes Michael Rainer. 2006.

Band 22 Viola Heutger: Ein gemeineuropäisches Kaufrecht. Vision oder nahe Zukunft? 2007.

Band 23 Thomas Käferböck: Erleichterungen und Erschwernisse zur Realisierung des Erblasserwillens im internationalen Erbrecht. Das Haager Testamentsübereinkommen einerseits und die Problematik der Pflichtteilsermittlung bei Nachlassspaltung andererseits. 2008.

Band 24 Astrid Hauser: Der Europäische Gerichtshof und der U.S. Supreme Court. Eine vergleichende Analyse ausgewählter Aspekte. 2008.

www.peterlang.de

Andrea Stark

Einzelstaatlicher Protektionismus und föderale Rechtsprechung in einem Gemeinsamen Markt

EuGH und U.S. Supreme Court im Vergleich

Frankfurt am Main, Berlin, Bern, Bruxelles, New York, Oxford, Wien, 2003.
299 S.
Europäische Hochschulschriften: Reihe 2, Rechtswissenschaft. Bd. 3664
ISBN 978-3-631-50944-9 · br. € 45.50*

Gegenstand der Arbeit ist ein Vergleich zwischen der Rechtsprechung des EuGH und des U.S. Supreme Court zu einzelstaatlichen Regelungen, die den freien Warenverkehr innerhalb des europäischen und des amerikanischen Binnenmarktes behindern. Untersucht wird insbesondere die Verfolgung protektionistischer Ziele durch die Ausgestaltung des Steuerrechts und die Gewährung von Beihilfen. Hier haben die Mitgliedstaaten der Europäischen Gemeinschaft ebenso wie die amerikanischen Bundesstaaten in der Vergangenheit großen Erfindungsreichtum beim Einsatz von Schutzmaßnahmen zugunsten ihrer einheimischen Wirtschaft bewiesen.

Aus dem Inhalt: Grundlagen · Steuerliche Diskriminierung · Beihilfen · Steuern und Beihilfen · Vergleichende Analyse

FSC
www.fsc.org
MIX
Papier | Fördert gute Waldnutzung
FSC® C083411

Kolibri 360 GmbH
Ferdinand-Jühlke-Straße 7
99095 Erfurt, Deutschland
produktsicherheit@kolibri360.de

Druck:
CPI Druckdienstleistungen GmbH
im Auftrag der
Kolibri 360 GmbH
Ferdinand-Jühlke-Str. 7
99095 Erfurt